فارسی ایران امروز

دوره مقدماتی آموزش زبان فارسی

آنوشا شهسواری
بلیک آتوود

جلد ۲

PERSIAN OF IRAN TODAY

AN INTRODUCTORY COURSE

VOLUME 2

ANOUSHA SHAHSAVARI | BLAKE ATWOOD

CENTER FOR MIDDLE EASTERN STUDIES
THE UNIVERSITY OF TEXAS AT AUSTIN

This project would not have been possible without the generous support of the PARSA Community Foundation, the Department of Middle Eastern Studies and the Center for Middle Eastern Studies at the University of Texas at Austin and the encouragement and support of Kamran Aghaie, Kristen Brustad, Karin Wilkins, and Kim Dahl. We are especially grateful to our Iranian friends who agreed to be on film and in pictures and lent their voices to this project. Their presence made this book come alive!

Layout and Graphic Design: Reza Abedi
Raha Series Videos: Mehdi Zarei
Cafe Denj Videos: REN Productions
Illustrations: Gholam Ahmadi
Cover Design: Kristi Shuey
Cover Art: © Faegheh Shirazi
Website Design and Maintenance: LAITS

ISBN: 978-0-692-51135-0

TABLE OF CONTENTS

To the Student .... *ii*
Unit1: I Am Very Busy **2**

سرم خیلی شلوغه.

1. Vocabulary	۱. واژگان
2. Grammar 1: Simple Past	۲. دستور ۱: گذشته ساده
3. Video: I Am Very Busy	۳. فیلم: سرم خیلی شلوغه!
4. Grammar 2: Question Words	۴. دستور ۲: جملات پرسشی
5. Pronunciation	۵. تلفظ
6. Grammar 3: Indefinite *Ye*	۶. دستور ۳: ی نکره
7. Grammar 4: Relative Clauses	۷. دستور ۴ : عبارات موصولی
8. Culture: Persian Calendar	۸. فرهنگ: تقویم ایرانی
9. Grammar 5: همین، همان	۹. دستور ۵: همین، همان
10. Grammar 6: Present Progressive	۱۰. دستور ۶: حال استمراری
11. Reading: A Selection of Texts	۱۱. خواندن ۱: چند متن از گوشه و کنار
12. Written vs. Spoken	۱۲. گفتاری، نوشتاری
13. Vocabulary: University Majors	۱۳. واژگان: رشته‌های دانشگاهی
14. Conversation: نیم کیلو پنیر می‌خواستم	۱۴. گفتگو: نیم کیلو پنیر می‌خواستم.
15. Reading 2: Behrang, a History Student	۱۵. خواندن ۲: بهرنگ، دانشجوی تاریخ
16. Reading 3 and Culture: خسته نباشید	۱۶. خواندن ۳ و فرهنگ: خسته نباشید!
17. Pronunciation and Music: گل بی گلدون	۱۷. تلفظ، شعر و موسیقی: گل بی‌گلدون
18. Paragraph Writing	۱۸. بند نویسی
19. Listening Comprehension	۱۹. درک شنیدار: ده دقیقه در کافه دنج
20. Vocabulary Review	۲۰. دوره واژگان

Unit2: Shirin Does Not Have Much Time. ***55***

شیرین فرصت زیادی نداره.

1. Vocabulary	۱. واژگان
2. Video: Shirin Does Not Have Much Time	۲. فیلم: شیرین فرصت زیادی نداره!
3. Vocabulary for Reading Passage	۳. واژگان خواندن متن
4. Grammar 1: Imperative	۴. دستور ۱: فعل امر
5. Grammar 2: Negative Imperative	۵. دستور ۲: فعل نهی
6. Introducing a New Word: آخه	۶. معرفی یک واژه: آخه
7. Reviewing Infinitives	۷. دوره واژگان: مصدرها
8. Listening Comprehension	۸. درک شنیدار
9. Pronunciation	۹. تلفظ
10. Culture: Calligraphy in Iran	۱۰. فرهنگ: خوشنویسی در ایران
11. Grammar 3: Adverbs	۱۱. دستور ۳: قید
12. Grammar 4: Demonstrative Adjectives	۱۲. دستور ۴: صفت اشاره
13. Grammar 5: قبل/ قبل از	۱۳. دستور ۵: قبل، قبل از
14. Reading: a Selection of Texts	۱۴. خواندن ۱: چند متن از گوشه و کنار
15. Grammar 6: Ordinal and Cardinal numbers	۱۵. دستور ۶ : اعداد شمارشی و ترتیبی

Unit 3: I'm Getting Ready for the Konkur. 105

دارم برای کنکور آماده می‌شم.

Persian of Iran Today II is the continuation of Persian of Iran Today, I, and it draws on many of the same learning principles that you developed in the previous ten units. There are, however, some crucial differences in the structure of units in this volume, and understanding these differences will help you make the most of the five units in this book.

While Persian of Iran Today, I sought to introduce the sounds of Persian, its writing system, the structures and vocabulary necessary to use the language on a basic conversational level, and the strategies necessary to begin speaking Persian, Persian of Iran Today, II includes almost all of the remaining grammatical structures, a large corpus of vocabulary words, intensive reading, listening, and writing instruction, and a series of in-class activities designed to help you continue your work fearlessly speaking in Persian. By the end of this volume, you should be ready to transition into content-based courses in Persian. This volume is accompanied by audio and video clips that service these goals and are available on a website for you to use outside of class. The website (http://www.laits.utexas.edu/persian_teaching_resources/) includes cultural material, supplementary files, and an innovative narrative film called Café Denj that is intended to guide your progress through these units.

This book comprises five units, each of which includes both textbook material and workbook space. Each unit begins with a main list of vocabulary that organizes the materials that follow, worked into grammar lessons, cultural notes, and listening activities. The vocabulary is especially crucial to the "monologue" videos that are included in each unit. These short videos feature one character from the Café Denj series and are intended to help you develop listening accuracy. You should recognize almost all of the vocabulary and grammatical structures in these short videos. In contrast, the longer videos at the end of each unit, the episodes of Café Denj, were specially produced to help you develop your communicative listening strategies. These episodes feature vocabulary, expressions, and structures that you may not know. Your goal as you watch these episodes is to infer meaning from what you do know. The worksheets that accompany each video and the designated in-class activities will help you in this regard. Remember, that we only expect you to understand each episode well enough to complete the assigned tasks. If you are able to do that, then you are on the right track!

Because this book endeavors to teach you most of Persian grammar, each unit features several grammar notes. As with the Persian of Iran Today, I, the grammar notes in this book are inductive lessons that should be completed at home first, and then a series of carefully paced in-class activities will help you activate your knowledge of these structures. Remember that knowing and understanding grammar is not the end-all be-all of learning a language; grammar is a tool that helps you communicate in a language. Because you will be learning lots of grammar in this volume, you should not expect full mastery of all of the different tenses and structures. Instead, you should strive to learn these lessons as well as you can, but you should also be comfortable with the fact that your full command of these grammatical structures will come as you move through the intermediate and advanced levels.

Good luck and enjoy Persian!

سخنی با استادان

جلد دوم کتاب فارسی ایران امروز، ادامه‌ی جلد اول آن است و مانند جلد اول بر اساس فلسفه‌های آموزش و یادگیری زبان به شیوه ارتباطی و با به‌کارگیری اصول و شیوه‌های مدرن آموزش زبان طراحی و تدوین شده، و هدف آن ارتقای مهارت‌های زبانی در زبان فارسی است.

هدف جلد اول معرفی صداها و شیوه نوشتن آن‌ها، معرفی ساختارهای پایه و شیوه‌های آغاز به گفت‌وگو در سطح ابتدایی و به عبارت دیگر، یادگیری ترفندهای لازم برای آغاز به سخن گفتن به فارسی بود.

جلد دوم نه تنها تقریباً همه‌ی آنچه از مبحث دستور زبان باقی مانده بود و نیز بخش بزرگی از واژگان مهم و اساسی زبان فارسی را آموزش می‌دهد، حاوی مطالب و تمرین‌های بسیار برای تقویت مهارت‌های خواندن، گوش کردن و نوشتن است. تمرین‌های کلاسی متنوع این کتاب، به زبان‌آموزان کمک می‌کند بی‌پرواتر تلاشی را که برای حرف زدن به فارسی آغاز کرده بودند، ادامه دهند. زبان‌آموزانی که این کتاب را با موفقیت به پایان برسانند، می‌توانند در برنامه‌های محتوا-محور به زبان فارسی شرکت کنند.
مواد شنیداری- دیداری این جلد در نشانی اینترنتی زیر در دسترس همگان است:

http://www.laits.utexas.edu/persian_teaching_resources/

چنان‌که در جلد اول نیز تأکید شد، کتاب به شیوه‌ای طراحی شده که زبان‌آموزان می‌توانند بر اساس سرعت یادگیری خود مطالب را بخوانند و فرا گیرند، و سرعت فراگیری افراد تأثیر چندانی بر روند کار کلاس نخواهد داشت. از سوی دیگر، واگذاری مسؤولیت فراگیری مطالب در خانه به زبان‌آموزان از روز نخست، این نکته مهم را به ایشان می‌آموزد که یادگیری، وظیفه خود آنهاست، و به این ترتیب، آنها را به یادگیری فعالانه عادت می‌دهد.

طراحی محتوای این کتاب به گونه‌ای است که زبان‌آموزان بیشترین میزان آمادگی و یادگیری بیرون از کلاس را داشته باشند و در عوض، در کلاس به فعالیت‌های تعاملی، دیدن ویدیوها و تمرین گفتگوها، و تعامل واقعی با زبان فارسی (به جای شنیدن درباره آن) بپردازند.

بنا بر رویکرد آموزشی این کتاب، زبان‌آموزان باید پیش از کلاس، نیروی زیادی صرف «آمادگی برای کلاس» کنند و در مقابل وقت کلاس باید صرف فعالیت‌های تعاملی در گروه‌های کوچک شود. با این شیوه می‌توان با به حداکثر رساندن مشارکت تک تک زبان‌آموزان در فعالیت‌های کلاس، تلاش‌های خارج از کلاس آنها را به ثمر نشاند. به‌علاوه، وقتی به زبان‌آموزان فرصت داده می‌شود که در هر جلسه با استفاده از گفتگو به زبان فارسی، خود شاهد یادگیری‌شان باشد، بهترین پاداش را به آنها داده‌ایم.

مانند جلد اول، این جلد نیز از همان ابتدا زبان‌آموزان را با هر دو شیوه‌ی نوشتاری و گفتاری زبان فارسی آشنا می‌کند. هم‌چنین، شیوه ارائه مطالب و تنوع آنها به شما این امکان را می‌دهد که بر اساس برنامه‌ی درسی و نیاز زبان‌آموزان، گونه‌ی رسمی یا غیر رسمی زبان فارسی را مبنای آموزش قرار دهید.

گرچه اصول و فلسفه‌های آموزش در هر دو جلد کتاب یکسان است و شیوه‌ی پیشنهادی برای یادگیری مواد تغییر نمی‌کند، این جلد تفاوت‌های مهمی با جلد اول دارد که در زیر به آنها اشاره می‌کنیم:

کتاب شامل پنج درس و هر درس دارای دو بخش آموزش و تکلیف است. هر درس با فهرست واژگان و تمرین‌های مربوط به فعال کردن واژگان آغاز می‌شود و با دستور زبان، یادداشت‌های فرهنگی و فعالیت‌های مربوط به مهارت‌ها ادامه می‌یابد. در آغاز هر درس، واژگان اصلی درس که شامل واژگان به‌کار رفته در ویدیوی تک‌گویی است، فهرست شده، و برای هر واژه‌ی این فهرست، جمله‌ای ساخته و ضبط شده است. زبان‌آموزان تمام واژه‌های این جمله، جز واژه‌ی جدید را، از پیش می‌شناسند و فراگرفته‌اند، بنابراین، فهم این جمله‌ها برای‌شان دشوار نخواهد بود. علاوه بر این واژگان اصلی، واژگان دیگری نیز در هر درس به‌کار گرفته شده که همگی در جدول‌های واژگان پراکنده در درس، فهرست شده‌اند. برای فعال کردن این واژه‌ها تمرین‌های زیادی در نظر گرفته شده تا زبان‌آموز بتواند از آنها در موقعیت‌های متناسب استفاده کرده و آنها را فعال

کند. بعضی از واژگان درس نیز کمکی هستند، به این معنا که فهم متن‌ها را برای زبان‌آموز آسان‌تر می‌کنند. آموختن این واژه‌ها اختیاری است و فهرست آنها در پایان هر درس، در جدول «واژه‌های اختیاری» آمده است.

در این کتاب، شیوه‌ی اجرای همه‌ی تمرین‌ها به هر دو زبان فارسی و انگلیسی آمده است. بخش انگلیسی کمک می‌کند زبان‌آموزان بی‌توضیحی از زبان استاد، دستور کار هر تمرین را دریابند، و نیز، استادان را از توضیح دادن به انگلیسی یا حتی فارسی، بی‌نیاز می‌کند. این دستور کارها که مفصل و کامل نوشته شده‌اند، می‌توانند به نوشتن طرح درس روزانه کلاس نیز کمک کنند و شما می‌توانید بر اساس آنها به‌راحتی هر جلسه کلاس را زمان‌بندی کنید. در ابتدای درس اول، طرح درس کوچکی به عنوان نمونه برای آموزش واژگان اصلی درس آمده است. این جدول می‌تواند نقطه شروع برنامه‌ریزی روزانه شما باشد.

برای واژگان اصلی هر درس، ویدیویی در قالب تک‌گویی ساخته شده است و در آن هر یک از راوی‌ها از زندگی خود می‌گویند. زبان‌آموز پس از آموختن واژه‌های هر درس، و پس از چندین بار گوش کردن به تک گویی، باید همه‌ی سخنان راوی را بفهمد. شخصیت‌های این تک‌گویی‌ها را دوباره در یک مجموعه داستانی به نام کافه دنج خواهیم دید.

مجموعه‌ی کافه دنج بخش جدید دیگری است که به مواد آموزشی این جلد افزوده شده است. در آخر هر درس، یک بخش از این مجموعه گنجانده شده است. مجموعه‌ی کافه دنج در واقع برای تقویت مهارت شنیدن تولید شده و لازم نیست زبان‌آموز همه‌ی محتوای آن را بفهمد، کافی است بتواند تمرین‌های مربوط به آن را انجام دهد.

در این جلد تلاش کرده‌ایم همهٔ مباحث دستور زبان که برای ورود به سطح پیشرفته لازم است، معرفی شده، تمرین‌های زیادی برای هر مبحث ارائه شود. دستور زبان در جلد دوم نیز مانند جلد اول به شیوه استقرایی نوشته شده، یعنی زبان‌آموز ابتدا با مثال‌هایی روبه‌رو می‌شود که قبلاً معنی آنها را فراگرفته است؛ با کمک توضیح، قواعد مربوط به این مثال‌ها را کشف می‌کند، سپس آنها را تعمیم می‌دهد و با دیدن مثال‌های جدید و کار با تمرین‌هایی که در پی می‌آید، نکته دستوری را به‌خوبی فرا می‌گیرد.

آموختن نکات دستوری هرگز آخر ماجرا نیست. زبان‌آموزان در کلاس، این نکته‌ها را، با کمک تمرین‌هایی که به دقت طراحی شده، فعال می‌کنند. تسلط بر دستور زبان، به مرور زمان حاصل می‌شود. موقع انجام دادن تمرین‌ها، به زبان‌آموزان اجازه‌ی اشتباه کردن بدهید و هر اشتباهی را تصحیح نکنید.

از آن‌جا که مخاطب اولیه این کتاب فارسی‌آموزان انگلیسی زبان هستند، توضیح نکته‌های دستوری به انگلیسی آورده شده و برای روشن‌تر شدن مطلب گاهی از زبان انگلیسی هم مثال‌هایی آمده است. بخش دستور زبان در این کتاب، خودآموز و «کار در خانه» است و زبان‌آموز، جز بخش‌های «کار در کلاس» آن، تمام این بخش را در خانه انجام می‌دهد و خود را برای بخش «کار در کلاس» آماده می‌کند. هدف این کتاب از ارائه بخش توضیحات به زبان انگلیسی این است که زبان‌آموزان بتوانند خودشان این بخش را در خانه بخوانند و استاد و دانشجو هرگز برای سخن گفتن در کلاس، از زبانی به جز فارسی استفاده نکنند و این موضوع به صورت یک رسم در کلاس اجرا شود.

اگر بخواهید توضیحاتی برای آموزش تکمیلی دستور زبان در کلاس آماده کنید، ممکن است مثال‌های بخش دستور به شما کمک کنند. نام تمام مقوله‌های دستوری در ابتدای هر درس دستوری نوشته شده است. دانشجویان خود را تشویق کنید این اسم‌ها را به فارسی یاد بگیرند، تا اگر لازم شد در کلاس در مورد آن صحبت شود، استاد و دانشجویان بتوانند گفت‌وگویی کاملاً فارسی داشته باشند. در کلاس درس فارسی هرگز به انگلیسی یا زبانی دیگر سخن نگویید!

به‌یقین، هیچ کتابی جای یک آموزگار خوب را نمی‌گیرد. امید است این مواد در پربارتر کردن کلاس به شما کمک کند و یادگیری زبان شیرین فارسی را برای دانشجویان‌تان تجربه‌ای دلپذیر سازد.

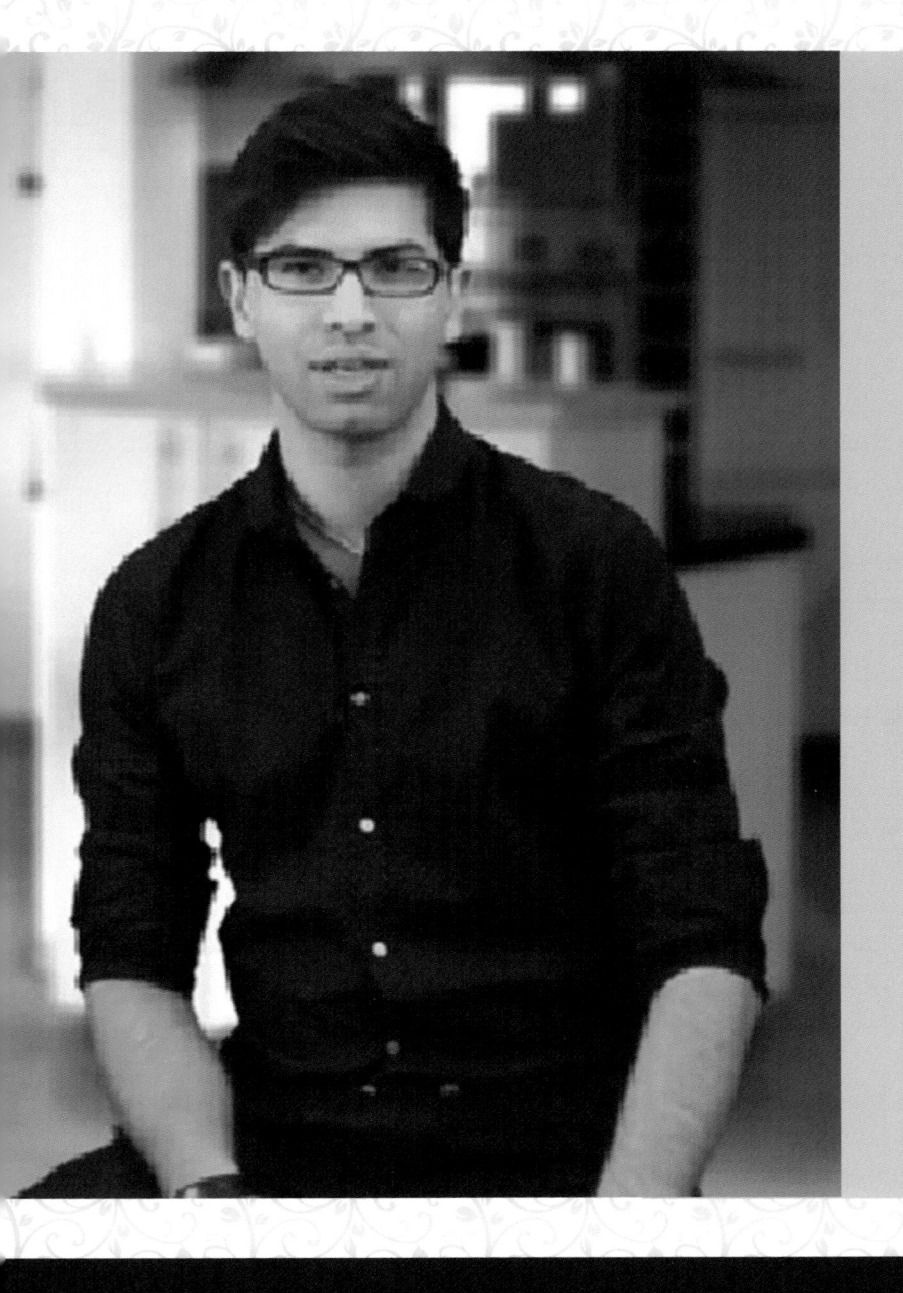

درس اوّل

۳. فیلم: سرم خیلی شلوغه!

درس اول: سرم خیلی شلوغه!

برنامه‌ای برای یادگیری و فعال کردن واژگان این درس در چهار جلسه

روز درس	تکلیف (در خانه)	فعالیت (در کلاس)
۱	۱. به فایل صوتی مربوط به واژگان کلیدی گوش کنید و آنها را یاد بگیرید. ۲. به فایل صوتی مربوط به واژه‌ها و جمله‌های شماره‌ی ۱ تا ۲۹ گوش کنید و متن جمله‌ها را بنویسید و به انگلیسی ترجمه کنید. ۳. برای همه‌ی واژه‌های شماره‌ی ۱ تا ۲۹ کارت ایندکس درست کنید.	۱. بخش در کلاس تمرین ۳ ۲. فعالیت فعال کردن واژه‌های شماره‌ی ۱ تا ۲۹ (فعالیت توسط استاد طراحی می‌شود، مثل نقش بازی یا توصیف عکس، یا پانتومیم، . . .)
۲	۱. به فایل صوتی مربوط به واژه‌ها و جلمه‌های شماره‌ی ۳۰ تا ۵۸ گوش کنید. متن جمله‌ها را بنویسید و به انگلیسی ترجمه کنید. ۲. برای همه‌ی واژه‌های شماره‌ی ۳۰ تا ۵۸ کارت ایندکس درست کنید. ۳. بخش «در خانه» تمرین ۶ را کامل کنید.	۱. بخش «در کلاس» تمرین ۶ ۲. تمرین ۴، بخش در کلاس، فعال کردن واژه‌های ۳۰ تا ۵۸ ۳. فعالیت فعال کردن واژه‌های شماره‌ی ۳۰ تا ۵۸ - این فعالیت توسط استاد طراحی می‌شود؛ فعالیت‌هایی مثل نقش بازی، توصیف عکس، پانتومیم، . . . .
۳	۱. تمرین ۷ ۲. تمرین ۹	۱. تمرین ۱۰ ۲. فعالیتی دیگر مربوط به روزهای هفته
۴	۱. تمرین ۸ ۲. تمرین ۴	۱. تمرین ۱۱

تمرین ۱: واژگان کلیدی

Keywords: Before you begins, learn to recognize the following keywords. You have already learned some of them.

I_0_KeyWords ▶

پیش از شروع درس، با گوش دادن به فایل صوتی سعی کنید واژه‌های کلیدی‌ای را که در این کتاب استفاده خواهیم کرد بشناسید. بعضی از آنها را قبلاً یاد گرفته‌اید.

معادل انگلیسی	واژگان
translate	تَرجُمه کنید
reading	خواندَن
spoken	زَبانِ گُفتار
written	زَبانِ نوشتار
to complete	کامل کردن
to use	استفاده کردن
page	صفحه

معادل انگلیسی	واژگان
exercise	تَمرین
pronunciation	تَلَفُّظ
conversation	گُفتگو
have a conversation	گُفتگو کُنید
watch and listen	بِبینید و گوش کنید
culture	فَرهَنگ
grammar	دَستور

تمرین ۲: واژگان و جمله‌ها (در خانه)

1. Follow the instructions on the recommended class schedule on the previous page: For day one of the class, at home, listen to the audio file up to word number 29, and write sentences 1 to 29. Translate them into English. Make flash cards for these vocabulary words. Bring them to class for the class activity.

۱. از راهنمای پیشنهادی در جدول صفحه پیش پیروی کنید: برای روز اول کلاس، در خانه، به جمله‌های ۱ تا ۲۹ در فایل صوتی گوش کنید و آنها را بنویسید و به انگلیسی ترجمه کنید. برای این واژه‌ها فلش کارت درست کنید و آنها را برای فعالیت کلاس با خود به کلاس بیاورید.

I_I_Vocabulary1 ▶

2. For day two of the class, listen to the audio file for vocabulary 30 to 58 and write sentences 30 to 58. Translate them into English. Make flash cards for these vocabulary words, Bring them to class for the class activity.

۲. در روز دوم، به واژگان و جمله‌های ۳۰ تا ۵۸ گوش دهید و جمله‌ها را بنویسید و آنها را به انگلیسی ترجمه کنید. برای این واژه‌ها فلش کارت درست کنید و آنها را برای فعالیت کلاس با خود به کلاس بیاورید.

I_I_Vocabulary2 ▶

معادل انگلیسی	واژگان
I study	۱. درس می‌خوانم (. . . می‌خونم)
I study electrical engineering	۲. مهندسی الکترونیک می‌خوانم (. . . می‌خونم)
everybody, all	۳. همه
family	۴. خانواده (خونواده)
except	۵. به جز
husband, spouse	۶. شوهر / همسر

very much, a lot	۷. بسیار (خیلی)
crowded	۸. شلوغ
crowdedness	۹. شلوغی
weather, Austin's weather	۱۰. هوا، هوای آستین
also	۱۱. هم
summer	۱۲. تابستان (تابستون)
winter	۱۳. زمستان (زمستون)
a little	۱۴. کمی
degree centigrade	۱۵. درجه‌ی سانتیگراد
every day	۱۶. هر روز
sleep, asleep (noun)	۱۷. خواب
to become, I become	۱۸. شدن، می‌شوم (می‌شم)
I wake up	۱۹. بیدار می‌شوم (. . . می‌شم)
I wake up from sleep	۲۰. از خواب بیدار می‌شوم (. . . می‌شم) / از: from
usually	۲۱. معمولاً
roommate	۲۲. هم خانه‌ای، هم اتاقی (هم خونه‌ای)
I eat breakfast	۲۳. صبحانه می‌خورم (صبحانه/صبونه می‌خورم)
then, later on	۲۴. بعد
I teach, to teach	۲۵. درس می‌دهم، درس دادن (... می‌دم)
I both study and work.	۲۶. هم درس می‌خوانم، هم کار می‌کنم. (... می‌خونم، ....)
I also teach	۲۷. درس هم می‌دهم (... می‌دم)
project	۲۸. پروژه
often	۲۹. اغلب
nights	۳۰. شب‌ها (شبا)
until 8 o'clock	۳۱. تا ساعت ۸
week	۳۲. هفته
I exercise, to exercise	۳۳. ورزش می‌کنم - ورزش کردن
swimming pool	۳۴. استخر
gym	۳۵. باشگاه

I play tennis	۳۶. تنیس بازی می‌کنم
I run	۳۷. می‌دَوَم (می‌دُوَم)
painting, she paints	۳۸. نقاشی، نقاشی می‌کند (........ می‌کنه)
sometimes	۳۹. گاهی
Fridays	۴۰. روزهای جمعه (روزای جمعه)
I am very busy!	۴۱. (سرم خیلی شلوغه!)
always	۴۲. همیشه
after	۴۳. بعد از
I sleep, to sleep	۴۴. می‌خوابم - خوابیدن
starting tomorrow	۴۵. از فردا
holiday	۴۶. تعطیل
for	۴۷. برای
last	۴۸. آخرین
time	۴۹. بار
the last time that...	۵۰. آخرین باری که
ago, three years ago	۵۱. پیش، قبل، سه سالِ پیش
when, when she goes to school	۵۲. وقتی (وقتی به دانشگاه می‌رود)
grandmother	۵۳. مادربزرگ
he/she passed away	۵۴. فوت کرد
to see, I see, in order to visit	۵۵. دیدن، می‌بینم، برای دیدن
history	۵۶. تاریخ
this year	۵۷. امسال
that, which, who	۵۸. که

تمرین ۳: واژگان- کارت ایندکس (در خانه و کلاس)

بازی کارت ایندکس
در خانه، برای هر واژه جدید، کارت ایندکسی درست کنید و یک طرف آن واژه فارسی و طرف دیگرش واژه معادل انگلیسی آن را بنویسید. کارت‌های واژه‌های ۱ تا ۲۹ را با خود به کلاس بیاورید.

Flashcard Game
At home, for each new vocabulary word prepare a flashcard that has the English word on one side and the Persian word on the other. Bring your set of flashcards for the first 29 vocabulary words.

In class, work with a partner to begin using these words in context. Sit across from your partner and take turns showing one another a flashcard. When you show your partner a flashcard, he or she should ask you a question that uses that word and you should answer and then ask your own question using the same word before switching roles. Feel free to ask follow-up questions to keep the flow of the conversation going.

در کلاس، با هم‌کلاسی‌تان با واژه‌ها برای حرف زدن استفاده کنید. روبروی هم بنشینید و یک کارت را (طرف فارسی کارت را) به هم‌کلاسی‌تان نشان دهید. او به کمک این کارت از شما سوالی خواهد پرسید. شما به آن سوال جواب دهید و سپس با استفاده از همین کلمه سوالی از هم‌کلاسی‌تان بپرسید. اگر در پی جوابی که می‌دهد سوال دیگری برای‌اتان پیش آمد بپرسید. حالا نوبت هم‌کلاسی شماست که کارتی به شما نشان دهد.

تمرین ۴: واژگان- کارت ایندکس (در خانه و کلاس)

Flashcard Game- At home, for each new vocabulary word prepare a flashcard that has the English word on one side and the Persian word on the other. Bring your set of flashcards for the next 29 vocabulary words.

بازی کارت ایندکس
در خانه، برای هر واژه جدید، کارت ایندکسی درست کنید و یک طرف آن واژه فارسی و طرف دیگرش واژه معادل انگلیسی آن را بنویسید. کارت‌های واژه‌های ۲۹ تا ۵۸ را با خود به کلاس بیاورید.

In class, work with a partner to begin using these words in context. Sit across from your partner and take turns showing one another a flashcard. When you show your partner a flashcard, he or she should ask you a question that uses that word and you should answer and then ask your own question using the same word before switching roles. Feel free to ask follow up questions to keep the flow of the conversation going.

در کلاس، با هم‌کلاسی‌تان با واژه‌ها برای حرف زدن استفاده کنید. روبروی هم بنشینید و یک کارت را (طرف فارسی کارت را) به هم‌کلاسی‌تان نشان دهید. او به کمک این کارت از شما سوالی خواهد پرسید. شما به آن سوال جواب دهید و سپس با استفاده از همین کلمه سوالی از هم‌کلاسی‌تان بپرسید. اگر در پی جوابی که می‌دهد سوال دیگری برای‌اتان پیش آمد بپرسید. حالا نوبت هم‌کلاسی شماست که کارتی به شما نشان دهد.

تمرین ۵: نوشتاری، گفتاری (در خانه)

Written vs. Spoken Vocabulary Sentences
Listen to the audio file 1_1_vocabulary3, which features your vocabulary sentences from this unit in the spoken form. Compare these sentences to the written-form sentences that you transcribed before. Underline any words or structures that are different in the spoken form. You should use the spoken form when speaking in class, so you'll need to know how it affects the new vocabulary words you are learning.

به فایل صوتی زیر گوش کنید. این جمله‌ها همان جمله‌هایی است که در فایل صوتی قبلی شنیده‌اید، اما گفتاری. این جمله‌ها را با جمله‌های قبلی که شنیده و نوشته‌اید مقایسه کنید. زیر هر کلمه یا ساختاری که متفاوت است خط بکشید. در وقت صحبت کردن در کلاس، باید از شکل گفتاری استفاده کنید، پس سعی کنید شکل گفتاری هر کلمه یا ساختاری که در جدول واژه‌ها معرفی می‌شود را یاد بگیرید.

Please note that sometimes a word's spoken form and written form are both correct in spoken Persian, and in this sense there are two spoken versions of the word. For example, in this audio file, you will hear both کمی and یه کم for the spoken form of کمی.

توجه داشته باشید که گاهی شکل گفتاری و نوشتاری یک واژه در حرف زدن قابل قبول است، و بدین ترتیب گاهی برای آن واژه دو شکل گفتاری وجود دارد. برای مثال، در این فایل صوتی هر دو واژه «کمی» و «یه کم» را به عنوان شکل‌های گفتاری کمی می‌شنوید.

1_1_Vocabulary3

تمرین ۶: واژگان- مرور افعال Review the Verbs You Know (در خانه)

At home, complete the following chart with appropriate verbs. Then listen to the audio file and check your answers.

در خانه، جدول زیر را با فعل‌های مناسب کامل کنید. سپس به فایل صوتی گوش کنید و جواب‌های‌تان را بازبینی کنید.

1_1_Vocabulary4

Present Stem - بُنِ حال	Present- First Person Singular - حال	infinitive - مصدر
باش	هستم	بودن
خور	می‌خورم	خوردن
رو	می روم	رفتن
. . . باش	بلد هستم	بلد بودن
دار / داشت باش	دارم	داشتن
...دار دوست داشت باش	دوست دارم	دوست داشتن
...خوان	درس خوانم	درس خواندن (درس خوندن)
...کن	زندگی می‌کنم	زندگی کردن
...کن	کار می کنم	کارکردن
. . .کن	ورزش می کنم	ورزش کردن
خوان	می‌خوانم	خواندن (خوندن)
خواب	می‌خوابم	خوابیدن
... کن	باز می کنم	بازکردن
... بند	می بندم	بستن
...زن	حرف می زنم	حرف زدن
دان	می دانم	دانستن (دونستن)
آ	می آیم	آمدن (اومدن)
... کن	نگاه می کنم	نگاه کردن
... کن	گوش می کنم	گوش کردن
نویس	می نویسم	نوشتن
...کن	تکرار می کنم	تکرارکردن
...زن	حدس می زنم	حدس زدن (to guess)
. . .شو	بیدار می شوم	بیدارشدن
دو	می دوم	دویدن
گو	می گویم	گفتن
. . . کن	فوت می کنم	فوت کردن

همه ✗

تمرین ۷: واژگان- در خانه

Fill in the blanks with the information about yourself.

با اطلاعات مربوط به خودتان جمله‌های زیر را کامل کنید.

۱. یکی از دوستانم در ___اداهو___ زندگی می‌کند.

۲. من معمولاً پنج‌شنبه‌ها ___پنج___ ساعت درس می‌خوانم.

۳. مادرم در ___نیو جرسی___ زندگی می‌کند.

۴. من اهل ___امریکا___ هستم.

۵. من پنج‌شنبه‌ها کلاس ___فارسی و تاریخ اسلامی دارم___

۶. من و شما در کلاس ___فارسی هستیم___

۷. اسم دوستم ___دان___ است و هفته‌ای ___یک___ بار او را می‌بینم.

۸. هر روز معمولاً ساعت ___یک___ با دوستانم ناهار می‌خورم.

۹. استاد فارسی ما اهل نیویورک ___نیست___ .

۱۰. من در دانشگاه ___پرینستون___ درس می‌خوانم.

۱۱. الان هوا ___خیلی گرم___ است. ___هشت___ درجه‌ی سانتیگراد است.

۱۲. هوای این‌جا در ___تابستان___ سرد است.

۱۳. خانه‌ی پدر و مادرم استخر ___ندارد___ .

۱۴. شب‌ها تا ساعت ___یازده___ بیدارم.

۱۵. من انگلیسی و کمی ___فارسی___ بلدم.

۱۶. خانواده‌ام در ___نیو جرسی___ زندگی می‌کنند.

۱۷. روزهای جمعه معمولاً ___در پرینستون درس می خوانم___

۱۸. ___ هم‌اتاقی دارم.

۱۹. صبح‌ها معمولاً ساعت ___هفت___ از خواب بیدار می‌شوم و شب‌ها اغلب ساعت ___یازده___ می‌خوابم.

۲۰. روزهای ___پنج شنبه___ سرم خیلی شلوغ است.

۲۱. ___پدر بزرگم___ چند سال پیش فوت کرد.

۲۲. آخرین شهری که به آن رفتم شهر ___نیو یورک___ بود.

۲۳. آخرین باری که با مادرم حرف زدم ___دیروز___ بود.

۲۴. معمولاً ساعت ___هفت___ از خواب بیدار می‌شوم.

۲۵. ___سه___ سال پیش به شهر ___ان ابور___ رفتم.

۲۶. فردا تعطیل ___ندارم___ .

Fill in the blanks with the new vocabulary from Unit 1. You may use some words more than once.

جمله‌های زیر را با استفاده از واژگان درس ۱ کامل کنید.

۱. هوای شهر ما در ـــتابستان ـــ خیلی گرم است.

۲. برادرم در دانشگاه تهران فیزیک ـــدرس می‌ـــ خواند.

۳. دوستم در دانشگاه شیراز ـــکار می‌ـــ کند.

۴. شهر ما زیاد ـــبزرگ ـــ نیست. نزدیک به ۸۰۰ هزار نفر در آن زندگی می‌کنند.

۵. ـــمعمولاً ـــ دوستانم امروز به خانه‌ام می‌آیند.

۶. وقتی صبحانه نمی‌خورم، ـــهمه ـــ ی روز خسته‌ام.

۷. من ـــهم ـــ فرانسه و هم اسپانیایی درس می‌دهم.

۸. خواهر کوچکم امروز در اتاقش است و ـــخواب ـــ .

۹. ما از فردا هر روز صبح به پارک می‌رویم و ـــ می‌دویم ـــ

۱۰. همیشه ـــبعد از ـــ بیدار شدن کمی ورزش می‌کنم.

۱۱. آخرین ـــبار ـــ که با پدربزرگم حرف زدم یک ماه پیش بود.

۱۲. گاهی برای ـــدیدن ـــ دوستم به کَرَج، که شهری نزدیک تهران است، می‌روم.

۱۳. در ایران دانش‌آموزان روزهای جمعه به مدرسه نمی‌روند، چون جمعه‌ها ـــتعطیل ـــ است.

۱۴. همه‌ی امسال را روی این ـــپروژه ـــ کار می‌کنم.

۱۵. ـــبعد از ـــ کلاس کجا می‌روی؟ - می‌روم کتابخانه.

۱۶. سه‌شنبه‌ها دیر از خواب ـــبیدار می‌ـــ شوم

۱۷. این دختر در دفترش ـــنقاشی ـــ می‌کند.

۱۸. فردا برای ورزش کردن به ـــباشگاه ـــ می‌روم.

۱۹. من و دوستم ـــخواهر ـــ خانواده هستیم.

۲۰. هفته‌ی پیش چهار روز ـــتعطیل ـــ بودم و با دوستم به تهران رفتم.

۲۱. آنها شش ـــبار ـــ در روز غذا می‌خورند.

۲۲. ـــبرای ـــ ناهار به دانشگاه می‌روم.

۲۳. دوستم ـــهمیشه ـــ خسته است ـــهم ـــ گرسنه.

تمرین ۹: واژگان- در خانه

الف- جدول‌های زیر را کامل کنید و واژگان آن را بیاموزید.

At home, complete the charts, listen to the audio file and learn the words.

I_I_Vocabulary5

روزهای هفته	Weeks of the day
۱.	....
۲.	....
۳.	....
۴. سه شنبه	Tuesday
۵.	....
۶. پنج‌شنبه	Thursday
۷. جمعه	Friday

۸. اِمروز	today
۹. اِمشَب	....
۱۰. دیروز	....
۱۱. دیشَب	last night

ب- جمله‌های زیر را کامل کنید. Complete the sentences

۱- امروز سه شنبه است. دیروز .... بود.

۲- دیروز چهارشنبه بود. امروز .... است.

۳- امروز جمعه است. دیروز .... بود.

تمرین ۱۰: واژگان- در کلاس

اجرا کنید

دانشجوی الف: جنیفر یا شان
دانشجوی ب: خانم یا آقای میثمی

دانشجوی الف: دوست ایرانی شما که در ایالات متحده (یا کشور شما) درس می‌خواند وقتی پدر و مادرش برای دیدن او از ایران آمده‌اند شما را به خانه‌اش دعوت کرده است. شما به آنجا رفته‌اید و خانم و آقای میثمی سوالات زیادی دارند که از شما بپرسند. با کمک اطلاعاتی که در جدول اطلاعات وجود دارد و همچنین با الگوی گفتگویی که در اختیار شماست به سوالات آنها جواب دهید. توجه داشته باشید که که هدف شما داشتن یک گفتگوی واقعی با استفاده از این اطلاعات است، بنابراین روی تبادل اطلاعات تمرکز کنید.

دانشجوی ب: شما خانم یا آقای میثمی هستید. از هم‌کلاسی‌تان که الان در واقع دوست دخترتان یا پسرتان است سوالات بخش گفتگو را بپرسید. به خاطر داشته باشد که هدف شما داشتن یک گفتگو است، بنابراین بر تبادل اطلاعات تمرکز کنید.

Role Play

Student A: Jennifer or Shawn
Student B: Mr. or Mrs. Meysami

Student A: an Iranian friend who is studying in the United States has invited you to his/her house when his/her parents are visiting. Mr. and Mrs. Meisami have a lot of questions for you. Use the information in the schedule below to answer their questions. Remember that your goal is to have an actual conversation using this information. Focus on actually exchanging information.

Student B: You are Mr. or Mrs. Meysami. Ask your partner, who is now your son's or daughter's friend, the questions below. Remember, your goal is to have an actual conversation, so focus on exchanging information.

جدول اطلاعات

Monday	Persian class	work	playing soccer
Tuesday	……………	work	……………….
Wednesday	Persian class	work	swimming
Thursday	Persian class	work	work out
Friday	Persian class	……….	…………….
Saturday	……………	work	playing soccer
Sunday	……………	work	work out

گفتگو

Mr or Mrs Meysami:	Did you have class today?
Classmate:	Yes, today is ……… . I had Persian class.
Mr or Mrs Meysami:	I thought today is …….. . Do you exercise?
Classmate:	Yes, I work out on ……. .
Mr or Mrs Meysami:	Do you play volleyball like my son/my daughter?
Classmate:	No, I do not, but I play soccer on ………. . I also swim on …… .
Mr or Mrs Meysami:	My son goes to the gym on Wednesday. Do you go too?
Classmate:	Yes! We both swim on ……. .
Mr or Mrs Meysami:	Do you like کشتی /koshti/?
Classmate:	What is koshti? Wrestling?! Yes I love watching کشتی.

تمرین ۱۱: واژگان- از هم‌کلاسی‌های‌تان بپرسید (در کلاس)

در گروه‌های دو نفره، هر کدام از شما یکی از دو دسته سوالات A یا B را انتخاب کنید.
سعی کنید در فارسی سوالاتی طرح کنید که به کمک آنها اطلاعاتی را که در سوالات انگلیسی زیر خواسته شده به دست آورید. جمله‌های زیر را مستقیماً به فارسی **ترجمه نکنید**. از واژه‌ها و دستور زبانی که فرا گرفته‌اید برای ساختن سوالاتی که معنای جمله‌های زیر را منتقل کند استفاده کنید. **لازم نیست و نباید** جمله‌ها و سوالات را کلمه به کلمه ترجمه کنید. بعد از فرصتی که برای فکر کردن دارید، می‌توانید این سوالات را بپرسید.
دسته سوالات خود را از هم‌گروهی‌تان بپرسید و به سوالات او جواب دهید. توجه داشته باشید که وقتی به سوالات جواب می‌دهید، با جمله‌های کامل جواب دهید و پیش از جواب دادن حتماً به هم‌گروهی خود فرصت دهید که سوالش را کامل کند.

اگر در گروه خود فعالیت را زودتر از گروه‌های دیگر به پایان رساندید، با پرسیدن سوالاتی مربوط به همین سوالات و با توجه به جواب‌هایی که از هم‌کلاسی‌تان شنیدید، گفتگوی‌اتان را ادامه دهید.

Determine what questions you would ask in Persian to elicit the information below. Do NOT translate the sentences directly. Use the vocabulary and grammar you know to formulate a question that communicates the meaning of the sentences below rather than the exact words. Once you have figured out your questions, ask them of someone with a different set of questions. Be sure to answer all questions in complete sentences and make sure you give your classmates a chance to ask their question fully before you answer.
If you finish early, then ask your classmates follow up questions to keep the conversation going.

A. Talk with your classmates in Persian and find out. . .

    . . .if they are tired after class.

    . . .if they are coming to the university on Friday.

    . . .if they have a friend who studies nursing (پرستاری).

    . . .if they think that this city is very crowded.

    . . .what they will do on Sunday.

    . . .where their family lives.

    . . .if they sleep in class.

    . . .how many times per week they exercise.

    . . .where they were two years ago.

B. Talk with your classmates and find out...

    ...what time will they come to the university on Friday.

    ...if their father/mother/brother/sister was a student at this university.

    ...if they have a friend who studies electrical engineering.

    ...if their family lives in this city.

    ...if they like crowded cities.

    ...when the last time they went to the gym was.

    ...on which days they come to campus.

    ...where they will go after class.

    ...if they always eat breakfast.

دستور۱: گذشته‌ی ساده Simple Past

تمرین ۱۲: در خانه

So far you have learned how to describe actions using the present tense. In Persian, the present tense is much more versatile than it is in English. We can use the present tense in Persian to refer to actions that are happening right now, will happen in the future, or happen habitually. However, we require several tenses to describe actions that take place in the past. The first past tense you will learn, the simple past, describes actions that were completed in the past but not over a period of time.

Examine the following example:

دیروز با دوستم چای خوردَم.

1. Use the information you know in the sentence to try to translate it.

2. We will explain more clearly how to form the simple past below, but for now can you explain why we have used the simple past in this sentence?

I ate	خوردَم	to eat	

Forming the Simple Past

3. Look at the verb in the example sentence above. What is the infinitive for this verb?

Say the Persian infinitive "to eat" and then the conjugation "I ate." How do the two compare? What is the relationship between the infinitive and the conjugation?

The simple past tense in Persian follows this pattern:

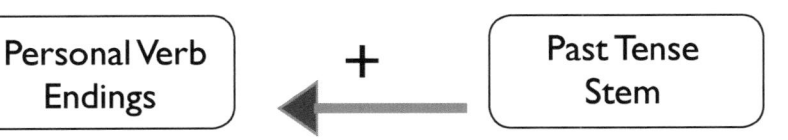

As you have probably already noticed, the past tense stem—unlike the present-tense stem—depends on the infinitive. In order to derive the past tense stem, we simply remove the ن from the infinitive.

The personal verb endings are the same endings we add to the present tense verb conjugations. The only exception is the third person singular (he/she/it); the past tense conjugation for this person is always just the past tense stem.

4. How would you translate this sentence into Persian?

Yesterday the professor had dinner with his mother.

5. Now that you have a basic understanding of the steps required to form the past tense conjugation, try filling in the following chart. Read the conjugations aloud as you write them:

	ما	خوردم	من
	شما		تو
	آنها (اونا)		او (اون)

Negating the Past Tense

6. Look at the negating version of our sample sentence:

دیروز با دوستم چای نَخوردم.

What did we add to the past tense conjugation to negate it?

7. With negation in mind, complete the following chart and read your answers as you write them.

	ما	خوردم	من
	شما		تو
	آنها (اونا)		او (اون)

Past گذشته	Present حال	Infinitive - مصدر
بودم	من ام/هستم	بودن
خوردم	من می‌خورم	خوردن
	او	رفتن
	شما	بلد بودن
داشتم	من دارم	داشتن
	آنها	دوست داشتن
	ما	درس خواندن
	او	زندگی کردن
	من	کار کردن
	شما	ورزش کردن
	تو	خواندن (خوندن)
	ایشون	خوابیدن
	آنها	باز کردن
	شما	بستن
	او	حرف زدن
می‌دانستم*	من می‌دانم	دانستن
	تو	آمدن
	آنها	(به...) نگاه کردن
	ما	(به ...)گوش کردن
	شما	نوشتن
	من	تکرار کردن
	تو	حدس زدن
	ما	بیدار شدن
	ایشون	دویدن
	آنها	گفتن
	او	فوت کردن

تمرین ۱۳: دستور- در خانه

جدول را کامل کنید و بعد جاهای خالی را با استفاده از فعل مناسب پر کنید.

۱. با دوستانم به رستوران .... و ناهار ....

۲. دیروز من و خواهرم به رادیو ....

۳. دیروز در دانشگاه ....

۴. دیروز تکلیفم را ....

۵. من و دوستم دیشب شام پیتزا ....

۶. دیروز به کلاس .... ؟ کجا .... ؟

۷. پدر و مادرم ده سال در نیویورک .... و آن‌جا را خیلی ....

۸. کتاب .... را دوست دارم.

۹. (روزی شیش ساعت .... چون درس‌هام خیلی سخته.)

۱۰. (عربی .... ؟ - یه کمی!)

۱۱. ما در این اتاق تلویزیون ....

۱۲. چرا صبح زود .... ؟ - خسته بودم.

۱۳. خانه‌اتان چند اتاق .... ؟

۱۴. من .... خانه‌ی آنها کجاست.

تمرین ۱۴: دستور - در کلاس

از افعال جدول استفاده کنید و در گروه‌های دونفره یا سه نفره درباره اتفاقی که در گذشته برای شما یا دیگران افتاده صحبت کنید.

In groups of two or three, use the verbs from the chart to talk about something that happened in past:

هفته پیش ....

سال پیش (پارسال) ....

دیروز ....

چند روز پیش ....

دو سال پیش ....

دیشب ....

تمرین ۱۵: دستور- در خانه

جمله‌های زیر در زمان حال هستند. آنها را در زمان گذشته بنویسید. توجه داشته باشید که نه تنها باید فعل را تغییر دهید، بلکه تمام نشانه‌های زمان را نیز تغییر دهید. سپس جملاتی را که نوشته‌اید به فارسی ترجمه کنید.

The following sentences are in the present tense. Change them into the past tense, making sure you not only change the verb but also any time markers. Then translate the past tense sentences into English.

۱. فردا لیلی را می‌بینم اما برادرش اینجا نیست.
۲. خواهرم درس نمی‌خواند.
۳. امروز حال شما چطور است؟
۴. فردا جمعه است اما آنها به دانشگاه می‌روند.
۵. امروز چه‌کار می‌کنی؟
۶. روزنامه‌نگار چند خودکار دارد اما همه زیر کتابش هستند.
۷. خانه‌ی ما کنار خانه‌ی آن‌ها است.

تمرین ۱۶: دستور- زمان گذشته (درخانه)

در خانه، بند کوتاهی بنویسید که حداقل پنجاه واژه داشته باشد. در این بند به سوال زیر جواب دهید. سعی کنید تا آنجا که می‌توانید از واژه‌های این درس استفاده کنید و از حروف ربطی که که ارتباط جمله‌ها را حفظ می‌کنند استفاده کنید. پیش از نوشتن بند خود مثال زیر را با دقت بخوانید.

1. **At home**, write a short paragraph (at least 50 words) in which you answer the question below. Be sure to use as much of the vocabulary from this lesson as possible and try to include connector words that establish relationships between your sentences. Read the example below carefully before you write your paragraph.

دیروز چه کار کردی؟

دیروز ساعت شش بیدار شدم و صبحانه نان و پنیر خوردم. بعد به دانشگاه رفتم. از ساعت ۹ تا ۱۱ کلاس داشتم. بعد از کلاس، کمی درس خواندم و بعد نیم ساعت تلویزیون نگاه کردم. بعد از آن، دوباره به کلاس رفتم. بعد از کلاس کمی نقاشی کردم و بعد با دوستانم به بازار رفتیم.

تمرین ۱۷: دستور- زمان گذشته (درکلاس)

۱. پس از اینکه بندی را که در تمرین قبل نوشته‌اید تحویل دادید، در گروه‌های سه یا چهارنفره به هم‌کلاسی‌های‌تان بگویید که دیروز چه کردید. از یکدیگر درباره آنچه می‌گویند سوالاتی مانند آنچه در زیر آمده بپرسید.

1. After you have turned in your paragraphs, work in groups of three or four and tell your group what you did yesterday. You should ask each other follow-up questions like the ones below:

کجا بودی؟ / کجا رفتی؟ / کجا ناهار خوردی؟ / درس خواندی؟ (... خوندی) / چند ساعت درس خواندی؟ (.... خوندی)/ ساعت چند آمدی دانشگاه؟ (...اومدی) / موسیقی گوش کردی؟ (دیگه چه کار کردی؟)

۲. بعد از اینکه همه در گروه‌تان برنامه‌اشان را ارائه دادند، گروه شما یکی از اعضای گروه را انتخاب کند، و یکی دیگر از اعضای گروه برنامه آن شخص را بدون نام بردن از او به کلاس بگوید. هم‌کلاسی‌های شما باید حدس بزنند که گوینده درباره چه کسی حرف می‌زند.

2. Once everyone in your group has presented his or her schedule, then the group should pick one person's day to present to the class. Someone else from your group should report about what that person did yesterday without using his or her name. The rest of the class must guess about whom the speaker is presenting.

2. Use the examples below to talk about a bad day or semester with one of your classmates.

۲. از مثال‌های زیر استفاده کنید و درباره یک روز بد یا ترم بد با هم‌کلاسی‌های‌تان صحبت کنید.

پریروز روز خوبی نبود چون صبحانه نخوردم، ورزش نکردم.
ترم پیش ترم خوبی نبود چون ...
تابستان سال پیش تابستان خوبی نبود چون ...

تمرین ۱۸: فیلم- سرم خیلی شلوغه! (در خانه)

1_2_Video1

Stage 1: Listen for the big picture. Try to understand the main ideas and begin to formulate questions about specific information or expressions in order to prepare for Stage 2.

گام اول: طوری گوش کنید که تصویر کلی از موضوع داشته باشید. سعی کنید موضوع اصلی را بفهمید و سوالاتی درباره این اطلاعات یا اصطلاحات خاصی که می‌شنوید در ذهن‌تان بپرورید تا برای مرحله دوم آماده شوید.

Stage 2: Before listening a second time, jot down (in Persian) the questions you came up with in Stage 1. When you listen for a second time, focus on answering your questions and hunting for other specific pieces of information.

گام دوم: پیش از این‌که برای دومین بار گوش کنید، خلاصه‌ای از سوالاتی را که در مرحله پیش به ذهن‌اتان آمده بنویسید. وقتی برای بار دوم گوش می‌کنید، هم روی پاسخ‌هایی که برای پرسش‌های‌اتان ممکن است در فیلم وجود داشته باشد تمرکز کنید و هم به دنبال جمع‌آوری اطلاعات خاص دیگری باشید.

Stage 3: Listen a third time and think about how ideas are being expressed. Focus on listening closely to details of language use, including pronunciation, structure, and the flow of ideas.

گام سوم: برای بار سوم گوش کنید و درباره این‌که گوینده چگونه آنچه را که می‌خواهد بگوید می‌گوید فکر کنید. با دقت به جزئیات استفاده از زبان توجه کنید، از جمله تلفظ، ساختار، و چگونگی بیان ایده‌ها.

A. At home, use these strategies to listen to نیما and write as much information as you can, with as much vocabulary as you can about the following. Try to respond in written form.

الف- در خانه، از ترفند بالا در نگاه کردن ویدیوی نیما استفاده کنید و تا آنجا که می‌توانید اطلاعاتی را که درباره موارد زیر به دست می‌آورید با استفاده از واژگانی که تا به حال یاد گرفته‌اید بنویسید. سعی کنید به فارسی نوشتاری بنویسید.

۱. خانه
۲. کار
۳. خانواده
۴. شهر
۵. خوابیدن و بیدار شدن
۶. هم‌خانه‌ای نیما
۷. ورزش
۸. مادربزرگ نیما

تمرین ۱۹: فیلم- ببینید و بنویسید. (در خانه)

1_2_Video1

در خانه فیلم را دوباره ببینید و به سوالات زیر جواب دهید.

۱. نیما اهل کجاست؟

۲. چند سال است در آمریکا زندگی می‌کند؟

۳. در کدام دانشگاه درس می‌خواند؟

۴. چه رشته‌ای می‌خواند؟ .

۵. خانواده‌اش در کجا زندگی می‌کنند؟

۶. خواهرش با چه کسی/کسانی و در کجا زندگی می‌کند؟

۷. آیا نیما شهری را که در آن زندگی می‌کند دوست دارد؟ چرا؟

۸. هوای آستین در زمستان‌ها و تابستان‌ها چه‌طور است؟

۹. نیما ساعت چند از خواب بیدار می‌شود؟

۱۰. او معمولاً با چه کسی صبحانه می‌خورد؟

۱۱. نیما در دانشگاه چه‌کار می‌کند؟

۱۲. نیما چند بار در هفته ورزش می‌کند؟

۱۳. او چه ورزش‌هایی می‌کند؟

۱۴. او روزهای جمعه و شنبه چه کار می‌کند؟

۱۵. او شب‌ها تا ساعت چند در دانشگاه کار می‌کند؟

۱۶. نیما شب‌ها ساعت چند می‌خوابد؟

۱۷. او کی و برای چند هفته به ایران می‌رود؟

۱۸. او آخرین بار کی به ایران رفت؟

تمرین ۲۰: فیلم - در کلاس

۱. با هم‌کلاسی‌تان درباره نیما صحبت کنید.

۲. با هم‌گروهی‌تان یک تک‌گویی از زبان هم‌خانه‌ای نیما، مهران، بنویسید. از سوالات بالا به عنوان راهنما برای آنچه که می‌خواهید بنویسید استفاده کنید. توجه داشته باشید که زندگی مهران از نیما متفاوت باشد. مونولوگ مهران را در کلاس ارائه دهید.

1. Work with a partner and discuss what you learned about Nima.

2. Work with a partner to write a monologue for Nima's roommate, Mehran. Use the questions above as a guide for the kind of information that you should include. Make sure that Mehran's life is different from Nima's. Present your new monologue to the class.

Grammar: Interrogatives دستور ۲: جملات پرسشی

تمرین ۲۱: پُرسِش و پاسُخ question and answer (درخانه)

Learning to have a conversation in Persian is likely one of your goals in this class. And a conversation in its most basic form consists of asking questions and listening to answers, and listening to questions and giving answers. Therefore, it is imperative that you learn the words and structures necessary to ask questions and give answers.

Asking Questions:
You have already learned some of the question words in Persian. Below you will find a more complete (but not exhaustive) list of question words. Listen to the audio file and repeat each word. As always, the spoken forms of these words are included in parentheses.

1_3_Grammar1

When	کِی / چه وقت
Who	چه کَسی (کی)
Where	کُجا
Why	چِرا
What	چه (چی)
Which	کُدام (کُدوم)
With whom	با کی
How many	چند (چند تا)

1. Most question words (کلمات پرسشی) in Persian are pretty straightforward. However, there are a couple of things to keep in mind:
   Look at the first word given for "when" and the spoken form of "who." What do you notice? Even though they are spelled the same, do they have the same pronunciation? Practice saying each word several times. If you see these two words written without the vowel markers, how will you be able to tell them apart?

2. Consider the following question:

کدام معلم را دوست دارید؟

Why do you think that را follows معلم ?

١

When کدام modifies a direct object, it automatically makes it specific. Why? Because the question کدام like the English "which" is asking you to decide between a set of known choices and those options are, therefore, specific.

3. Look at the following question:

دیروز چه کلاسی داشتی؟

Let's pull out the most basic part of this question:

چه کلاسی

You know the word چه and you know the word کلاس , but when they are put together what was added to the word کلاس? Hopefully you noticed that we added a ی to the end of the word for "class." This ی is unstressed, which means we say it at the end of the word quickly and unceremoniously, without emphasizing its presence. The unstressed ی has several grammatical functions in Persian, but for now remember that when a noun follows the word چه, we usually add an unstressed ی.
Try combing the following words. Once you are done, listen to the audio file and repeat the answers, paying special attention to the end of the noun.

I_3_Grammar2

۱. چه + کتاب = چه کتابی
۲. چه + درس = چه درسی
۳. چه + استاد = چه استادی
۴. چه + دانشگاه = چه دانشگاهی
۵. چه + فرصت (opportunity) = چه فرصتی

Answering Questions:
4. Look carefully at the following examples of questions and answers. Listen to the audio file as you read and pay special attention to the intonation of a question:

I_3_Grammar3

۱. در کجا زندگی می‌کنید؟ - در اِصفَهان زندگی می‌کنیم.
۲. (چند تا کتاب روی میز هست؟ - سه تا کتاب روی میز هست.)
۳. این استاد در کدام دانشگاه درس می‌دهد (teaches)؟
- این استاد در دانشگاه مشهد درس می‌دهد.

How do the question and the answer compare in terms of structure?

When we answer a question in Persian, we simply replace the question word with the appropriate answer. Unlike English, we don't change the order of the sentence between the question and answer.

5. You'll remember this rule from basic yes/no questions. How did we change a statement into a question in those cases? What is the role of? آیا

تمرین ۲۲: پرسش و پاسخ - در خانه

Fill in the blank using the appropriate question word.

با کلمات پرسشی مناسب کامل کنید.

۱. دیروز .... کلاسی داشتی؟ - دیروز کلاس نداشتم.

۲. .... خواهرت دیروز نیامد؟ - چون کلاس داشت.

۳. .... با تو به دانشگاه می‌آید؟ - خواهرم می‌آید.

۴. .... به مدرسه می‌آیی؟ - جمعه

۵. پدرت در .... دانشگاه درس می‌دهد؟ - در دانشگاه تهران

۶. رها و دوستش با .... می‌آیند؟ - با سینا می‌آیند.

۷. با .... دوستت به سینما رفتی؟ - با دوست تهرانی‌ام.

تمرین ۲۳: پرسش و پاسخ - در خانه و کلاس

At home, listen to the audio file and write answers to the questions you hear. Use complete sentences. The questions are asked in spoken form but you should answer in written form. Be prepared to read your answers in class!

در خانه، به فایل صوتی گوش دهید و به ۷ سوالی که می‌شنوید جواب دهید.

1_3_Grammar4

In class, you will pick one of your answers and read it aloud for the class. Your classmates must guess which question it answers!

در کلاس، یکی از جواب‌های‌تان را انتخاب کنید و آن را بلند برای کلاس بخوانید. هم‌کلاسی‌های‌تان باید حدس بزنند که شما کدام سؤال را جواب داده‌اید.

تمرین ۲۴: پرسش و پاسخ- در کلاس

A. Write five questions for your classmates. Be sure to include new vocabulary and the question words from this unit.

پنج سوال برای پرسیدن از هم‌کلاسی‌اتان بنویسید. از واژگان جدید این درس و کلمات پرسشی استفاده کنید.

تمرین ۲۵: پرسش و پاسخ - در کلاس

برای جمله‌ی زیر ۵ سوال بپرسید. هر سوال باید مربوط به یکی از بخش‌هایی باشد که زیر آن خط کشیده شده است.

Work with a classmate and for each of the following underlined words ask a question that seeks the indicated information.

پدرش فردا ساعت ده صبح به دانشگاه می‌رود.

تمرین ۲۶: متن و تصویر - در کلاس

۱. با کمک هم‌گروهی‌تان تصویر مربوط به هر جمله را پیدا کنید.

1. Work with your partner and match the pictures to the following sentences.

۱

۲

۳

۴

۱. (همه‌ی دوستام این پنج‌شنبه میان خونه‌مون. تو هم باید بیایی!) ۱
۲. (خیلی سرده! چایی‌تون رو بخورید که بریم.) ۴
۳. (من همیشه می‌آم این کافی شاپ؛ گرم و قشنگه.) ۱
۴. این یک خیابان کوچک یا کوچه در یک شهر بزرگ است. ۳
۵. هوا که سرد می‌شود می‌رود روی ماشین. ۳
۶. هوا که سرد می‌شود لیلا با دوستانش برای اسکی به شهری کوچک نزدیک شیراز می‌روند. ۲
۷. چای خوبی بود؛ گرمم کرد. ۴/۱
۸. این کیک مال شماست؟ من کیک نداشتم! ۱
۹. (هنوز روی ماشینه؟!) ۳
۱۰. پدربزرگم در همین شهر کوچک زندگی می‌کند. ۲

۲. تصاویر بالا را توصیف کنید.

در این عکس ....

در این تصویر ....

این جا ....

۳. برای هر یک از دو تصویر روبرو سه سوال بنویسید. بعد از نوشتن سوالات آنها را از هم‌گروهی خود بپرسید. ایشان سعی خواهند کرد به سوالات شما جواب دهند.

تمرین ۲۷: تلفظ - در خانه

در فارسی، آهنگ سوالات در ریتم گفتگو بسیار اهمیت دارند. تا به حال یاد گرفته‌ایم که چگونه سوال کنیم. حالا وقت آن است روی آهنگ این سوالات نیز بیشتر تمرین کنیم. دستور راهنمای ۱ تا ۹ را بخوانید و انجام دهید.

The intonation of questions is crucial to the rhythm of conversations in Persian. Now that we know how to ask questions in Persian, let's practice approximating the proper intonation!

1. Listen and repeat. Try to mimic what you hear. Focus on recreating the sounds and intonation, but don't worry about meaning.

1_4_pronunciation1

2. Listen to the following yes/no questions and repeat them. Pay attention to the rising tone.

1_4_pronunciation2

چای داریم؟
داری می‌ری؟
می‌آی سینما؟
دوستت می‌ره؟
دیروز خونه بودی؟

3. Now listen to the same questions again. This time the answer to the question will follow each one. Repeat the sentences for yourself.

1_4_pronunciation3

چای داریم؟ –نه، نداریم.
داری می‌ری؟ –بله، دارم می‌رم.
می‌آی سینما؟ –نه، خیلی کار دارم.
دوستت می‌ره؟ –نه، نمی‌ره.
دیروز خونه بودی؟ –نه، دانشگاه بودم.

4. Now listen to the following set of questions, called tag questions. The first part is not a question but the second part asks for confirmation. Repeat the sentences for yourself.

1_4_pronunciation4

چای داریم، نه؟
داری می‌ری سینما، نه؟
می‌آی سینما، نه؟
دیروز خونه بودی، نه؟

5. Now listen to a few more questions. Pay attention to the raising tone. Where does it happen? Write the words upon which you hear the stress.

1_4_pronunciation5

چای کجاست؟
کجا می‌ری؟
دیروز کجا بودی؟
چی می‌خوری؟

6. Now read these questions.

کجا زندگی می‌کنی؟

چی داری؟

با مادرت زندگی می‌کنی؟

اسمتون چیه؟

اسم برادرتون محمده؟

7. Now listen to the audio file which include the sentences you just read.

1_4_pronunciation6

8. You heard the following sentences in exercise #4 of this section. Now listen to the audio file and find out how the sentences you hear are different from the following sentences.

1_4_pronunciation7

چای داریم، نه؟

داری می‌ری سینما، نه؟

می‌آی سینما، نه؟

دیروز خونه بودی، نه؟

9. Record yourself reading the following questions aloud. Submit the file to your instructor for feedback.

۹. سوالات زیر را بخوانید و ضبط کنید. فایل صوتی را برای استادتان بفرستید. ممکن است ایشان برای شما پیشنهاداتی برای تلفظ بهتر داشته باشند.

۱. سه شنبه نمی‌آی دانشگاه؟

۲. پنجشنبه کجا بودی؟

۳. هوا بده، نه؟

۴.شام نداریم، نه؟

۵.چرا غذا نمی‌خوری؟

۶. با کی می‌ری سینما؟

۷. دیروز چند ساعت درس خوندی؟

دستور ۳: ی نَکَره *Unstressed Ye

تمرین ۲۸: ی نکره - در خانه

Think about the relationship between the following pairs.

کتاب	کتابی
روز	روزی
کلاس	کلاسی

While it is possible to translate the left column as "a book," "a day," and "a class," it is better not to think about this concept only in terms of the English indefinite article. By adding an unstressed *ye* to the end of words, we are suggesting that the noun is less identifiable because the context or situation assumes less shared knowledge. We call this an unstressed *ye* because its presence does not change the stress of the original word.

This structure is especially common in equational sentences that involve adjectives in the predicate. Look at the examples below.

۱. آن مرد معلم است.

۲. آن مرد معلم خوبی است.

Why do you think that we need an indefinite *ye* in the second sentence?

تمرین۲۹: روش نوشتن ی نکره - در خانه

Spelling Conventions

Words that end in a consonant:

1. Look at the examples above again. All of the words in the right column end in a consonant. When a word ends in a consonant, how do we add an unstressed *ye*?

Words that end with *vâv* and *alef*:

2. Look at the following examples and try to determine how we add the indefinite *ye* to words to words that end with *vâv* and *alef*.

1_5_Grammar1

دانشجو	دانشجویی
جا	جایی
روزها	روزهایی

Unstressed *Ye**: In Persian grammar, the unstressed *ye* is called *ye-e nakare* but *ye-e nakare* is always pronounced /I/ like at the end of the words "see" or "tea." To avoid mispronouncing *ye-e nakare* you can call it *i-ye nakare*.

Words that end with *ye*:

Consider the following examples and listen to the audio file:

I_5_Grammar2

صندلی　　صندلی‌ای　　صندلی

When a word ends with a *ye* and has an indefinite *ye* attached to it, you will see it written in one of two ways. Either the word will appear as it normally does but pronounced with an additional *ye* or an unconnected *alef* and unconnected *ye* are written at the end of the word.

Words that end in *e-âkhar*:

3. Look at the examples below and listen to the audio file. Practice saying the words with the indefinite *ye*. Can you determine the rule that governs the spelling convention?

خانه	خانه‌ای
پنجره	پنجره‌ای
بچه	بچه‌ای

4. It is important to write the unconnected alef between the *he* and the *ye*. Without it, we would once again be marking *ezâfe* and not indefiniteness.

Listen to the audio file. You will hear examples of *ezâfe* and *ye-e nakare*. Pay attention to the pronunciation of each. Underline the words which contain *ye-e nakare*, then translate the sentences.

I_5_Grammar3

۱. پنجره‌ای در اتاق داریم که به خیابان باز می‌شود. امّا پنجره‌ی اتاق من به حیاط باز می‌شود.

۲. خانه‌ای که روبروی خانه‌ی ماست خانه‌ی پدربزرگ و مادربزرگم است. آنها خانه‌ای هم در شمال دارند.

5. Read the following sentences, record yourself and send the audio file to your instructor per her/his instruction.

۵. جمله‌های زیر را بخوانید و ضبط کنید. فایل صوتی را بر اساس دستورالعمل استادتان برای ایشان بفرستید.

Read & send

۱. آقای فلاحتی خانه‌ای بزرگ در اصفهان دارد.

۲. خانه‌ی بزرگی که در آن خیابان دیدید خانه‌ی آقای فلاحتی بود.

۳. پنجره‌ی اتاق خواهرم همیشه باز است.

۴. پنجره‌ای در اتاق خواهرم هست که همیشه باز است.

۵. دختر و پسر برادرم که بچه‌هایی درس خوان هستند، روزی یک ساعت هم ورزش می‌کنند.

۶. دختر و پسر برادرم بچه‌های درس خوانی هستند. آنها روزی یک ساعت هم ورزش می‌کنند.

6. Exercise: Read the paragraph below and underline all of the instances of the unstressed *ye*. Pick three instances and explain why you think it was necessary in each case.

۶. بند زیر را بخوانید و زیر موارد «ی» نکره خط بکشید. سه مورد از این موارد را انتخاب کنید و توضیح دهید که به نظر شما به چه دلیل در هر مورد استفاده از «ی» نکره لازم بوده است.

ایرانی‌ها معمولاً در خانه‌های‌شان سگ یا گربه ندارند، اما پسر برادرم، مانی، گربه‌ای به اسم نعنا دارد. نعنا گربه‌ای زیبا و شاد است. اغلب جایش در اتاق نشیمن، روی فَرشی است که سال پیش خریدند. او روی این فرش بازی می‌کند، غذا می‌خورد، و می خوابد. روزهایی که به سفر می‌روند نعنا خانم به خانه ما می‌آید و جایش روی کاناپه‌ی بزرگی در سالن پذیرایی است. هفته پیش نعنا چهار روز در خانه ما مهمان بود، اما روی کاناپه نخوابید. یا در اتاق من روی تختی که برای هر دوی ما جا دارد خوابید یا روی رادیویی بزرگ که روی میز آشپزخانه همیشه روشن و گرم است.

A Note on *Yek* (*Ye*)

So far you have encountered many sentences that use *yek* like the sentence below.

بعد از کلاس به اتاق کلاسمان رفتم و آنجا یک دانشجو دیدم.

In this sentence, *yek* means one: I saw one student there. However, in spoken Persian you will sometimes hear speakers use *ye*, the spoken version of *yek*, to mark indefiniteness. You might also hear speakers use both *ye* and the unstressed *ye*, for example:

(یه دختری)

(یه شهری)

At this point, you only need to be able to recognize this pattern if you hear it. You do not need to worry about producing it yourself. But keep in mind that in written Persian *yek* indicates number and indefiniteness.

1_5_Grammar4

7. Exercise: Listen to the audio file. You will hear a number of sentences that end in the /i/ sound. Write them down and decide which ones are indefinite nouns. Indicate how you determined whether the word was indefinite or not.

1_5_Grammar5

دستور ۴: عبارات موصولی Relative Clauses

تمرین ۳۰: عبارات موصولی - در خانه

In Volume 1, you learned the Persian word for "that" or "which," and it is useful to start thinking about how to use the word to create relative clauses in Persian. Look at the examples below.

۱. دوستی دارم که تاریخ می خواند.
۲. آخرین باری که ورزش کردم جمعه بود.
۳. خانمی را که دیدیم استاد من است و خوب درس می‌دهد.
۴. برادرم روزهای جمعه به باشگاهی می‌رود که کنار دانشگاه است.

1. What do you notice about the word that is being modified in each of the sentences? What transformations take place?

Ke clauses mark another use of the unstressed *ye* in Persian. Note that an unstressed *ye* is usually added to that thing or person that is described in more detail after the *ke*.

2. Look at the examples above again. What do you notice about the structure of the sentences? How are the two verbs organized?

There are cases in which we do not add an unstressed *ye* to words modified by a *ke* clause. Consider the following examples.

w/o ی usually w/ a proper name

کتابش را که پارسال خواندم دیروز در کتاب‌فروشی دیدم.
نیما که در تهران زندگی می‌کند بیست و سه سال دارد.

3. What do you notice about the words that are being described? Why do you think they don't take an unstressed *ye*?

Râ + Relative Clauses

5. Relative clauses and the unstressed *ye* that we use when we construct relative clauses do not change the rules of our friend *râ*. If the word being modified by the relative clause requires *râ* in either part of the sentence, then you must include it. Look at the examples below and explain why *râ* is necessary in each.

1_5_Grammar6

۱. استادمان کتابی را که روی میز است دوست دارد.
۲. برادر دوست من کیفی را که چهل سال پیش با هم خریدیم هنوز دارد.

تمرین ۳۱- در خانه

بند زیر را بخوانید و واژه‌های درون پرانتز را نکره کنید، سپس بند را به فارسی ترجمه کنید.

Grammar Exercise: Read the following paragraphs and make the words in parentheses indefinite. Then translate the paragraphs into English.

(مرد) را که در این تصویر می بینید، علی اکبر دهخدا، ادیب و شاعر ایرانی است. پدر دهخدا اهل (شهر) نزدیک تهران به نام قزوین بود، اما قبل از به دنیا آمدن پسرش از قزوین به تهران رفت. وقتی دهخدا بیست و یک سال داشت به مدرسه‌ی علوم سیاسی در تهران رفت؛ (مدرسه) که در آن زبان فرانسوی یاد گرفت.

پدرم چند خانه دارد. (خانه) در مرکز شهر، (خانه) دور از مرکز شهر، و (خانه) کوچک در انگلستان. (خانه)که در انگلستان دارد عجیب است. (پنجره) ندارد اما روشن است. زمستان سال پیش که (زمستان) سرد بود، دوست پدرم که (نویسنده) جوان است تمام زمستان را در آن خانه بود و (کتاب) نوشت که هفته پیش آن را خواندم. (کتاب) داستان (جالب) داشت.

تمرین ۳۲ - در خانه و کلاس

در خانه، برای توصیف هر عکس جمله‌ای بنویسید که در آن از «ی» نکره استفاده کنید. در کلاس جمله‌های خود را برای هم کلاسی خود خواهید خواند.

At home, write a sentence to describe each picture below. Make sure you use an indefinite *ye* in your sentence. Be prepared to share your sentences in class.

تمرین ۳۳ - در کلاس

در خانه، برای توصیف هر عکس جمله‌ای بنویسید که در آن از «ی» نکره استفاده کنید. در کلاس جمله‌های خود را برای هم کلاسی خود خواهید خواند.

In groups of two, tell your partner which one you like (like the example provided).

مثال: کتابی که دارم .... ← روی میز است./ درباره‌ی تاریخ است.

خانه‌ای که در آن زندگی می‌کنم ...خیلی کوچک است اما روشن است

روزهایی که به کتابخانه می‌روم ...خیلی کتاب می خوانم

صبحانه‌ای که امروز صبح خوردم ...خوب ~~نیست~~ نبود

شب‌هایی که زیاد شام می‌خورم ...نمی خوابم........

مردی که با او حرف زدم ....دوست پدرم است

ساعتی که روی دست او دیدم ...خیلی زیبا است / مثل ساعت برادرم است

اتاقی که دیشب در آن خوابیدم ...تمیز ~~نیست~~ نبود ....

تمرین ۳۴ - در کلاس

در گروه‌های دو یا سه نفره با وصل کردن واژه‌های زیر و با استفاده از «ی» نکره جمله بسازید. به مثال توجه کنید.

Work in groups and connect the following words in order to create sentences with an unstressed *ye* like the example below.

مثال: خانه‌ای که در خیابان ولی عصر دیدم بسیار زیبا بود.

۱. میز	۱. اتاق	۱. بزرگ
۲. اتاق	۲. کنار آشپزخانه	۲. گرم
۳. کتاب	۳. روی میز	۳. جالب (interesting)
۴. غذا	۴. رستوران	۴. خوشمزه
۵. استاد	۵. فرانسه	۵. جوان
۶. کلاس	۶. شلوغ	۶. کنار
۷. میز	۷. اتاق	۷. زیبا
۸. زمستانی	۸. اسکی	۸. سرد
۹. سریال تلویزیونی	۹. سه شنبه‌ها	۹. سَرگَرم کُنَنده (entertaining)
۱۰........	۱۰........	۱۰.........

تمرین ۳۵ - در خانه و کلاس

۱. **در خانه**، کلمات زیر را نکره کنید و با آنها جملاتی بسازید که حداقل شش واژه داشته باشند.

1. **At home,** make the following words indefinite and use them in a sentence Make sure that your sentences are at least six words long.

آقا، بچه، خانه، کلمه، دانشجو، درس، دوست، جمله، شهر

2. For homework, on two index cards, write about two friends, relatives, or acquaintances (one name per card) and something unusual or special that they do.

3. In class, your instructor will put these cards in basket. Each student will take two cards and find the person who wrote them by asking:

۲. **در خانه،** روی دو کارت ایندکس درباره دو نفر، دوست یا فامیل یا آشنا (هر کارت یک نفر) که کار عجیبی یا غیر معمولی می‌کنند جمله‌ای بنویسید.

استادی دارم که . . .

دوستی دارم که . . .

۳. **در کلاس،** استاد شما کارت‌های شما را جمع خواهد کرد و در سبدی خواهد انداخت. هر دانشجو دو کارت از سبد برمی‌دارد و با توجه به جمله‌ای که در کارت نوشته شده از دیگران سوالاتی مانند مثال می‌پرسد تا صاحب کارت را پیدا کند.

مثال: شما استادی ندارید که . . .

تمرین ۳۶ - در خانه

Use the sets of words below to write sentences with relative clauses. Use both present tense and past tense verbs and make sure to include conjugations for a variety of pronouns. You can add more words to make your sentences.

از واژه‌های زیر برای نوشتن جمله‌هایی با عبارات موصولی استفاده کنید. در این جمله‌ها هم افعال زمان گذشته و هم افعال زمان حال را به کار ببرید. توجه داشته باشید که این افعال را با توجه به ضمیرهای مختلفی که استفاده می‌کنید صرف کنید. برای ساختن این جمله‌ها خود را به کاربرد تنها همین واژه‌ها محدود نکنید.

۱. معمولاً - صبحانه - * - خوردن - خوشمزه

۲. آخرین - هفته- * - هم درس دادن هم کار کردن- مادر و پدرم برای دیدنم می‌آیند

۳. اغلب - هم‌خانه‌ای - اتاقی - غذا می‌خورد- * - تلویزیون آنجاست

۴. همیشه - وقتی - * - برای دیدن - مادربزرگ - خوشحال

تمرین ۳۷- در کلاس

Work with a classmate and describe the following pictures. Be sure to use *ke* clauses in your descriptions.

در گروه‌های دو یا سه نفره با وصل کردن واژه‌های زیر و با استفاده از «ی» نکره جمله بسازید. به مثال توجه کنید.

۱.

۲.

۳.

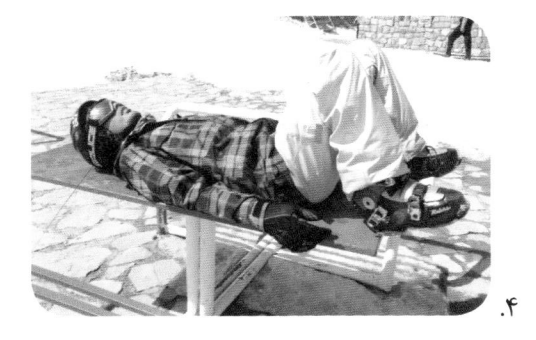

۴.

Culture: The Iranian Calendar فرهنگ: تَقویم ایرانی

تمرین ۳۸: در خانه و کلاس

گاه‌شُمارِ هِجریِ شَمسی

گاه‌شمار= تقویم

تقویمِ شَمسی

فروردین ۱۳۹۲

۱۴۳۴ جمادی الاول – جمادی الثانی / March-April 2013

شنبه	یکشنبه	دوشنبه	سه‌شنبه	چهارشنبه	پنج‌شنبه	جمعه
۳۱ (20 / ۹)					۱ (21 / ۹)	۲ (22 / ۱۰)
۳ (23 / ۱۱)	۴ (24 / ۱۲)	۵ (25 / ۱۳)	۶ (26 / ۱۴)	۷ (27 / ۱۵)	۸ (28 / ۱۶)	۹ (29 / ۱۷)
۱۰ (30 / ۱۸)	۱۱ (31 / ۱۹)	۱۲ (1 / ۲۰)	۱۳ (2 / ۲۱)	۱۴ (3 / ۲۲)	۱۵ (4 / ۲۳)	۱۶ (5 / ۲۴)
۱۷ (6 / ۲۵)	۱۸ (7 / ۲۶)	۱۹ (8 / ۲۷)	۲۰ (9 / ۲۸)	۲۱ (10 / ۲۹)	۲۲ (11 / ۳۰)	۲۳ (12 / ۱)
۲۴ (13 / ۲)	۲۵ (14 / ۳)	۲۶ (15 / ۴)	۲۷ (16 / ۵)	۲۸ (17 / ۶)	۲۹ (18 / ۷)	۳۰ (19 / ۸)

تعطیلی‌ها: ۱، ۲، ۳، ۴- نوروز ۱۲- روز جمهوری اسلامی ایران ۱۳- روز طبیعت ۲۵- شهادت حضرت فاطمه زهرا

جشن‌ها: ۱- جشن سال نو ۲- جشن نخستین چهارشنبه سال ۵- جشن نخستین شنبه سال ۶- روز امید/روز شادباش نویسی

۱۰- جشن آبانگاه ۱۳- جشن سیزده بدر ۱۷- سروش‌روز، جشن سروشگان ۱۹- فروردین‌روز، جشن فروردینگان

1. Use an online "Iranian calendar convertor" to look up your birthday on the Iranian calendar. Write it here:
پنجشنبه 28 خرداد 1366

2. Try looking up three holidays and other dates that are important to you:

Christmas 2011	دی 4 1390
10 Feb 1986	بهمن 21 1364
5 Sep. 1989	شهریور 14 1368
6 Dec. 1953	اذر 15 1332

3. What do you notice about the months and years on the Iranian calendar? How do they correspond to the Gregorian calendar that most countries in North America and Europe use?

4. The year according to the Iranian calendar is based on one of the most important events in Islamic history, namely Mohammad's move from Mecca to Medina in 622 CE. How would you convert the year from the Gregorian calendar to the Iranian calendar? And vice-versa? Add 621 / 622

5. Try converting the following years on the Iranian calendar to the Gregorian calendar:

1356 = 1978 Iranian Revolution انقلاب ایران

1276 = 1898/ احمد شاه به دنیا امد - آخرین شاه از قجار [illegible]

1377 = 1999/8 حمله به کوی دانشگاه تهران

90 نود

6. Browse the internet and try to figure out what important events in Iranian history took place on those dates.

7. In this unit, you have learned the words for the various days of the week. Based on the numbering system we use to count the days of the week, can you guess what day is the first day of the week on the Iranian calendar? What is the last day?

شنبه ـ جمعه

8. The Iranian calendar, which is the official calendar in Iran and Afghanistan, is a solar-based calendar, whose months correspond with the Zodiac signs. The Iranian calendar begins on the first day of spring, or the vernal equinox. The exact time is determined by astronomical observations in Tehran and usually falls on March 21.

Use the online convertor that you found and your new knowledge about the start of the Iranian calendar to discover the names of the months. Write the months in Persian and indicate what months they correspond to on the Gregorian calendar. Check your answers with your instructor.

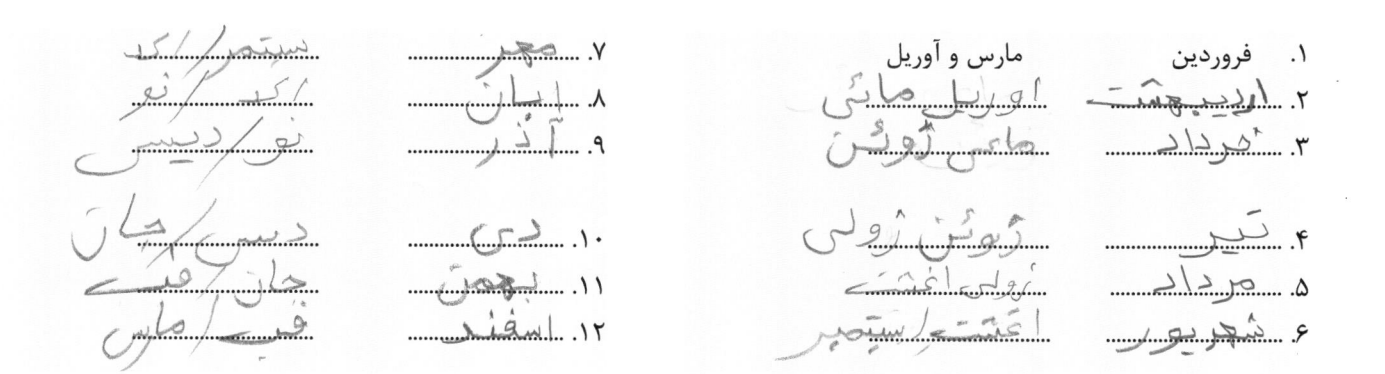

۱. فروردین ..... مارس و آوریل
۲. اردیبهشت ..... آوریل/مای
۳. خرداد ..... مای/ژوئن
۴. تیر ..... ژوئن/ژولی
۵. مرداد ..... ژولی/اغشت
۶. شهریور ..... اغشت/سپتمبر
۷. مهر ..... سپتمبر/اکتبر
۸. ابان ..... اکتبر/نوامبر
۹. آذر ..... نو/دیس
۱۰. دی ..... دیس/جان
۱۱. بهمن ..... جان/فب
۱۲. اسفند ..... فب/مارس

9. Now try to categorize the months of the year according to the season in which they occur. Keep in mind when the Iranian calendar starts, and check your answers with your instructor.

زِمستان	پاییز	تابِستان	بَهار
۱. دی	۱. مهر	۱. تیر	۱. فروردین
۲. بهمن	۲. ابان	۲. مرداد	۲. اردیبهشت
۳. اسفند	۳. آذر	۳. شهریور	۳. خرداد
عکس‌ها از : پدرام ویسی (بهار)، حامد صابر (تابستان و پاییز)، و رضا عابدی (زمستان)			

10. Listen to the audio file to check your answers. Write the vowels for each word. Learn how to pronounce the months, especially your birth month!

1_6_Culture1

۱۱. با گوش کردن به فایل صوتی زیر می‌توانید یاد بگیرید که چگونه ماه‌های میلادی را به فارسی بگویید.

11. Listen to the audio file and learn how Iranians pronounce the months in Gregorian calendar (تقویـــم میـــلادی).

1_6_Culture2

۱۲. در کلاس، از هم‌گروهی‌های‌تان بپرسید که تولدشان در چه تاریخی است. آیا شما بزرگ‌ترید یا کوچک‌تر؟

12. **In class,** ask your classmates when their birthday is. Are you older than(بـزرگ تـر از) or younger than (کوچک تر از) them? Example:

تولد شما کی هست؟- تَوَلُّدَم بیست و سهِ اوتِ هَشتاد و دو است.

یا:

متولد چه سالی هستید؟ - متولد .... هستم.

([در] چه سالی به دنیا اومدین؟ [در] سال .... به دنیا اومدم.)

تاریخ تولدتون کی هست؟ - ....

۱۳. **در کلاس،** با کمک همکلاسی‌اتان به سوالات جواب دهید و جاهای خالی را پر کنید.

الان در چه ماهی هستیم؟ شمسی .میلادی . . . .

ماه پیش چه ماهی بود؟ شمسی. . . . . .میلادی . . . .

در ماه . . . . به شهر . . . . می‌روم.

در ماه . . . . مادربزرگم را می‌بینم.

دستور ۵: «همین» و «همان»

تمرین ۳۹: در خانه و کلاس

You already know two demonstrative adjectives ایـن and آن. In this lesson you will learn two more. Read the following two words aloud:

هَمین　　　هَمان (هَمون)

Does the second syllable of each word sound familiar? Where have you heard it before?

By adding هم to آن and این, we add emphasis to them:

همین	This very
همان (همون)	That very

The following expressions that use همین and همان are useful:

همین الان	Right now
همین جا	Right here
همان جا (همون جا)	Right there

In spoken Persian, همین is used to mean "that's it" or "that's all."

1. Try translating the following sentences into English:

۱. دیروز همین خانم به دانشگاه رفت

۲. کلاس‌مان همین‌جا بود

۳.همین‌الآن دارند با دوستان‌شان احوال‌پرسی می‌کنند

۴.همان کتاب را دارم

۵. مداد و خودکارم همان‌جاست

2. **In class,** work with a partner and write six classroom commands that use همین and همان.

دستور ۶: حال استمراری Present Progressive

تمرین ۴۰: در خانه

1. In Unit 10, you learned this expression in spoken Persian: دارم می‌رم

Do you remember what function the word دارم plays in this sentence?

2. We use the verb "to have" conjugated in the present tense as a way of emphasizing the fact that the action is happening right now. This structure can only be used to emphasize action verbs, so you won't see it with "to be" or "to have." The subject of the conjugation of both verbs in the sentence must match.

Look at the examples below:

(دارم با مادرم تلفنی حرف می‌زنم.)
(دانشجوا دارن تو کتابخونه درس می‌خونن.)

What do you notice about the sentence structure of these two examples? Where do the two verbs go in each sentence?

Note: examples are in parentheses, because this tense is used primarily in spoken Persian.

3. Homework: Go on your favorite social media site and find three pictures of people doing things that you can describe using the vocabulary you know. Print the pictures individually in black and white to bring to class. Write your name on the back of each image. Write small so other people cannot see it when you do the class activity. On a separate piece of paper, write two sentences about each picture. Look at the example below.

۳. در خانه، در رسانه‌های گروهی مورد علاقه‌تان دو تصویر پیدا کنید که در آن مردم در حال انجام کارهایی هستند که شما می‌توانید درباره آن کارها به فارسی صحبت کنید. به کمک واژه‌هایی که تا به حال یاد گرفته‌اید بگویید آنها در حال انجام چه کاری هستند. از هر کدام از عکس‌ها جداگانه پرینت سیاه و سفید بگیرید و تصاویر را به کلاس بیاورید. در یک کاغذ جدا، دو جمله درباره هر عکس بنویسید. برای نمونه به مثال زیر توجه کنید.

(دو خانم دارن حرف می‌زنن و یکی از خانم‌ها داره می‌گه که ایشون برادرمه.)

4. In class, turn in the sentences you wrote, and then work in groups of three or four. Everyone in the group should put his or her pictures in the middle. Someone should shuffle the pictures and spread them out so that all of the pictures are visible. Go around the group and each person should describe one of his or her pictures. Once the person describing the picture has said two sentences, the first person to identify the correct picture gets a point. Continue until all of the pictures have been identified. The person with the most points wins.

۴. در کلاس، جمله‌هایی را که نوشته‌اید تحویل دهید. بعد از این که استادتان مطمئن شد که همه عکس دارند و تحویل داده‌اند، به گروه‌های سه یا چهار نفره تقسیم شوید. استاد تصویری را که هر دانشجو تحویل داده بدون نشان دادن اسم دانشجو در گروهی که در آن کار می‌کند می‌گذارد. مسابقه شروع می‌شود. نفر اول بدون اینکه اشاره‌ای به تصویرش کند، جمله‌اش را می‌خواند. اولین کسی که عکس مربوط به جمله را نشان دهد یک امتیاز می‌گیرد. به همین شکل ادامه دهید تا همه جمله‌ها خوانده شود و تصاویرشان مشخص شوند. کسی که بیشترین امتیاز را در گروه گرفته برنده است.

خواندن ۱: چند متن از گوشه و کنار

تمرین ۴۱: در کلاس

۱. آگهی زیر را بخوانید و به سؤالات زیر جواب دهید.

1. Read the announcements for community events below and try to answer the following questions in Persian.

A. What city are these announcements from?

B. What type of events are advertised here?

C. Try to find the Persian equivalents of the following words:

church / adults / tournament

خبرهای محلی تورنتو

یوگا و تمرینات کششی برای سلامتی و نشاط، همه هفته روزهای سه شنبه از ساعت ۴:۳۰ تا ۶ بعد از ظهر در محل کلیسای لوتران شماره ۲۸۰۰ خیابان دان میلز، جنوب اوریول کامیونیتی سنتر، زیر نظر مربی صلاحیت‌دار، خانم نوشین خدایار

کلاس آموزش زبان انگلیسی ESL از ساعت ۹ صبح تا ۳ بعداز ظهر

کلاس آموزش کامپیوتر از ساعت ۱ تا ۳ بعدازظهر

تنیس روی میز بزرگسالان، ۲ تا ۸ بعداز ظهر

سفر یک روزه به کازینو نیاگارا و بازدید از »واینری«، روز یک‌شنبه ۱۸ جولای- علاقمندان به شرکت در این برنامه می‌توانند با آقای محمد مقدم با شماره تلفن ۴۱۶-۲۳۰-۰۱۱۲ تماس بگیرند.

کلوپ تنیس پریا یک تورنمنت تنیس برای بزرگسالان زن و مرد در رشته‌های انفرادی و دونفره در تاریخ شنبه ۱۰ جولای برگزار می‌کند. علاقمندان به ثبت نام و شرکت در این تورنمنت می‌توانند با شماره تلفن:
۴۱۶-۷۲۲-۴۲۰۰ یا ایمیل rezajavdan@circuitcentre.com تماس بگیرند.

Source: http://www.shahrvand.com/?p=7228

۲. درباره تصاویر زیر با هم‌گروهی خود صحبت کنید.

2. Tell your classmate what these images are.

عکس پایین: جشنواره تابستانی ایرانیان در شهر پورتلند اورگان در آمریکا

عکس بالا: دختران جوان دبستانی که از مقبره حافظ در شیراز دیدن می‌کنند آماده می‌شوند عکس بگیرند.

3- Look at the first page of an Iranian birth certificate and answer the following questions in Persian.

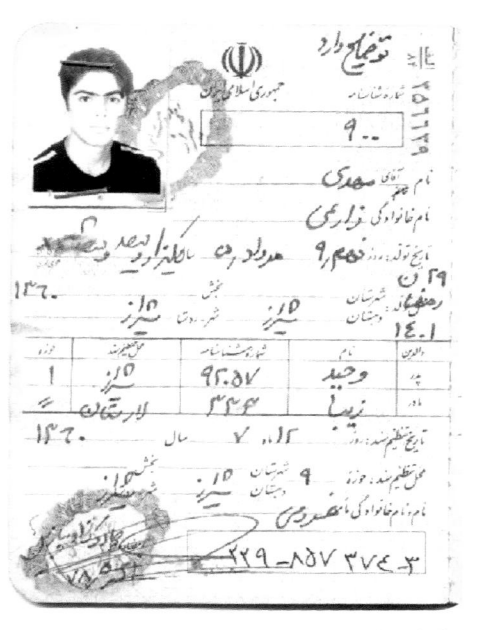

۳. این تصویر اولین صفحه شناسنامه یک ایرانی است. با توجه به این تصویر به سوالات زیر جواب دهید.

الف - اسم این پسر چیست؟   مهدی زارعی

ب- اسم پدر و مادرش چیست؟   پدرش وحید
مادرش زیبا

پ- تولدش چه روزی است؟

۹ مرداد ۱۳۷۰

ت- معنی کلمات زیر را حدس بزنید:

شماره‌ی شناسنامه   ID Number

جمهوری اسلامی ایران   Islamic Republic of Iran

4. Look at the following ads and answer the following questions in Persian.

A. What are two different qualifications which are needed in two ads?
B. Do they both need a person who knows English?
C. Where are the places of the jobs?
D. What are the words for "single" and "married"?

۴. به توجه به آگهی استخدام زیر به سوالات زیر جواب دهید.

- با حدود یک سال سابقه کار
- آشنایی به زبان انگلیسی

بله

تهران / کرج

مجرد / متأهل

نام آگهی دهنده	تاریخ	شرح
فرزانه سروری	دوشنبه ۲۳ شهریور ۱۳۹۰	مُهندس آقا، جَوان، مُجَرَّد، تَخَصُّص : عُمران، با مَدرَکِ تَحصیلیِ کارشناسیِ عمران، با حُدود دو سال سابقه کارِ، آشنایی به زَبانِ انگلیسی (در حد مُتوسط)، مهارت کامپیوتر در حد پیشرفته، به صورت تمام وقت، شبانه روزی تلفن : ۰۹۱۲۵۶۲۹۴۲۶ موبایل : ۰۹۱۲۵۶۲۹۴۲۶ استان : تهران شهر : کرج
فرزانه سروری	دوشنبه ۲۳ شهریور ۱۳۹۰	مهندس خانم، جوان، مُتأهِّل، تخصص : شیمی، با مدرک تحصیلی کارشناسی ارشد شیمی تجزیه، با حدود یک سال سابقه کار، آشنایی به زبان انگلیسی(در حد پیشرَفته)، مهارت کامپیوتر در حد پیشرفته، به صورت تَمام وَقت یا پاره وقت، ساعتی تلفن : ۷۷۹۵۵۱۹۷ موبایل : ۰۹۱۵۳۵۲۷۵۶ استان : تهران شهر : تهران

زبان گفتار، زبان نوشتار   Written-Spoken

تمرین ۴۲: در خانه و کلاس

1. Read the following sentences. What is significant about the sentence structure? How do these sentences differ from the patterns we have learned so far?

من می‌رم مدرسه. / دیروز اومدم دانشگاه.

As you know, word order in written Persian usually requires that the verb come at the end of the sentence or clause. However, in spoken Persian there are exceptions to this rule, some of which we have encountered. Can you think of any examples? Write at least three below.

2. What is special about the verbs that you used in your example?

3. There is a category of verbs in Persian called افعـال حرکتــی or verbs of motion, and in spoken Persian these verbs often come before their destination. The verbs in the examples you provided above are obvious examples of verbs of motion.

4. Look at the following words. Which ones are in spoken form?

می‌روم- می‌رم / می‌خوانم- می‌خونم/ کدام- کدوم

5. Now, Listen to the audio files. You will hear 5 sentences in spoken form. Write them in written form.

1_7_SpokenWritten1

6. At home, read each sentence and underline the words which need to be changed in spoken form. Then, write the sentences in spoken form.

۶. در خانه، جمله‌های زیر را بخوانید و واژه‌هایی را که باید در زبان گفتاری عوض شوند عوض کنید. سپس جمله‌ها را به زبان گفتاری بنویسید.

نوشتاری	گفتاری
۱. ساندویچم را در دانشگاه خوردم.	رو
۲. خواهرش درس نمی‌خواند.	خواهرش درس نمی خوند
۳. امروز حال شما چطور است؟	امروز حال شما چطوره
۴. رشته‌ی شما چیست؟	رشته‌ی شما چیه
۵. خودکارشان روی میز است.	خودکارشون روی میزه
۶. آن روزنامه‌نگار چند خودکار دارد، اما همه در کیفش هستند.	داره
۷. چه کسی می‌داند آن مرد کجا زندگی می‌کند؟	دانه کنه
۸. پدرو برادرش به دانشگاه آمدند. آمدن	
۹. فردا به سینما می‌روید؟ با شما می‌آیم.	رید
۱۰. کدام کیفت روی میز است؟	کدوم کیفت روی میزه
۱۱. اسم شما چه بود؟	چی بود؟
۱۲- اسم شما چیست؟	اسم شما چیه

7. At home, listen to the audio file and check your answers.

۷. **در خانه**، به فایل صوتی زیر گوش کنید و جواب‌های تمرین قبل را ارزیابی کنید.

1_7_SpokenWritten2

8. In class, use the spoken form to find out about your classmates.

۸. **در کلاس**، از شکل نوشتاری جمله‌های زیر استفاده کنید و درباره هم‌کلاسی‌تان اطلاعات مربوط را به دست آورید.

۱. اسم خواهر یا برادرشان چیست؟

۲. چند مداد وخودکار در کیف‌شان دارند؟

۳. فردا به دانشگاه می‌آیند؟

۴. می‌دانند دانشگاه چند کتاب‌خانه دارد؟

۵. چه‌طور به خانه می‌روند؟

تمرین ۴۳: تلفظ - در خانه و کلاس

۶. در خانه، به فایل صوتی گوش دهید و متن را به فارسی نوشتاری بنویسید. این متن از وبلاگ امیر برداشته شده است.

The following text comes from Amir's blog. **At home,** listen to the text and rewrite it in written form.

1_8_Pronunciation1

مادربزرگ هشتاد و نه سالشه. من و برادرم در تهران با اون توی خونه‌ی کوچیکش که دو تا اتاق داره زندگی می‌کنیم. مادربزرگ هر روز قبل از ساعت پنج صبح از خواب بیدار می‌شه. نماز می‌خونه، صبونه می‌خوره و بعد یکی دو ساعت قرآن می‌خونه. معمولاً وقتی خسته می‌شه تلویزیون نگاه می‌کنه، و یکی دو ساعتی هم با دوستاش تلفنی حرف می‌زنه. معمولاً بعد از ظهرها با دوستاش به پارک می‌ره. اون دوستای زیادی داره. مادربزرگ امروز خیلی خوشحاله، چون فردا همه‌ی خونواده برای دیدنش از مشهد به تهران می‌آن.

تمرین ۴۴: تلفظ - در خانه

به آنچه مهناز می‌گوید گوش کنید و یک بند درباره او بنویسید.

Listen to Mahnaz and write a paragraph about her in written form.

1_8_Pronunciation2

گفتاری - نوشتاری Spoken-written

تمرین ۴۵: در خانه و کلاس

۱. در خانه، جمله‌های گفتاری و نوشتاری جدول زیر را با هم مقایسه کنید و زیر واژه‌هایی که در گفتاری و نوشتاری متفاوتند خط بکشید.

1. At home, look the chart below and compare the sentences in گفتاری and نوشتاری. Underline the words that are different.

1_9_SpokenWritten1

گفتاری	نوشتاری
خواهرم تهران زندگی می‌کنه.	خواهرم در تهران زندگی می‌کند.
می‌رم دانشگاه.	به دانشگاه می‌روم.
کتابم توی کلاسه.	کتابم در کلاس است.
باهاش حرف بزن.	با او حرف بزن.
باهات نمی‌آم.	با تو نمی‌آیم.
باهاتون حرف نمی‌زنه؟	با شما حرف نمی‌زند؟
باهامون شام نمی‌خوری؟	با ما شام نمی‌خوری؟

۲. در فارسی گفتاری، گاهی وقتی می‌خواهیم از حرف اضافه «با» قبل از متمم استفاده کنیم، از «باها» و ضمایر متصل مفعولی استفاده می‌کنیم. این ضمایر شبیه همان ضمایر ملکی هستند که در درس ۴ کتاب اول یاد گرفتید. جدول زیر را با دقت مرور کنید و به فایل صوتی مربوط به آن گوش دهید. از این پس هر وقت به فارسی گفتاری حرف می‌زنید می‌توانید از این ساخت استفاده کنید. توجه داشته باشید که از این ساختار، زمانی استفاده می‌کنیم که تأکید ما بیشتر بر روی فعل است، یعنی فعل اهمیت بیشتری در جمله دارد، و نه متمم جمله.
مثال زیر را بخوانید: - با دوستت رفتی رستوران؟ - بله با اون رفتم.
اگر تاکید روی «دوستت» باشد از «با اون» استفاده می‌کنیم، اما اگر تاکید سوال بر «رفتن» باشد، می‌توانیم بگوییم: «بله، باهاش رفتم.»
به کمک مثال‌های زیر تمرین کنید. استادتان به شما کمک خواهد کرد. اما به طور کلی لازم نیست حتماً از این ساخت در حرف زدن استفاده کنید.

2. In spoken Persian, sometimes instead of using pronouns with با we use the possessive pronouns that you learned in Unit 4. We add "bāhā" to the possessive pronoun. Review the chart below and listen to the corresponding audio file. From now on when you speak, try to use this construction. Remember that we use this construction when the stress in on the verb not on the object pronoun, like the example below.
- Did you go to the restaurant with your-friend? - Yes, I went with her.
In this example, if our emphasis is on "mom," we use "ba un," but if the emphasis is on "rafti," we can use "bāhāsh." Use the following questions to practice.

1_9_SpokenWritten2

نوشتاری یا گفتاری	گفتاری	نوشتاری یا گفتاری	گفتاری
با من	باهام	با ما	باهامون
با تو	باهات	با شما	باهاتون
با او	باهاش	با آنها	باهاشون

دیروز با مادرتون حرف زدین؟
سه شنبه با خانواده‌تون رفتین رستوران؟
پنج شنبه با دوستم غذا خوردین؟
فردا شب با ما میای سینما؟
این فیلم رو با ما نگاه می‌کنید؟
زندگی با پدر و مادرتون رو دوست دارید؟
با من کار می‌کنید؟

رشته‌های دانشگاهی University Majors

تمرین ۴۶: در خانه و کلاس

۱. در خانه، رشته‌های تحصیلی را که در جدول نوشته شده یاد بگیرید. به فایل صوتی گوش کنید و تلفظ درست هر کدام را تمرین کنید.

- من زیست شناسی می‌خوانم. (من زیست شناسی می‌خونم.)
رشته‌ام زیست شناسی است. (رشته‌م زیست شناسیه.)

Biology	زیست شِناسی
Communication	اِرتِباطات
Asian Studies	مُطالِعاتِ آسیایی
Linguistics	زَبان شِناسی
Business	بازَرگانی
Middle Eastern Studies	مُطالِعاتِ خاوَرمیانه
Political Science	عُلومِ سیاسی
English	اِنگلیسی (اینگلیسی)
Persian Literature	اَدَبیّاتِ فارسی
Psychology	رَوان شِناسی
Sociology	جامِعه شِناسی
Education	تَعلیم و تَربیت
Anthropology	مَردُم شِناسی
Radio, Television, Film	رادیو، فیلم، تِلویزیون
Electrical Engineering	مُهَندِسی بَرق/ اِلکترونیک
Petroleum Engineering	مُهَندِسی نَفت
Art History	تاریخِ هُنَر
Finance	بانکداری

1. At home, learn all of the majors in the box and how to pronounce them. You will need to pronounce them correctly during class.

1_10_Vocabulary1

۲. در خانه، به فایل صوتی گوش کنید و یک بند درباره حامد و فریماه بنویسید.

2. At home, listen to the audio file and write a paragraph about Hamed and Farima.

1_10_Vocabulary2

۳. در کلاس- غیبت بازی!
در گروه‌های دونفره درباره دوستان‌تان که در رشته‌های دیگر درس می‌خوانند صحبت کنید: اسم‌شان، رشته تحصیلی‌شان، چه سالی فارغ التحصیل می‌شوند، و یک مشخصه جالب‌شان. هم‌گروهی شما باید از آنچه می‌گویید یادداشت بردارد و به کلاس گزارش دهد.

3. In Class- Gossip game! In groups of two, talk about two of your friends who study different majors: their names, their major, what year they are graduating, and one of their interesting characteristics. Your partner will take notes and report what you said to other groups.

سارا، دوست دانیال، که مهندسی برق می‌خونه و سال سومه، روزی دوازده ساعت می‌خوابه.

چند جوان ایرانی بعد از یک روز طولانی اسکی، استراحت می‌کنند. پولاد کف، یک ساعت با ماشین از شیراز فاصله دارد.

۴. رشته‌ام هنر نیست: استاد کلاس را به دو گروه تقسیم خواهد کرد. نماینده‌ای از هر گروه پای تخته می‌رود. استاد رشته‌ای را که انتخاب کرده آرام به او می‌گوید یا روی کاغذ به او نشان می‌دهد. وظیفه نماینده گروه این است که با کشیدن تصاویری روی تخته کمک کند که هم‌گروه‌هایش اسم آن رشته را حدس بزنند. برای حدس زدن هر رشته فقط چهل ثانیه وقت دارید. از هر گروه دو تا چهار نماینده به پای تخته خواهند رفت. وقت بازی کتاب‌های‌تان باید بسته باشد. گروه برنده گروهی است که بیشترین حدس درست را در زمان معین شده داشته باشد.

4. My Major Isn't Art: Your instructor will divide the class into two groups. Each group will play a game of Pictionary, in which all of the prompts are the majors you learned. Representatives from each team will take turns drawing a picture of the major that the instructor has chosen from a list. The members of his or her team must guess the major in Persian. For this activity, make sure your books are closed.

تمرین ۴۷: در خانه و کلاس

۱. در خانه، در درس ۱۰، در کتاب اول، درباره سیستم آموزشی ایران مطالبی خواندید. به فایل صوتی زیر گوش دهید و تلفظ درست پایه‌های مختلف آموزشی را تمرین کنید و یاد بگیرید. واژه‌های مربوط به همه این پایه‌ها را یاد بگیرید و معادل آنها را در انگلیسی پیدا کنید.

1. At home, you have been already introduced to educational system in Iran in Unit 10. Listen to the audio file and learn how to pronounce different levels in this educational system. And learn all of them. Find the equivalent for each in American system.

1_10_Vocabulary3

مَقاطِع تَحصیلی (مقاطع جمع مقطع.)

پیش دبستانی

دبستان

راهنمایی

دبیرستان/ هنرستان

پیش دانشگاهی

دیپلم

فوق دیپلم

کارشناسی (لیسانس)

کارشناسی ارشد (فوق لیسانس)

دکترا

تصویر پایین: پسران همان مدرسه بعد از تعطیل شدن مدرسه، کنار «اَرگ کریم خان» فوتبال بازی می‌کنند. بنای تاریخی ارگ کریم خان مربوط به حدود ۲۵۰ سال پیش است.

تصویر بالا: درِ ورودی یک مدرسه‌ی ابتدایی در شیراز، ایران

۱. در خانه، در گروه‌های دو نفره اطلاعات روبرو را از هم‌گروهی‌تان به دست آورید.

2. In class, in group of two ask your classmates.

- If they have anybody in their family who is in elementary school/middle school.
- What subject they liked when they were in high school.
- If their great grandparents had diploma, or bachelors.
- If they are a PhD students.

تمرین ۴۸: در خانه و کلاس

۱. در خانه- فرم صفحه بعد تقاضانامه اخذ ویزای دانشجویی برای کسانی است که قصد دارند در موسسه آموزشی دهخدا واحد فارسی بگذرانند. آن را با مشخصات و اطلاعات خودتان پر کنید. برای یاد گرفتن تلفظ واژه‌ها به فایل صوتی گوش کنید. هر واژه را تکرار کنید و تلفظش را یاد بگیرید، چون در فعالیتی که در کلاس خواهیم داشت باید از این واژه‌ها استفاده کنید.

1. At home- The form on the next page is the application for student visa for the students who want to go to Dehkhoda Institute to take a Persian course. Fill up the form with your information. Listen to the audio file to learn the pronunciation of the new words. Make sure that you are able to pronounce them correctly, because you will use them in class activity.

بسمه تعالی

اداره گذرنامه و روادید

درخواست روادید تحصیلی/ فرم مشخصات دانشجو

آدرس در ایران: .... تلفن در ایران: ....

رشته تحصیلی: .... مقطع: ....

تاریخ اشتغال به تحصیل: .... دانشگاه محل تحصیل: موسسه لغتنامه دهخدا و مرکز بین المللی آموزش زبان فارسی

Data	Latin	فارسی	
Name			نام
Middle name			نام وسط
Last name			نام خانوادگی
Father's name			نام پدر
Grandfather's name (only Arab people)			نام جد (اعراب)
Date of birth			تاریخ تولد
Place of birth			محل تولد
Nationality			تلبعیت
Passport number			شماره گذرنامه
Date of issue			تاریخ صدور
Expiration date			تاریخ انقضاء
City visa to be issued			محل اخذ روادید
How long are you going to stay in Iran?			مدت اقامت در ایران
Last entry in Iran			تاریخ آخرین ورود به ایران
Specify your course attending date			تاریخ دوره مورد نظر را مشخص کنید
Your major of study			رشته تحصیلی

2. In class, your instructor will give you a copy of the form above that is only in Persian. Without looking at the copy with English, use the new words you learned to ask your partner for his/her information and fill out the form.

۲. در کلاس، استاد به شما فرم بالا را بدون بخش انگلیسی آن خواهد داد. بدون اینکه به کتاب‌تان نگاه کنید، از واژه‌هایی که یاد گرفته‌اید استفاده کنید و از هم‌گروهی‌تان اطلاعات مربوط را بگیرید و فرم را با توجه به آن اطلاعات پر کنید.

گفتگو: نیم کیلو پنیر می‌خواستم.

تمرین ۴۹: در کلاس و خانه

۱. در خانه، به گفتگوی زیر گوش کنید. این گفتگو در فارسی نوشتاری نوشته شده است. با کمک متن و فایل صوتی تمرین کنید که چطور در فروشگاه از مغازه‌دار درخواست کنید جنسی به شما بدهد یا قیمت اجناس را بپرسید؛ مثلاً یک کیلو پنیر یا نیم کیلو زیتون. در کلاس موقعیت خرید مشابهی را با کمک هم‌گروهی‌تان نمایش خواهید داد.

1. At home: listen to the following conversation. It is written in گفتاری. Practice how to ask for a few items, for example a kilo of cheese and a half kilo of olives (زیتون). You will be asked to act out a shopping situation in class.

1_11_Conversation1

مغازه دار: بفرمایید خانم.
خانم سلیمی: سلام، نیم کیلو پنیر می‌خواستم. یک کیلو هم کالباس مرغ.
مغازه دار: این نیم کیلو پنیر... این هم یک کیلو کالباس مرغ. چیز دیگه‌ای هم می‌خواین؟
خانم سلیمی: این گردوها کیلویی چنده؟
مغازه دار: کیلویی ۲۰ هزار تومن.
خانم سلیمی: نه، متشکرم. پنیر و کالباس چند می‌شه؟
مغازه‌دار: پنیر کیلویی ۷۰۰۰ تومن، نیم کیلوش می‌شه ۳۵۰۰ تومن، یک کیلو کالباس مرغ هم می‌شه ۱۵۰۰۰ تومن. روی هم می‌شه ۱۸۵۰۰ تومن.
خانم سلیمی: بفرمایید..
مغازه دار: متشکرم. قابلی نداشت.
خانم سلیمی: خیلی ممنون. خداحافظ
مغازه دار: روزتون خوش.

واژگان

مغازه: store
کالباس مرغ: sliced chicken/chicken cold cuts
دیگه: دیگر - چیز دیگه: anything else
گردو: walnuts
کیلویی: یک کیلو
چند می‌شه؟: چند می‌شود؟
روی هم: با هم
این هم: This too; and as for this
قابلی نداشت، قابلی نداره: "you're welcome, it was nothing"; it is also a sign of politeness before you accept the money you are receiving for performing a service.

۲. در خانه، به فایل صوتی گوش کنید و متن را بخوانید. از این جمله‌ها زمانی استفاده می‌کنیم که می‌خواهیم کسی حرفش را تکرار کند. چند مورد را یاد بگیرید. در فعالیت کلاس باید از آنها استفاده کنید.

2. At home: Listen to the audio file and read the text. You will use these sentences when you want somebody to repeat himself. You are saying: "Excuse me. I did not understand. What did you say? Would you please say it again?"

Make sure to learn how to use a few of them. You will use them in class activity.

جانم؟

چی فرمودین؟

عذر می‌خوام نشنیدم. می‌شه دوباره بگین؟

ببخشید؟

ببخشید، متوجه نشدم. چی گفتید؟

ببخشید، ممکنه یه بار دیگه بگین لطفاً؟

1_11_Conversation2

3. In class: In groups of two, pick a specific product and act out a very short "sell and buy" skit! Add a few sentences that you learned in section 2 to your play.

۳. در کلاس، در گروه‌های دونفره چند محصول را انتخاب کنید و یک نمایش کوتاه خرید و فروش بازی کنید. در گفتگوهای‌تان از جمله‌هایی که در بخش دو یاد گرفتید نیز استفاده کنید.

خواندن۲: بهرنگ، دانشجوی تاریخ

تمرین ۵۰: در خانه و کلاس

1. At home, read the text silently and then aloud several times to practice pronunciation and fluency. Be prepared to read it aloud in class.

۱. در خانه، متن زیر را آهسته و چند بار بلند برای خودتان بخوانید و تمرین کنید. آماده باشید که آن را بلند سر کلاس بخوانید.

1_12_Reading

بهرنگ ۳۰ سال دارد. او در دانشگاه تگزاس در آستین درس می‌خواند. دانشجوی کارشناسی ارشد رشته‌ی تاریخ است. تنها زندگی می‌کند. سه سال پیش برای درس خواندن به آستین آمد. مادر و پدر بهرنگ در سانفرانسیسکو زندگی می‌کنند. بهرنگ معمولاً زمستان‌ها سه تا چهار بار و تابستان‌ها یک بار برای دیدَن پدر و مادرش به سانفرانسیسکو می‌رود. تابستان امسال بهرنگ به سانفرانسیسکو نمی‌رود چون هم درس می‌خواند و هم کار می‌کند، اما پدر و مادرش برای دیدنش به آستین می‌آیند. آنها روز جمعه چهارم اوت می‌آیند. اوت بهترین وقت برای دیدن آستین نیست چون هوای آستین در ماه اوت بسیار گرم است اما بهرنگ خوشحال است چون هم دوستش عارف را به آنها معرفی می‌کند و هم آنها همه برای دیدن خُفّاش‌ها می‌روند. هوا در ماه اوت بسیار گرم است اما این ماه وقت خوبی برای دیدن خفاش‌های آستین است.

۱- بهرنگ کجا و با کی زندگی می‌کند؟

۲- بهرنگ و پدر و مادرش چه کار می‌کنند؟

3. What is different about this year for Behrang? Why?

4. What are a few words you don't know? Can you guess their meaning?

5. Record yourself reading the text and send it to your instructor per his/her instruction.

خواندن ۳ و فرهنگ: خسته نباشید

تمرین ۵۱: در کلاس

۱. در کلاس– متن کوتاه زیر واقعی است و یک اصطلاح مهم فارسی را توضیح می‌دهد. به کمک سه مورد زیر که به شما کمک می‌کند متن را بفهمید، متن را بخوانید. از آنجا که این متن برای فارسی زبانان نوشته شده است، نباید انتظار داشته باشید که تمام متن را بفهمید. هدف ما این است که با استفاده از آنچه از متن می‌فهمیم از مطالب مهم و اصلی متن سر در بیاوریم. این نوع تمرین‌ها به شما کمک می‌کند استراتژی‌های خواندن‌تان را گسترش دهید. از این به بعد که بیشتر با این متون واقعی سر و کار داریم، اهمیت استفاده از این استراتژی‌ها افزایش می‌یابد. استاد شما هیچ واژه‌ای را در این متن برای‌تان ترجمه نخواهد کرد و شما نیز نباید از فرهنگ لغت استفاده کنید، اما معنی چند واژه برای شما نوشته شده است.

In class- the following short text is factual and describes an important Persian expression. You will read it in class, using the questions and prompts below to guide your understanding of it. Since this is a text written for native speakers of Persian, you shouldn't expect to understand all of it. Our goal is to use what we do understand to figure out the major points. These kinds of exercises will help you develop reading strategies, which will become increasingly important as we continue working on authentic texts. Your instructor will not translate any of the words in the text for you and you should not look up words in the dictionary. We have provided a few words for you.

ترفندهای خواندن

۱. یک بار متن را بخوانید. با توجه به متن، در چند موقعیت از «خسته نباشید» استفاده می‌کنیم؟ جواب خود را با هم‌کلاسی‌تان مرور کنید و دلایل‌تان را با استادتان در میان بگذارید.

۲. یک بار دیگر این بند را بخوانید. این بار روی سه موقعیتی که این اصطلاح در آن به کار برده می‌شود تمرکز کنید. زیر تمام واژه‌هایی که می‌دانید خط بکشید. زیر واژه‌هایی که بخشی از آنها را هم می‌دانید خط بکشید. حتی اگر هیچ واژه‌ای را نمی‌شناسید و یا بیشتر واژه‌ها برای‌تان بیگانه هستند، سعی کنید از موقعیتی که متن اشاره می‌کند که این واژه در آن استفاده می‌شود سر در بیاورید. از ترجمه کردن بپرهیزید. آنچه را که متوجه شده‌اید ابتدا با هم‌گروهی‌تان و سپس با تمام کلاس در میان بگذارید.

۳. یک بار دیگر این بند را بخوانید. آیا این بار مطلب جدیدی متوجه شدید؟ بعد از این که خواندن متن را تمام کردید، با هم‌گروهی‌تان یک نمایش کوتاه آماده کنید که یکی از این موقعیت‌ها را نشان دهد.

Reading Strategies

1. Read the paragraph once and try to determine how many situations it discusses for this expression. What words helped you count? Check your answers with a partner and then review your reasoning with your instructor.

2. Read the paragraph again. This time focus on the three different situations in which you use this expression. Underline all of the words that you know or the words that have parts that you know. Even if you don't know all (or even most) of the words in each description, try to figure out the gist of each usage. Do not try to translate! Review with a partner and then your other classmates.

3. Read the paragraph one more time. Did you understand anything new this time? Once you have finished reading, work with a partner and create a short skit that illustrates one situation in which you use this expression.

خسته نباشید!

ایرانی‌ها از این عبارت زیاد و در موقعیت‌های مختلف استفاده می‌کنند. مثلاً وقتی همکاران و همکلاسی‌ها از کنار همدیگر رد می‌شوند با بیان این عبارت، سکوت را می‌شکنند و ممکن است حتی سر حرف را باز کنند. مثال دیگر زمانی است که دانشجوها در آخر کلاس می‌خواهند به استادشان یادآوری کنند که وقت کلاس تمام است!!! معمولاً استاد به روی خودش نمی‌آورد و از دانشجویان تشکر می‌کند. و معمولاً می‌گوید: «سلامت باشید». دیگر این که وقتی کسی کار اشتباهی می‌کند از سر طعنه به او می‌گویند: «خسته نباشید».

موقعیَّت: situation
رَد می‌شوند: they pass
سُکوت: silence
می‌شِکنند: they break
یادآوری کردن: to remind
اشتباه: mistake
طعنه: sarcasm

تمرین ۵۲: در کلاس

۱. در کلاس، به فایل صوتی گوش دهید. زیر هر واژه‌ای که نمی‌دانید خط بکشید. با هم‌کلاسی‌تان با استفاده از بافت متن سعی کنید معنی واژه‌هایی را که نمی‌دانید پیدا کنید.

1. In class: listen to the audio file for the following conversation. Underline any words you do not know. Work with a partner to use context to figure out their meaning.

1_13_Conversation

آقا ببخشید، این چنده؟

مُشتَری: سَلام، خَسته نَباشین.

فُروشَنده: سَلام، بِفَرمایید.

مُشتری: ببخشید، اون کیف چنده؟

فروشنده: کدوم کیف؟

مُشتری: بزرگه.

فروشنده: بیست هِزار تومَن!

بزرگه
The big one
he at the end of the word is the definite article in spoken form.

۱. در کلاس، در گروه‌های سه نفره یک فروشگاه درست کنید. روی چندین کارت نام محصول و قیمت آنها را بنویسید. گروه دیگر به فروشگاه شما می‌آیند و سعی می‌کنند آنچه را می‌خواهند بخرند. تا آنجا که می‌توانید قیمت کالاهای‌تان را حفظ کنید اما آنها را بفروشید. گروه خریدار سعی می‌کند تا آنجا که می‌تواند بهای کمتری بپردازد. برای اینکه گفتگوی‌تان را جالب‌تر کنید می‌توانید از عبارت‌های زیر استفاده کنید.

2. In class: in groups of three, form a store. Label several cards with products and their prices. Another group will come to your store and will try to buy what they need. Sell as much as you can. The other group will try to buy for less. You can use the following phrases to spice it up.

گرونه

ارزونه

تخفیف نداره؟ (تخفیف: discount)

برای شما ده هزار تومن

آخرش چند؟

بازار وکیل، شیراز

تلفظ- شعر و موسیقی: گل بی‌گلدون از گوگوش

تمرین ۵۳: در کلاس

متن روبرو را بخوانید و زیر کلمه‌هایی که می‌دانید خط بکشید. با تایپ کردن اولین خط این ترانه در یوتیوب، آن را پیدا کنید. به آهنگ گوش کنید و به تلفظ واژه‌ها توسط خواننده ترانه دقت کنید.
به کمک هم‌گروهی‌تان و با استفاده از سه عبارت جدید که در این ترانه یاد گرفتید نمایش‌نامه دراماتیک بسیار کوتاهی بنویسید و آن را در کلاس اجرا کنید.

Read the lines and underline the words you know. Find the song on YouTube by typing the first line. Listen to the song and pay attention to how the singer pronounces the words. With your partner, use three new phrases that you have learned in this song to write a very short dramatic play! Act it out in class.

You were telling me that I'm nothing without you	می‌گفتی بی تو هیچم
Stay with me forever	با من بمون همیشه
If you're not be here, I'll die	نباشی من می‌میرم
Flower without flower-vase, it's impossible (it can't be)	گل بی‌گلدون نمی‌شه
What a mistake I made	چه اشتباهی کردم
That I believed your words	حرفاتو باور کردم
A cold day in autumn	یه روز سرد پاییز
You broke your flower vase	گلدونتوشکستی
Like the bride of flowers	مثل عروس گلها
You sat in the greenhouse	تو گلخونه نشستی
The spring will come again	بهار میاد دوباره
I'll bring you again	بازم تو رو می‌آرم
Like an ornamental flower	مثل گل زینتی
I'll plant you in greenhouse	تو گلخونه می‌کارم
You'll say to your (new) flower vase again	بازم به گلدونت می‌گی
Stay with me forever	با من بمون همیشه
You say, "I'll die without you"	می‌گی که بی تو می‌میرم
flower without flower vase is impossible	گل بی گلدون نمی‌شه
She's making a mistake	چه اشتباهی می‌کنه
That she believes your words	حرف‌هاتو باور می‌کنه

www.youtube.com/Bahram9821

بند نویسی Paragraph Writing

تمرین ۵۴: در خانه

۱. در خانه، ویدیوی نیما را که در این درس دیدید، دوباره ببینید. دو ویدیوی دیگر درباره رها را نیز ببینید. دو بند بنویسید که دست‌کم ۲۵۰ واژه داشته باشد و در این بند زندگی رها و نیما را مقایسه کنید.

1. At home: review the Nima video from this lesson and watch two additional videos about Raha. Write two paragraphs (at least 250 words) in which you compare Raha and Nima. (previous videos 1_6_Video2 and 2_5_video2)

1_4_Videos1and2

درک شنیدار- ده دقیقه در کافه دنج Listening Comprehension

تمرین ۵۵: در خانه و کلاس

۱. در خانه، اولین بخش مجموعه کافه دنج را دست کم دو بار ببینید و تا آنجا که می‌توانید اطلاعاتی راجع به شخصیت‌های فیلم به دست آورید و با توجه به این اطلاعات جدول زیر را کامل کنید.

1. At home: watch the first episode of Café Denj at least two times and complete the following chart about the characters in the film. Include as much information as possible about each character.

1_4_Video3_CafeDenj1

امیر	
خاله مهتاب	بیست سال در آمریکا برگشت، او دکراسیون در کافی شوپ کرد
ایده	خواهر امیر است و بیست پنج سالشه، فوق الیسانس نقاشی درس می خواند
شیرین	مترجمه زبان انگلیسه می خواند
عرفان	به کار زیر می آید.

۱. در کلاس، درباره هر چه از بخش اول فیلم متوجه شدید با همکلاسی‌تان صحبت کنید. سپس هر کدام از شما سوالی درباره بخشی که متوجه نشدید بنویسید. سوال‌تان را با کلاس در میان بگذارید. استاد تمام سوالات را بر روی تخته می‌نویسد و همه در کلاس سعی می‌کنند به سوالات، شفاهی جواب دهند.

2. In class: Work with a partner and discuss what you understood from the first episode of Café Denj. Then you and your partner should write one question about something you didn't understand from the episode. Share your question with the class. Your instructor will write all of the questions on the board.

۳ در کلاس- به منظور تکمیل مهارت‌های شنیداری‌تان چند بار یک بخش ویدیو را ببینید و جاهای خالی زیر را پر کنید. بعد از سه بار دیدن و گوش کردن، جواب‌های‌تان را با هم‌گروهی‌تان مرور کنید.

3. In class- In order to fine tune your listening skills, you will listen to one section of the episode several times and you must fill in the blanks below. After listening three times, review your answers with a partner and then with the class.

I_4_Video3_CafeDenj1

خاله مهتاب .... بعد از .... سال از .... به ایران برگشته تصمیم گرفته بود که ....
.... باز کنه .... می‌خواست خاطرات زمان جوونی‌اش رو زنده کنه. او............ و وقت زیادی صرفی
گرفتن مجوز و دکوراسیون داخلی کافه کرد. .... به .... زنگ زد و پیشنهاد داد که بیام .... وکافه رو براش
بگردونم. یعنی .... و ....

۴- در کلاس- فرض کنید که می‌خواهید با هم‌گروهی خود کافی شاپی باز کنید. فرم زیر را پر کنید.

اسم کافی شاپ	
مکان (جای) کافی شاپ	
ساعت چند باز می‌شود؟	
ساعت چند تعطیل می‌شود؟	
مشتری‌ها چه کسانی هستند؟	
مشتری: customer	
خصوصیات کافی شاپ	
خصوصیات: characteristics	

دوره‌ی واژگان درس ۱

واژه‌های اول درس

۱. درس می‌خوانم (. . . می‌خونم)
۲. مهندسی الکترونیک می‌خوانم (. . . می‌خونم)
۳. همه
۴. خانواده (خونواده)
۵. به جز
۶. شوهر / همسر
۷. بسیار (خیلی)
۸. شلوغ
۹. شلوغی
۱۰. هوا، هوای آستین
۱۱. هم
۱۲. تابستان (تابستون)
۱۳. زمستان (زمستون)
۱۴. کمی

۱۵. درجه‌ی سانتیگراد
۱۶. هر روز
۱۷. خواب
۱۸. شدن، می‌شوم (می‌شم)
۱۹. بیدار می‌شوم (. . . می‌شم)
۲۰. از خواب بیدار می‌شــوم (. . . می‌شم) / از: from
۲۱. معمولاً
۲۲. هم خانه‌ای، هم اتاقی (هم خونه‌ای)
۲۳. صبحانه می‌خورم (صبحانه/صبونه می‌خورم)
۲۴. بعد
۲۵. درس می‌دهم، درس دادن (... می‌دم)
۲۶. هم درس می‌خوانم، هم کار می‌کنم. (... می‌خونم، ....)
۲۷. درس هم می‌دهم (... می‌دم)
۲۸. پروژه
۲۹. اغلب
۳۰. شب‌ها (شبا)
۳۱. تا ساعت ۸
۳۲. هفته
۳۳. ورزش می‌کنم - ورزش کردن
۳۴. استخر
۳۵. باشگاه
۳۶. تنیس بازی می‌کنم
۳۷. می‌دَوَم (می‌دُوَم)
۳۸. نقاشی، نقاشی می‌کند (......... می‌کنه)
۳۹. گاهی
۴۰. روزهای جمعه (روزای جمعه)
۴۱. (سرم خیلی شلوغه!)
۴۲. همیشه
۴۳. بعد از
۴۴. می‌خوابم - خوابیدن
۴۵. از فردا
۴۶. تعطیل
۴۷. برای
۴۸. آخرین
۴۹. بارِ
۵۰. آخرین باری که
۵۱. پیش، قبل، سه سالِ پیش
۵۲. وقتی (وقتی به دانشگاه می‌رود)
۵۳. مادربزرگ
۵۴. فوت کرد
۵۵. دیدن، می‌بینم، برای دیدن
۵۶. تاریخ
۵۷. امسال
۵۸. که

واژه‌های پراکنده در درس

۵۹. می‌آیم (می‌آم)- آمدن (اومدن)
۶۰. نگاه می‌کنم- نگاه کردن
۶۱. گوش می‌کنم- گوش کردن
۶۲. دوست دارم- دوست داشتن
۶۳. بلد هستم (بلدم)- بلد بودن
۶۴. باز می‌کنم- باز کردن
۶۵. می‌بندم- بستن
۶۶. حرف می‌زنم- حرف زدن
۶۷. گوش می‌کنم- گوش کردن
۶۸. می‌نویسم-نوشتن
۶۹. تکرار می‌کنم- تکرار کردن
۷۰. حدس می‌زنم- حدس زدن
۷۱. خریدار
۷۲. مشتری
۷۳. خسته نباشید
۷۴. سلامت باشید
۷۵. هزار
۷۶. تومان (تومن)
۷۷. ریال
۷۸. اِمروز، اِمشَب، دیِروز، دیِشَب
۷۹. فردا، فردا شب، پس فردا، پس فردا شب
۸۰. پریروز، پریشب
۸۱. همین
۸۲. همان (همون)
۸۳. همین الآن
۸۴. همین‌جا
۸۵. همان‌جا (همون‌جا)
۸۶. واژِگان

۸۷. تَمرین
۸۸. تَلَفُّظ
۸۹. گُفتِگو
۹۰. گُفتِگو کُنید
۹۱. ببینید و گوش کنید
۹۲. فَرهَنگ
۹۳. دَستور (order/grammer)
۹۴. تَرجُمه کنید
۹۵. خواندَن (خوندن)
۹۶. زَبانِ گُفتار- زَبانِ نِوِشتار
۹۷. استفاده کردن
۹۸. کامل کردن (complete)
۹۹. صفحه
۱۰۰. دبستان (elementary)
۱۰۱. راهنمایی
۱۰۲. دبیرستان
۱۰۳. هنرستان (Vocational)
۱۰۴. دیپلم
۱۰۵. فوق دیپلم
۱۰۶. کارشناسی/ لیسانس
۱۰۷. کارشناسی ارشد/ فوق لیسانس
۱۰۸. دکترا
۱۰۹. شنبه
۱۱۰. یک‌شنبه
۱۱۱. دوشنبه
۱۱۲. سه‌شنبه
۱۱۳. چهارشنبه
۱۱۴. پنج‌شنبه
۱۱۵. جمعه
۱۱۶. کلمه، کلمه‌ها، کلمات
۱۱۷. جمله، جمله‌ها، جملات
۱۱۸. سوال، سوالات
۱۱۹. زیست شِناسی
۱۲۰. اِرتباطات
۱۲۱. مُطالِعاتِ آسیایی
۱۲۲. زَبان شِناسی
۱۲۳. بازَرگانی
۱۲۴. مُطالِعاتِ خاوَر میانه
۱۲۵. عُلومِ سیاسی
۱۲۶. انگلیسی (اینگلیسی)
۱۲۷. اَدَبیّاتِ فارسی
۱۲۸. رَوان شِناسی
۱۲۹. جامِعه شِناسی
۱۳۰. تَعلیم و تَربیت
۱۳۱. مَردُم شِناسی
۱۳۲. رادیو، فیلم، تِلویزیون
۱۳۳. مُهَندِسی بَرق
۱۳۴. مُهَندِسی نَفت
۱۳۵. مُهَندِسی اِلکتِرونیک
۱۳۶. تاریخِ هُنَر

واژه‌های اختیاری

۱. فروردین
۲. اردیبهشت
۳. خرداد
۴. تیر
۵. مرداد
۶. شهریور
۷. مهر
۸. آبان
۹. آذر
۱۰. دی
۱۱. بهمن
۱۲. اسفند
۱۳. ژانویه
۱۴. فوریه
۱۵. مارس- مارچ
۱۶. آوریل- آپریل
۱۷. می
۱۸. ژوئن- جون
۱۹. ژوییه- جولای
۲۰. اوت- آگوست
۲۱. سپتامبر
۲۲. اکتبر
۲۳. نوامبر
۲۴. دسامبر
۲۵. مغازه
۲۶. کالباس مرغ
۲۷. دیگه: دیگر - چیز دیگه
۲۸. گردو
۲۹. کیلویی: یک کیلو
۳۰. چند می‌شه؟: چند می‌شود؟
۳۱. روی هم: با هم
۳۲. این هم
۳۳. قابلی نداشت، قابلی نداره
۳۴. موقعیَّت
۳۵. رَد می‌شوند
۳۶. سُکوت
۳۷. می‌شِکنند
۳۸. یادآوری کردن
۳۹. اشتباه
۴۰. طعنه
۴۱. گرونه
۴۲. ارزونه
۴۳. تخفیف
۴۴. تخفیف نداره؟
۴۵. برای شما ده هزار تومن
۴۶. آخرش چند؟

درس دوم

درس دوم: شیرین فرصت زیادی نداره!

۱. واژگان
۲. فیلم: شیرین فرصت زیادی نداره!

تمرین‌ها

تمرین ۱: واژگان کلیدی - در خانه

به فایل صوتی گوش کنید و جمله‌هایی را که می‌شنوید بنویسید.

2_0_KeyWords

واژِگان	معادل انگلیسی
مثال	example
مِثل	like

تمرین ۲: واژگان کلیدی - در خانه

به فایل صوتی گوش کنید و جمله‌هایی را که می‌شنوید بنویسید.

2_1_Vocabulary1

نوشتار (گفتار)	معادل انگلیسی
۱. زندگی کرده‌ام (... کردەم)	I have lived
۲. مترجمی زبان انگلیسی	English translation (major)
۳. می‌شِناسم - شناختن (می‌شناسم)	I know (somebody), to know
۴. کارشناسی ارشد	Masters degree
۵. جامعه‌شناسی	Sociology
۶. علاقه دارد (... داره)	She/he is interested
۷. بیشترِ دوستانش (... دوستاش)	Most of her friends
۸. باید بنویسد (... بنویسه)	She/he should write
۹. ترم	Semester
۱۰. پایان نامه	Thesis
۱۱. فرصت زیادی ندارد (.... نداره)	She does not have much time
۱۲. با این حال	Nevertheless
۱۳. با هم	Together
۱۴. می‌رسد/ به کارهایش می‌رسد (می‌رسه/ به کاراش می‌رسه)	She arrives, she does her work, she takes care of her work
۱۵. این روزها (این روزا)	These days
۱۶. کمتر	Less

Each other	۱۷. همدیگر (همدیگه)
South	۱۸. جنوب
They have gone	۱۹. رفته‌اند (رفته‌ان)
To introduce	۲۰. معرفی کردن
I want/would like to introduce him to you	۲۱. دوست دارم او را به شما معرفی کنم/می‌خواهم معرفی کنم (دوست دارم اونو به شما معرفی کنم/ می‌خوام معرفی کنم.)
About her	۲۲. درباره‌ی او
I would like to talk	۲۳. می‌خواهم حرف بزنم (می‌خوام حرف بزنم)
I have not seen	۲۴. ندیده‌ام
Last year	۲۵. پارسال
It was fun	۲۶. خوش گذشت
Airplane	۲۷. هواپیما
Ticket	۲۸. بلیط/ بلیت
Cheap	۲۹. ارزان (ارزون)
Kind	۳۰. مهربان (مهربون)
Hospitable	۳۱. مهمان‌نواز (مهمون نواز)
I got to know [her], I met her	۳۲. [با او] آشنا شدم (.... اون....)
Still, yet	۳۳. هنوز
She/he calls, to call	۳۴. زنگ می‌زند (زنگ می‌زنه)- زنگ زدن
Journalist	۳۵. خبرنگار/ خبرنگاری - روزنامه‌نگار/ روزنامه نگاری
Writer	۳۶. نویسنده
He has a meeting with someone, she/he has an appointment	۳۷. قرار دارد (قرار داره)
Agree, she agrees with me	۳۸. موافق / او با من موافق است (... موافقه)
Disagree, I disagree with that	۳۹. مخالف / من با آن مخالفم (من با اون مخالفم)
Worried, to be worried	۴۰. نگران / نگران بودن
Polluted	۴۱. آلوده
More polluted	۴۲. آلوده‌تر
The most polluted	۴۳. آلوده‌ترین

تمرین ۳: واژگان - کارت ایندکس (در خانه و کلاس)

در خانه، مانند درس قبل در صفحه ۱۲، برای هر واژه این درس نیز یک کارت ایندکس درست کنید. یک طرف آن فارسی و طرف دیگر معادل فارسی واژه را بنویسید. این کارت‌ها را به کلاس بیاورید.

در کلاس، با هم‌گروهی خود از این واژه‌ها در گفتگو استفاده کنید. **مانند تمرین مشابه در درس قبل در صفحه ۱۳،** روبروی هم بنشینید و یکی از کارت‌های خود را به هم‌گروهی خود نشان دهید و او با استفاده از این واژه از شما سوالی می‌کند. به سوالش جواب دهید و سپس شما از همین واژه برای پرسیدن سوالی از هم‌گروهی خود استفاده کنید. سپس نوبت هم‌گروهی شماست که واژه‌ای به شما نشان دهد. برای اینکه گفتگوی شما به طور طبیعی پیش رود می‌توانید با توجه به جوابی که می‌گیرید سوالات جدیدی بپرسید.

تمرین ۴: واژگان - نوشتاری، گفتاری (در خانه)

2_1_Vocabulary2

به فایل صوتی گوش کنید. در این فایل صوتی، **مانند تمرین ۵ صفحه ۱۳ درس قبل،** جمله‌های مربوط به واژه‌های درس به صورت گفتاری بیان می‌شود. این جمله‌ها را با جمله‌های نوشتاری که قبلاً نوشته‌اید مقایسه کنید. زیر هر کلمه یا ساختاری که با فرم گفتاری متفاوت است خط بکشید. Underline any words or structures that are different in the spoken form وقتی صحبت می‌کنیم اغلب از شکل گفتاری استفاده می‌کنیم، پس بهتر است شکل گفتاری واژه‌های جدید را هم یاد بگیرید.

تمرین ۵: واژگان خواندن- در خانه

2_1_Vocabulary3

به فایل صوتی گوش کنید و جمله‌هایی را که می‌شنوید بنویسید

واژه	معادل انگلیسی
۱. سفر	Trip
۲. کشور	Country
۳. قرار دارد	Is located
۴. استان	Province
۵. ایالت	State
۶. شهر	City
۷. روستا	Village
۸. همسایه	Neighbor
۹. دریا	Sea
۱۰. شمال	North
۱۱. غرب	West
۱۲. شرق	East
۱۳. جمعیت	Population

واژه	معادل انگلیسی
۱۴. پر جمعیت	Populated
۱۵. سازمان ملل متحد	United Nations
۱۶. عضو	Member
۱۷. رسمی	Official
۱۸. منطقه	Region
۱۹. خاور میانه	Middle East
۲۰. پایتخت	Capital
۲۱. مرکز	Center
۲۲. جهان - دنیا	World
۲۳. هفدهمین	The seventeenth
۲۴. هجدهمین	The eighteenth
۲۵. لهجه	Accent
۲۶. مردم	People

تمرین ۶: واژگان - در خانه

با اطلاعات مربوط به خودتان جمله‌های زیر را کامل کنید.

۱. من به ....خاورمیانه.... علاقه دارم.

۲. تحقیق درباره‌ی ....تاریخ.... را دوست دارم.

۳. بیشترِ دوستانم در ....نیویورک.... زندگی می‌کنند.

۴. ....برادرم.... در جنوب کشور زندگی می‌کند.

۵. می‌خواهم برای دیدن ....خانواده‌ی نامزدم.... به ....شیکاگو.... بروم.

۶. برای خوردن غذا به رستوران ....ارزان.... می‌روم.

۷. من به خواندن کتاب‌های پلیسی علاقه ....دارم.... .

۸. این روزها ....پدرم.... را کمتر می‌بینم.

۹. پریروز کلاس ....فارسی.... داشتم.

۱۰. درباره‌ی درس‌هایم با ....سوزان.... حرف می‌زنم.

۱۱. من و دوستم معمولاً روزهای ....شنبه.... تلفنی با هم حرف می‌زنیم.

۱۲. ....دوستم.... کارشناسی ارشد ....در تاریخ.... می‌خواند.

۱۳. من به کشورهای/ شهرهای ....مراکش.... و ....اسپانیه.... رفته‌ام.

۱۴. این ترم سرم شلوغ ....نیست.... .

۱۵. من به موسیقی جاز علاقه ....دارم.... .

۱۶. نگرانِ ....کمتر.... هستم.

۱۷. هنوز ....فارسی در بس صی خوانم.... .

۱۸. نویسنده مورد علاقه‌ام .... است.

۱۹. من معمولاً با ....دوستم دان.... موافقم.

۲۰. این هفته با ....کتاب‌هایم.... قرار دارم.

۲۱. من می‌توانم انگلیسی را با لهجه ....جنوبی.... صحبت کنم.

۲۲. من کمی با فرهنگ کشور ....مراکش.... آشنا هستم. (آشنا بودن: to be familiar)

۲۳. ....من.... عضو باشگاه ورزشی ....پرنسیتونیا.... هستم/ است.

۲۴. ....دوستم.... در روستا زندگی ....می‌کند.... .

۲۵. شهری که در آن به دنیا آمدم پرجمعیت ....نیست.... . ....۵۱۰۸۲۱.... نفر جمعیت دارد. (نفر: quantifier for person)

جمله‌های زیر را با استفاده از واژگان درس ۱۳ کامل کنید.

۱. مادرم برای دیدن پدربزرگم به شیراز .....رفته است....... .

۲. این روزها ......کمتر..... درس می‌خوانم.

۳. من و دوستم روزی یک ساعت ....با هم.... حرف می‌زنیم.

۴. ..پایان نامه.. شما درباره‌ی چیست؟

۵. پدربزرگم در ....مرکز.... شهر تهران زندگی می‌کند.

۶. خواهرم سرش خیلی شلوغ است. باید ..پایان نامه.. بنویسد.

۷. این روزها ..فرصت زیادی.. ندارم.

۸. من هم به فیلم کمدی ....علاقه.... دارم، هم به فیلم مستند (documentary).

۹. دیروز با دوستم ....درباره‌ی.... فوتبال حرف زدیم.

۱۰. ..نگران هستم.،، چون چند روز است حال برادرم خوب نیست.

۱۱. پدر با ....سفر.... به استرالیا مخالفت نکرد.

۱۲. تا ساعت ۱۲ شب به خانه نیامد. ....نگران.... شدم.

۱۳. دو سال دارد، اما ..هنوز.. در اتاق پدر و مادرش می‌خوابد.   با این حال

۱۴. چرا همیشه با من ....مخالفی....؟

۱۵. زبان هندی ، زبان ..رسمی.. . کشور ..بزرگ.. هندوستان است.   جمعیت

۱۶. سازمان ملل متحد می‌گوید ایران در میان کشورهای ..خاورمیانه..تنها کشوری است که .... پنج شهر آن بیشتر از یک میلیون نفر است.

۱۷. شهردار تهران گفت:..پایتخت.. جمهوری اسلامی ایران، تهران، ..مرکز.. آموزش سازمان ملل متحد در منطقه خاورمیانه می‌شود.

۱۸. کشورهای ..عضو.. سازمان ملل برای دیدار سالانه به آمریکا می‌روند.   training

۱۹. باراک اوباما، چهل و چهارمین رییس جمهور آمریکا، در هاوایی که در ..جنوب.. غربی آمریکا قرار دارد به دنیا آمد.

۲۰. ایالت تگزاس در ....، و ایالت ویرجینیا در .... کشور از ایالت‌های زیبا در آمریکا هستند.

1. At home, you have already learned the following words.

امروز / امشب / دیروز / دیشب

There are a few other adverbs of time which will be very useful to learn. Listen to the audio file and learn how to pronounce each word. You will need to use them in class for the next activity. So, make sure that you can pronounce them correctly.

2_1_Vocabulary4

Tomorrow	فردا
Tomorrow night	فردا شب
The day after tomorrow	پس فردا
The night after tomorrow night	پس فردا شب
The day before yesterday	پریروز
The night before last night	پریشب

2. In class: imagine that today is the day given in the column labeled "today" and take turns telling each other in Persian what day yesterday and the day before yesterday were, and what day tomorrow and the day after tomorrow will be. You may fill in the blanks with the corresponding Persian names of the days, but don't forget to practice speaking to one another!

۲. در کلاس، تصور کنید که امروز روزی است که در ستون «امروز» ذکر شده است. با هم‌کلاسی خود به نوبت بگویید که روز پیش، دو روز پیش، روز بعد، و دو روز بعد از امروز چند شنبه است. جدول زیر را با روزهای هفته به فارسی کامل کنید و فراموش نکنید که پیش از پر کردن هر خانه درباره آن با هم‌کلاسی خود صحبت کنید.

پریروز	دیروز	امروز	فردا	پس فردا
		پنج‌شنبه		
		دوشنبه		
		شنبه		
		چهارشنبه		
		جمعه		
		یک‌شنبه		
		سه‌شنبه		

ایران، تهران- مادر به دخترش کُمَک می‌کند برای کلاس فردا آماده شود.

کمک کردن: to help

3. In class: your instructor will give you a weekly schedule for a student, and your partner will get a different student's schedule. Without showing one another your schedules, you and your partner must decide on which days your students do the same things and on which days they do different things. Instead of using the days of the week listed, you must use your new vocabulary words for yesterday, the day before yesterday, tomorrow, and the day after tomorrow.

۲. در کلاس، استادتان برنامه هفتگی یک دانشجو را به شما می‌دهد و برنامه هفتگی متفاوتی را به هم‌گروهی‌تان خواهد داد. بدون اینکه برنامه‌ای را که دارید به هم نشان دهید، از برنامه دانشجویان‌تان سر در بیاورید؛ در چه روزهایی هر دو دانشجو کار مشابهی انجام می‌دهند و در چه روزهایی کارهای متفاوتی. به جای استفاده از روزهای هفته (شنبه، یک‌شنبه، . . .) از واژه‌های جدیدی که یاد گرفته‌اید استفاده کنید؛ دیروز، پریروز، فردا، پس‌فردا.

تمرین ۹: دوره واژگان- در خانه و کلاس

At home: First, complete the following chart with appropriate verbs, then try to choose a subject for each verb and write sentences that includes these verbs. Each sentence should have at least 5 words. Listen to the audio file in order to make sure that you have completed the chart correctly.

2_1_Vocabulary5

در خانه، ابتدا جدول زیر را با افعال مناسب کامل کنید، سپس با انتخاب فاعل برای هر فعل جمله‌ای بنویسید. هر جمله باید حداقل ۵ واژه داشته باشد. برای اطمینان از درستی افعالی که در جدول نوشته‌اید، به فایل صوتی گوش دهید.

فعل حال	فعل گذشته	مَصدَر
من	آنها	معرفی کردن
آنها	شما	زنگ زدن
او	ما	قرار داشتن
ما می‌شناسیم	او	شناختن
تو	من	آشنا شدن

In class: In groups of two, take turns and choose a subject for each verb and make a sentence that includes that verb. Use the words from the list of of this unit for inspiration.

در کلاس، در گروه‌های دو نفره به نوبت فاعلی را برای هر فعل انتخاب کنید و جمله بسازید. وقتی این جمله‌ها را می‌سازید می‌توانید به فهرست واژگان این درس نگاه کنید.

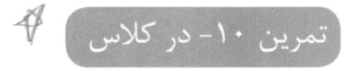

تمرین ۱۰- در کلاس

الف) از هم کلاسی‌تان بپرسید و به گروه دیگری در کلاس گزارش دهید.

1. If they are seeing anybody after the class.
2. If they know someone who studies sociology.
3. If they like their major.
4. If they are interested in sports.
5. If they see their friends from high school. If not, why?
6. If they usually like to introduce people to their parents.
7. If they talk about their studies with their family.
8. If they are worried about anybody.
9. With whom they usually disagree.
10. Where the state of Oregon is located.
11. If they grew up in a city or a town.
12. How long (چند وقت است) since they have seen their grandfather.
13. If they know which countries are not members of the UN.
14. What the official language of the United States is.

ب) از هم کلاسی‌تان بپرسید و به گروه دیگری در کلاس گزارش دهید.

1. If they are going to the library these days.
2. If they know the capital of the state of Illinois.
3. Where in the United States people speak with an accent.
4. If they are interested in reading history books.
5. If they know the population of the city where they live.
6. If they like to introduce their siblings to their friends.
7. If they like to talk about their family in class.
8. With whom do they usually disagree.
9. Who they plan to see after class.
10. Which region of the world they are interested in.
11. If they know their neighbor.
12. If they know where in Iran the province of Gilan is located.
13. If they have been to the Middle East.
14. If they enjoyed the last trip that they took.

تمرین ۱۱: فیلم- شیرین فرصت زیادی نداره (در خانه)

۱. فیلم را ببینید و هر چه درباره‌ی عرفان می‌دانید بنویسید.
۲. به سوالات زیر جواب دهید.

2_2_Video1

۱. عرفان اهل کدام شهر است؟ چه کار می‌کند؟
۲. چند سال است که عرفان شیرین را می‌شناسد؟
۳. شیرین به چه رشته‌ای علاقه دارد؟
۴. رشته‌ی بیشتر دوستان شیرین چیست؟
۵. چرا شیرین فرصت زیادی ندارد؟
۶. شیرین و عرفان هر چند وقت یک‌بار (how often) با هم حرف می‌زنند؟
۷. آنها معمولاً چه روزی و کجا همدیگر را می‌بینند؟
۸. شیرین الان کجا رفته‌است؟ چرا؟
۹. عرفان می‌خواهد شیرین را به چه کسی معرفی کند؟
۱۰. عرفان چهار سال است چه کسی/کسانی را ندیده است؟

2_2_Video2

تمرین ۱۲: فیلم- رها در شیراز (در خانه)

ویدیو را نگاه کنید و هر چه درباره‌ی سفر رها می‌دانید بنویسید.

تمرین ۱۳: فیلم - گفتگو کنید (در کلاس)

۱. با هم گروهی‌تان درباره ی آنچه درمورد عرفان و رها می‌دانید صحبت کنید.

۲. با هم گروهی‌تان درباره آخرین سفری که رفته‌اید گفتگو کنید. سعی کنید از واژه‌های زیر در پرسش یا پاسخ‌های‌تان استفاده کنید:

تابستان گذشته، برای دیدن، ارزان، مادربزرگ و پدر بزرگ، شهر، کشور، بلیط، می‌شناسی، هر چند وقت. . .؟، چند بار در روز. . . .؟، خوش گذشت

تمرین ۱۴: واژگان- در خانه و کلاس

در خانه:

۱. به فایل صوتی گوش کنید. در این فایل صوتی نام کشورهای همسایه ایران و دریاهای روی نقشه را به فارسی می‌شنوید. آنچه را که می‌شنوید بنویسید. آنها را به فهرست واژگان‌تان بیفزایید و به خاطر بسپرید.

2_3_Vocabulary1

۲. شهر عرفان را روی نقشه پیدا کنید.

۳. شهرهای روبرو را روی نقشه پیدا کنید و به سوالات زیر جواب دهید.

الف- چه شهرهایی در شمال غربی ایران قرار دارند؟
ب- رشت در کجای ایران قرار دارد؟
پ- شهرهای جنوبی ایران چه شهرهایی هستند؟
ت- کدام شهر در مرکز ایران قرار دارد؟

At home:
1. Listen to the audio file that lists the names of Iran's neighboring countries and seas in Persian. Write what you hear, add the names to your list of vocabulary, and memorize them.
2. Find Erfan's hometown on the map.
3. Find the following cities on the map and answer the questions:

نقشه ایران

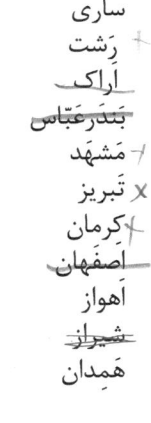

ساری
رَشت
اراک
بَندَرعَبّاس
مَشهَد
تَبریز
کرمان
اصفَهان
اَهواز
شیراز
هَمِدان

4. Listen to the audio file and:
A. Fill in the blanks

2_3_ Vocabulary2 ▶

۴. به فایل صوتی گوش کنید و:
الف- جاهای خالی را پر کنید.

ایران، با نام .رسمی. جمهوری اسلامی ایران، کشوری در جنوب غربی آسیاست و در منطقه‌ی .خاورِ میانه.. قرار دارد. این .کشور.. با ۱،۶۴۸،۱۹۵ کیلومتر مربع وسعت هجدهمین .کشورِ. جهان و با بیشتر از ۷۷ میلیون نفر جمعیت، هفدهمین کشورِ .پُرجمعیتِ. دنیاست. ایران سی و یک .استان. دارد و پایتخت و مرکزِ آن، تهران است. ایران از شمال .با جمهوری باکو. ،.ارمنستان. و .ترکمنستان. ، از شرق با .افغانستان. و .پاکستان. و از .غرب. با ترکیه و عراق .همسایه.است و همچنین از شمال به .دریای خزر. و از جنوب به .خلیج. .فارس و دریای .. عمان راه دارد. ایران یکی از .۱۹۲. کشور .عضوِ. .... است.

B. Write the name of the countries on the map above based on the information you have.
C. Listen to the audio file many times and practice reading the paragraph without any mistakes.
D. Finally, read it aloud and record yourself. Submit the file to your instructor.

ب- با توجه به اطلاعاتی که در بند بالا می‌خوانید اسامی کشورها را روی نقشه ایران در صفحه‌ی قبل بنویسید.
پ- چندین بار به فایل صوتی گوش کنید و تمرین کنید که متن را بدون اشتباه بخوانید.
ت- در آخر، متن را برای بلند خودتان بخوانید و صدای‌تان را ضبط کنید و فایل صوتی را با توجه به دستورالعمل استادتان به ایشان تحویل دهید.

5. **At home,** choose two countries and three cities in the world. Use the words you learned to write one or two sentences about each one, which will help your classmates guess the name of the cities and countries you have chosen to write about (make it difficult, but possible to guess) without mentioning their names. Bring your sentences to the class. Practice reading your sentences at home.

۵. **در خانه،** دو کشور و سه شهر در دنیا را انتخاب کنید و با کمک واژه‌هایی که یاد گرفته‌اید درباره هر کدام از آنها یک یا دو جمله بنویسید. این جمله‌ها به هم‌گروهی شما کمک می‌کند تا بدون این که نام کشور یا شهر بگویید اسم کشور و شهرها را حدس بزند، بنابراین حدس زدن را برایشان سخت اما ممکن کنید. جمله‌های‌تان را به کلاس بیاورید. پیش از آمدن در کلاس جمله‌ها را در خانه تمرین کنید.

6. **In class:**
A. In groups of three, take turns and read your sentences aloud and fast, but be clear for your group. They will guess the name of the city or country you are talking about.
B. In groups of two, talk about Erfan.
C. What countries border your country?

۶. **در کلاس:**
الف- در گروه‌های سه نفره، به نوبت جمله‌هایی را که در تمرین قبل در خانه نوشته‌اید، بلند و به سرعت، اما روشن و واضح بخوانید. دیگران اسم شهر یا کشوری را که شما درباره آن حرف می‌زنید حدس خواهند زد.
ب- هر چه درباره‌ی عرفان می‌دانید برای هم‌کلاسی‌تان بگویید.
پ- کشورهای همسایه‌ی کشور شما چه کشورهایی هستند؟

دستور ۱: فعل امر Imperative

تمرین ۱۴: در خانه

1. At home, translate the following sentences from your Unit 10 vocabulary:
   A. Write this in the notebook ....
   B. Speak Persian with my friend ....
   C. Repeat this exercise at home ....
   D. Which of the following best describes the sentences above?
      a. statement
      b. question
      c. command

2. Based on verb endings, which person are the sentences above addressing?

الف- شما   ب- تو   پ- آنها

3. Look carefully at sentence 1. What do you notice about the verb "write"? How do we form the command for شما?

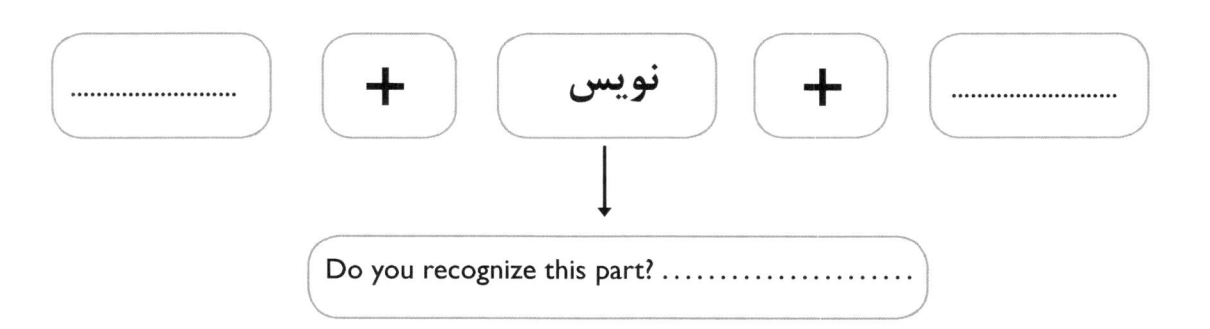

.... + نویس + ...

↓

Do you recognize this part? ....

4. Based on the chart above, write a rule to explain how we usually form the command for collective/formal second person. Share your rule with your classmates and instructor

5. Now carefully examine sentence 2 from the beginning of this Grammar Note. What do you notice about where we place the بـ in compound verbs?

6. What is different about the imperative verb in sentence 3?

Note: We form the imperative with the verbs کردن and شدن, and we usually omit the بـ . especially in written Persian. In spoken Persian, you'll hear commands both with and without the بـ.

تمرین ۱۵: در خانه

1. When do we use شما rather than تو?

2. The following sentences are the same commands that you translated at the beginning of this Grammar Note, however they have been conjugated for تو rather than شما. Rewrite the sentences, directing the commands to شما.

شما	تو
....	این را در دفتر بنویس.
....	با دوستم فارسی حرف بزن.
....	این تمرین را در خانه تکرار کن.

Listen to the audio file "4_12_Grammar2" to check your answers:

3. Carefully compare the sentences in the right column with those in the left. Write a rule that explains how we form a command for the second person singular. Share your rule with your classmates and instructors.

4. We can also use the imperative for the first person plural ما. This is similar to adding "Let's" in front of a command in English. For example, "Let's eat!" or "Let's go!" Consider these two examples in Persian and write the same command for شما and تو next to them:

۱- بخوریم ....

۲- برویم (بریم) ....

5. Carefully compare the imperative forms above. What do you notice about the conjugation for ما? What changes?

6. What do you notice about the spoken form of the second example?

Note: Imperative conjugations in the spoken form make use of the spoken form of the present tense stem! Similarly, we use the spoken verb ending -ین when forming commands for شما.

دستور ۲: فعل نهی Negative Imperative

تمرین ۱۶: در خانه

1. Look at the four sentences below. While the first sentence in each set tells you what to do, the second one tells you what not to do.

این تمرین را در خانه تکرار کنید.　　این تمرین را در خانه تکرار نَکنید.
این را در دفتر بنویس　　این را در دفتر نَنویس.

2. Why do we use را in the sentences above?

3. After carefully examining the examples above, try negating the following commands.

۱. با دوستم فارسی حرف بزنید.
۲. به این درس گوش کن.
۳. این کتاب فارسی را بخوان.
۴. جواب (answer) این سوال (question) را حدس بزنید.
۵. کتابتان را باز کنید.

4. Which of the sentences in exercise 3 are directed at تو?

۱　　۲　　۳　　۴　　۵

5. How are you able to tell that those sentences are for تو?

6. Based on the work you did above, write a rule that explains how we negate commands in Persian. Share your rule with your classmates and instructor.

7. Fill in the chart using the proper form of the imperative.

مصدر	امر (شما)	نهی (تو)	امر (ما)	نهی (شما)
معرفی کردن				
خوابیدن			بخوابیم	
صحبت کردن				
حدس زدن	حدس بزنید			
دادن				ندهید
گوش کردن				

8. During the course of this grammar note, you have written several rules for forming the imperative in Persian. Go back and review those rules and fill in the chart below. Use this page as a reference to review the imperative later.

imperative امر	rule قانون	example مثال
Forming the imperative for شما		
Forming the imperative for تو		
Forming the imperative for ما		
Negating the imperative		

تمرین ۱۷: دستور- در کلاس

۱. با کمک هم‌گروهی خود فهرستی از پنج پندی را که به یک دانشجوی جدید دانشگاه‌تان خواهید داد تهیه کنید. چه کارهایی باید انجام دهند که در این دانشگاه موفق شوند. به مثال‌ها توجه کنید.

1. Work with a partner and come up with a list of five tips you would give to a new student at your school. What things should he or she do to be successful here? Read the examples:

در کتابخانه درس بخوانید. (تو کتاب‌خونه درس بخونین.)
به دفتر استاد بروید و با او حرف بزنید. (برین دفتر استاد و باهاشون حرف بزنین.)

۲. با کمک هم‌گروهی خود فهرست پنج فعالیت را که می‌توانید امشب انجام دهید تهیه کنید. جمله‌های‌تان را برای شکل امری «ما» بنویسید. به مثال‌ها توجه کنید.

2. Work with a partner and come up with a list of five activities you could do tonight. Phrase your suggestions using the imperative for ما.

به سینما برویم و فیلم ببینیم. (بریم سینما فیلم ببینیم.)
با هم فارسی حرف بزنیم.

۳. به کمک تصاویر زیر از هم‌گروهی خود بپرسید فردا چه انجام خواهد داد یا چه کارهایی نخواهد کرد.

3. Use the following pictures to ask your classmate to do or not do something tomorrow.

۴. در گروه‌های سه نفره، یک دانشجوی ایرانی را که برای تحصیل به آمریکا آمده است راهنمایی کنید. بعد از این که این فعالیت را انجام دادید، خلاصه‌ای از نصایح‌تان را به شکل یک نامه الکترونیک بنویسید. این نامه را در آخر کلاس تحویل دهید.

4. In groups of three, role play giving advice to an Iranian student coming to the US to study. Switch roles. After you finish, write a summary of your advice to send as an email to the student. Submit the summary at the end of class.

معرفی یک واژه: آخه

تمرین ۱۸: آخه (در خانه و کلاس)

At Home: read the following description, read the examples below, and listen to the corresponding audio file. Then answer questions 1 and 2.

در خانه،

۱. توضیح زیر را بخوانید، به مثال‌ها توجه کنید و به فایل صوتی گوش کنید. سپس به سوالات ۱ و ۲ جواب دهید.

2_5_Vocabulary1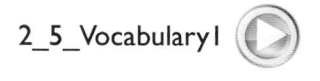

ـ چرا نمی‌خوابی؟

ـ آخه هنوز خیلی کار دارم.

ـ هنوز داری می‌خوری؟

ـ آخه خیلی گرسنه بودم.

In the spoken form and in informal situations, you may hear people say آخه instead of چــون in order to indicate their disagreement with a statement or with a piece of advice. This word can also convey the surprise of the speaker. It can function as an argumentative word as well. Note that this word does not connect two clauses like چــون does. Instead it sets up a reply. Because this word has a lot of different uses and there is no equivalent in English, we don't expect you to use it right away. However, you should start recognizing when you hear it in authentic texts or in class. Consider the examples below.

1. How would you classify the use of آخه in the examples above?
2. Were does آخه come in the sentence? Do we put stress on this word when we use it?

۲. حسام و امین درباره سفری که در پیش دارند حرف می‌زنند.

2_5_Vocabulary2

حسام: چرا پس فردا می‌ریم؟ چرا فردا نه؟

امین: آخه فردا ظهر با مسعود قرار دارم. پس فردا هم بریم خوبه.

حسام: آخه من چهارشنبه کار دارم. این طوری سفرمون فقط ۴ روز می‌شه. برای من چهار روز کمه. من خیلی خسته‌ام.

امین: آخه راه دیگه‌ای نداریم!

در خانه

در کلاس، با همکاری هم‌گروهی خود نمایش‌نامه کوتاهی بنویسید و در آن حداقل از سه مورد «آخه» بنویسید. نمایش‌نامه‌تان می‌تواند گفتگوی بین دانشجو/استاد، پزشک/بیمار، یا والدین/فرزند باشد.

In class, work with a partner and write a short skit in which you use at least three instances of the word آخه. Your skit might include a teacher/student, doctor/patient, or parent/child.

تمرین ۱۹: دوره واژگان: مصدر The Infinitive (در خانه و کلاس)

در خانه

۱. مثال‌های روبرو را بخوانید.

آمدن او به تهران من را (مرا) خوشحال می کند.
زندگی کردن در نیویورک بسیار سخت است.
آنها برای دیدن دخترشان به مشهد آمدند.

2_6_Grammar

۲. همان‌طور که تا به حال دیده‌اید، از مصدر در موارد مختلفی به عنوان اسم استفاده می‌شود.
- جدول زیر را پر کنید. سپس به فایل صوتی گوش کنید و جواب‌های‌تان را مرور کنید. می‌توانید شکل گفتاری هر جمله را نیز بشنوید.
- پنج فعل از این جدول انتخاب کنید و برای شکل مصدر هر کدام از این افعال یک جمله بنویسید.

2. As you noticed, there are several ways in which the Persian infinitive can be used or function as a noun.
- Complete the following chart. Then, listen to the audio file to check your answers. You can hear گفتاری version of each sentence as well
- Choose five verbs and write a sentence for the infinitive form of each verb you have chosen.

مصدر	بن مضارع	اول شخص مفرد	
بودن	هَست (irregular)	هستم	من مریض (sick) بودم. / ما ایرانی هستیم. / او خوشحال است.
داشْتن	دار (irregular)	دارم	او آن فیلم را دوست نداشت. / من پنج مداد دارم.
زندگی کَردن	...کُن		پارسال چهار ماه در تهران زندگی کردم. / او کجا کار می‌کند؟
رَفتن	رَو (ر)	می‌روم	تو سر کلاس رفتی؟/ مادرم به آنجا نمی‌رود.
آمَدن (اُومَدن)	آی (آ)		دیروز ۲ ساعت دیر آمد. / کِی به دیدن ما می‌آیند؟
دیدن	بین		فیلم را در سینما دیدی؟ / من از این جا خانه‌ات را می‌بینم.
خواندن (خُونْدن)	خوان (خُون)		من کتابش را خواندم. / معمولاً کجا درس می‌خوانی؟
نِوِشْتن	نِویس		کلمه‌ها را نوشتم. / برای چه کسی نامه می‌نویسی؟
حرف زَدن	... زَن		با چه کسی حرف زدی؟ / می‌توانید با من حرف بزنید؟
خُورْدن	خُور		دیشب شام چه خوردی؟ / من هر روز میوه می‌خورم.
درس دادن	دَه (د)		می‌دانی، او قبلاً کجا درس می‌داد؟ / پدرش در دانشگاه درس می‌دهد.
خواستن	خواه		می‌خواستم* شما را به پدرم معرفی کنم. / آن کیف را می‌خواهم.
دانِسْتن (دُونِسْتن)	دان (دُون)		می‌دانستی* که برادرش شوهر مریم است؟/ من نمی‌دانم او اهل کجاست.
شِناخْتن	شِناس		من تو را نشناختم! / دوستم را می‌شناسی؟
بَخْشیدن	بَخْش		خیلی ناراحت شدم، اما او را بخشیدم. /ببخشید، دستشویی کجاست؟
شُدن	شَو (شـ)		حالم بد شد. / این جمله به انگلیسی چه می‌شود؟

نکته- در زبان فارسی معمولاً کمتر از دانستم و خواستم استفاده می‌کنیم. اغلب از شکل ماضی استمراری آن استفاده می‌کنیم:

می‌دانستم که شما نمی‌آیید. — I knew you would not come.
می‌خواستم با او حرف بزنم. — I would like (wanted) to talk to her.

۳. در خانه، زیر تمام مصدرها خط بکشید و دلیل وجود هر کدام را توضیح دهید.

3. **At home,** underline all of the مصدر and explain why it is used there.

زندگی کردن در روستا را دوست دارم، امّا . . .

من ده سال در یک روستا در غرب ایران زندگی کردم. زندگی کردن در روستا را دوست داشتم. هوای روستا مثل هوای شهر آلوده نبود، ترافیک سنگین وجود نداشت، و روستاییان اغلب بسیار مهربان بودند. با این حال، من در شهر زندگی می‌کنم، چون کار کردن در روستا برایم آسان نیست. من مهندس کامپیوتر هستم و کار زیادی در روستا برای من وجود ندارد. در شهر مردم زیادی را می‌شناسم. دوستانم همیشه در روزهای تعطیل، برای دیدن یک تئاتر یا فیلم خوب وقت دارند. دلپذیرتر از همه، سفر کردن با دوستانم به روستاهای خوش آب و هواست.

تمرین ۲۰: درخانه وکلاس

در کلاس، جمله‌های زیر را بخوانید. در کلاس بگردید و کسانی را پیدا کنید که مشخصات زیر را دارند. اسم آنها را روبروی هر جمله‌ای که واجد آن هستند بنویسید. اولین نفری که بتواند در کلاس برای هر جمله شخصی را پیدا کند برنده می‌شود.

In class, read the sentences below. Try to find someone in class who fits the description and then write his or her name on the blank line. The first person in the class to find someone who fits each of the descriptions below wins.

کسی که برای درس خواندن به کتاب‌خانه می‌رود. ....

کسی که گوش کردن به رادیو را دوست دارد ....

کسی که صبح زود بیدار شدن برای او سخت است. ....

کسی که حرف زدن در کلاس را خیلی دوست ندارد. ....

کسی که برای او رفتن به ایران سخت نیست. ....

کسی که زندگی کردن در یک شهر شلوغ را دوست دارد. ....

کسی که برای دیدن فیلم تایتانیک به سینما نرفت. ....

کسی که حرف زدن درباره خودش را دوست ندارد. ....

کسی که برای غذا خوردن هفته‌ای چهار بار به رستوران می‌رود. ....

درک شنیدار

تمرین ۲۱: درک شنیدار- در خانه و کلاس

الف) به جمله‌هایی که پریسا می‌گوید گوش کنید و به سؤالات زیر جواب دهید.

2_7_Listening1

۱- خواهر پریسا روز جمعه کجا می‌رود؟
۲- روز پنج‌شنبه چه شد؟
۳- پدر پریسا چه کاره است؟
۴- پریسا دوست دارد به چه کسی معرفی شود (be introduced)؟
۵- کتاب مریم کجاست؟
۶- کلمه‌های کتاب چطور هستند؟

ب) به گفتگوهای کوتاه سمانه و پدرش گوش کنید و به سوالات زیر جواب دهید.

روزنامه: newspaper

2_7_Listening2

۱- پدر سمانه روزنامه‌ی چه روزی را می‌خواند؟

۲- پدر سمانه کی با مینا، دخترش، حرف می‌زند؟

۳- کتاب پدر سمانه کجا بود؟

۴- چه چیزی زیر میز بود؟

۵- پدر سمانه چه می‌خورد؟ چرا؟

پ) سارا و ندا با هم حرف می‌زنند. به فایل صوتی گوش کنید و به سوالات زیر جواب دهید.

2_7_Listening3

۱. سارا فردا بعد از استخر کجا می‌رود؟

۲. چرا سارا به خانه‌ی مادر بزرگش می‌رود؟

۳. شهرزاد کی به خانه‌ی سارا می‌رود؟

ت) چند بار به جمله‌هایی که می‌شنوید گوش کنید و جمله ها را کامل کنید، بعد آنها را به انگلیسی ترجمه کنید.

2_7_Listening4

۱. می‌خواهم برادرم را ....

۲. پنج‌شنبه .... به این‌جا می‌آید.

۳. روزهای پنج‌شنبه را دوست ندارم، ....

۴. چند سال است ....؟

۵. .... معرفی کنم؟

۶. دیروز .... دیدیم.

۷. فرصت زیادی .... ندارم.

۸. پدرم سه جا کار می‌کند و .... ندارد.

۹. پدرم .... تحقیق می‌کند.

۱۰. آن .... خوشمزه‌ای (delicious) دارد.

۱۱. امروز می‌خواهم .... حرف بزنم.

۱۲. به .... علاقه دارد.

۱۳. این .... بنویسید.

۱۴. می‌خواهم .... معرفی کنم.

۱۵. .... بخور!

۱۶. من معمولاً چای می‌خورم. .... می‌خورم.

۱۷. مادرم چند بار (a few times) ....

Listen to the audio file. You will hear the spoken form of the sentences above. Listen carefully and underline the words and phrases which are different in گفتاری.

ث) به شکل گفتاری جمله‌های بالا گوش کنید و زیر کلماتی که در گفتاری متفاوت هستند خط بکشید.

2_7_Listening5

در کلاس، جواب‌های قسمت ث را با هم‌کلاسی‌تان مرور کنید.

2_8_Pronounciation1

At home, listen to the audiofile and try to find the meaning of the phrases and sentences.

In class, pick two sentences from the chart and say them out loud.

در خانه، به فایل صوتی گوش کنید و سعی کنید معنی عبارت‌ها یا جمله‌ها را پیدا کنید.

در کلاس، دو جمله از جمله‌های زیر را انتخاب کنید و با صدای بلند پشت سر هم تکرار کنید.

	۴- قوری قرمز قشنگه! *Read pot is beautiful*		۱- شپش جزو حشراته، شش پا داره.
	۵- دایی چاقه، چایی داغه. *Uncle is fat* *the tea is hot*		۲- شیش سیخ کباب، سیخی شیش هزار
	۶- تاجر چه تجارتی کرد؟ به تو چه که چه تجارتی کرد.		۳- قوری گل قرمزی *Pot red flow*

فرهنگ: خوش‌نویسی در ایران

تمرین ۲۳: در خانه

Calligraphy in fashion

Photo from NIMANY Studio look book.

Original art © Nima Behnoud

در خانه، ویدیوی زیر را ببینید. این ویدیو درآمد کوتاهی بر چگونگی یادگیری خوش‌نویسی است و هنر خوش‌نویسی را در سنت عرب، عثمانی و ایرانی معرفی می‌کند. همچنین، مشخصات بی‌همتای الفبای عربی را مورد بحث قرار می‌دهد.

At home, watch this video. It gives an overview of how to learn calligraphy: "It introduces the art of calligraphy in the Arab, Ottoman and Persian traditions and discusses the unique features of the Arabic alphabet."

http://calligraphyqalam.com/

تمرین ۲۴: در کلاس

الف - متن زیر را با کمک استاد خود بخوانید و معنی هر چه را که نمی‌دانید حدس بزنید.

خوشنویسی ایرانی بخشی از خوشنویسی اسلامی است که در ایران و کشورهای آسیای میانه، افغانستان و شبه قاره هند شکل گرفته است. ایرانیان در خوشنویسی سبک و شیوه‌هایی مختص به خود دارند.

ب- شعر (poem) زیر از «سهراب سپهری» شاعر ایرانی است. این شعر به خط نستعلیق نوشته شده است. به فایل صوتی گوش کنید، زیر کلماتی که می‌شناسید خط بکشید و سعی کنید با خط نستعلیق رونویسی کنید.

2_9_Culture

اهل کاشانم.

روزگارم بد نیست.

تکه نانی دارم، خرده هوشی،

سر سوزن ذوقی.

مادری دارم، بهتر از برگ درخت.

دوستانی، بهتر از آب روان.

...

صدای پای آب، سهراب سپهری

دستور ۳: قید adverbs

تمرین ۲۵: در خانه

1. Use the internet or a dictionary to come up with a working definition of "adverb." Describe the concept in your own words and be prepared to discuss your definition in class.

Like English, Persian has many categories of adverbs that each accomplishes a slightly different task. In this lesson you will learn some of the different types of adverbs and how they're formed. You already know quite a few adverbs in Persian, but understanding how these words function will help you use them more comfortably and expand your vocabulary in the future.

Adverbs of Time describe when an action was completed.

2. Read the following sentences:

نویسنده همیشه ساعت هشت صبح چای می‌خورد.

مادر و پدرش فردا ساعت شش و نیم بیدار می‌شوند.

3. What do you notice about the sentence structure? Where can these adverbs of time occur relative to the other words in the sentences?

4. List the adverbs of time from the list of واژگان in this درس:

Adverbs of Place explain where an action was completed.

5. Translate the following sentences into English:

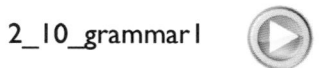

۱- شاگردها اینجا کلاس فارسی دارند.
۲- برادرم همین نزدیک زندگی می‌کند.
۳- (بفرمایین تو.)

2_10_grammar1

5. Where do adverbs of place go in spoken and written sentences?

7. What are some of the adverbs of place that you know?

Adverbs of Manner describe how an action is completed.

8. Read the sentences below and circle the adverbs of manner:

2_10_grammar3

۱. [او] شب‌ها خوب ورزش می‌کند.
۲. [شما] بعد از یک سال خیلی قشنگ فارسی حرف می‌زنید!
۳. [ما] با هم زندگی می‌کنیم.

9. In the first two sentences, what do you notice about how the adverb of manner is formed? How do they relate to their adjective forms?

10. In the third sentence, how is the adverb formed? How many words are required to express this adverb?

11. In Persian, sometimes phrases are created to convey adverbial meaning. Look at the chart below to learn other examples of this construct:

2_10_grammar4

accurately	با دقت	accuracy	دقت
especially	به ویژه	special	ویژه
quickly	به سرعت (سریع، زود)	speed	سرعت

Notes on Forming Adverbs

2_10_grammar5

There are no rules that can predict how an adverb is formed. You have to learn each adverb individually. However, there are some patterns which can prove useful as you continue your encounters with adverbs!

12. To review, what is *tanvin* (as you learned in Lesson 10)?

Not all adverbs end with *tanvin*; however, almost all words that end in *tanvin* are adverbs.

13. Try to complete the chart below:

	مَعمولاً	usual	مَعمول
	مَخصوصاً	special	مَخصوص
	قَبلاً	previous	قَبل
	شَخصاً	person	شَخص
Generally	عُموماً	public	عُموم

14. **At Home:** Read the following paragraph, and underline the adverbs.

شیرین همیشه به کافی شاپ دنج می‌آید و همین جا سر این میز می‌نشیند و درس می‌خواند. او و ایده ساعت‌ها اینجا می‌نشینند و کتاب می‌خوانند، یا با هم حرف می‌زنند. شیرین معمولاً با دقت به حرف‌های دیگران گوش می‌کند، به ویژه به حرف‌های ایده. او معمولاً شب‌ها درس می‌خواند و روزها می‌خوابد، مخصوصاً آخر هر ترم.

15. **In Class:** In groups of two, talk about what you learned about Shirin.

تمرین ۲۶: درکلاس

In Class,

1. Your instructor will divide the class into two teams and provide each member with an index card. You must write one sentence on the index card that uses one of the new adverbs that you have learned. Your instructor will gather your team's index cards and the opposing team will take turns acting out your team's cards and vice versa. The person acting out the card may not use any words and the guessing team may not use any English and must work together to guess the entire sentence correctly.

در کلاس،

۱. استاد کلاس را به دو گروه تقسیم می‌کند و به هر عضو گروه یک کارت یادداشت می‌دهد. هر کس جمله‌ای روی کارت می‌نویسد و در این جمله از یکی از قیدهای جدیدی که یاد گرفته‌است استفاده می‌کند. استاد شما کارت‌های تیم شما را جمع می‌کند و هر عضو گروه دیگر به ترتیب با نمایش بی‌کلام با پانتومیم سعی خواهد کرد به تیمش کمک کند که جمله‌ای را که بازی می‌کند واژه به واژه حدس بزنند. کسی که پانتومیم بازی می‌کند نمی‌تواند هیچ حرفی بزند، و اعضای تیم هم بدون این که از هیچ واژه‌ی انگلیسی استفاده کنند، باید تمام جمله را حدس بزنند.

۲. اطلاعات زیر را از هم‌گروهی‌تان به دست آورید.

A.

Where they lived before. NJ vs. Virginia
How many Iranians they know personally. 1
If they do (hint: write) their homework quickly.
What they do every day before coming to class.
If they listen carefully (hint: accurately) to the news (اَخبار) on television.
Which people they oppose.

B.

Where they studied before.
If they know any singers personally.
If they type in English quickly.
What they do every day before coming to class.
If they carefully (accurately) read the news (اَخبار) online.
Which people they oppose.

دستور ۴: صفت اشاره Demonstrative Adjectives

تمرین ۲۷: درخانه

1. You already have some experience using the demonstrative adjectives آن (اون) and این in your writing and speaking. To review, look at the following sentences and circle the demonstrative adjectives:

2_11_grammar5

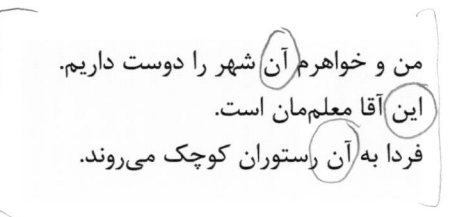

من و خواهرم آن شهر را دوست داریم.
این آقا معلم‌مان است.
فردا به آن رستوران کوچک می‌روند.

2. Where do the demonstrative adjectives appear relative to the nouns they modify?

3. Although most adjectives appear after the noun in Persian, these special adjectives always appears before the noun they modify.
In the first example sentence, why do we use را after the demonstrative adjective and noun?

Remember: demonstrative adjectives automatically make a word specific, so if they modify direct objects, را is necessary.

4. Read the following sentences and identify all of the صفات اشاره, and the nouns they modify. In your group (of three) use صفت اشاره and add a sentence to each one,

تمرین ۲۸: درکلاس

در کدام یک از جمله‌های زیر به »را« نیاز داریم؟ (یعنی را لازم است.)

۱- آن مرد .... می‌بینی؟ پدر سمانه است.
۲- آن مردی که کنارش .... بود، پدرش بود.
۳- این رستوران .... دوست داری؟
۴- این رستوران .... غذاهای خوشمزه‌ای دارد.
۵- این جمله‌ها .... تکرار کنید.
۶- سی و چهار نفر در این رستوران بزرگ .... کار می‌کنند.
۷- این کتاب .... هشتاد و دو درس دارد.
۸- با این دوست ایرانی‌ام .... دو ساعت حرف زدم.

این کتاب‌هایی را که روی میز می‌بینید از جلوی دانشگاه تهران خریدم.
آن دانشجویان را در خیابانی در تبریز دیدم. آنها دانشجوی رشته معماری هستند. (از فیس بوک «آدمهای تبریز»)
این دو دختر را نمی‌شناسم. این عکس، دو دختر را در یک فروشگاه لباس نشان می‌دهد. (از فیس بوک «آدمهای تهران»)

فرهنگ۲: خانواده های ایرانی The Iranian Family

تمرین ۲۹: در خانه

منن زیر را بخوانید و جدول تمرین بعد را کامل کنید.
Read the following text to learn about Iranian families and be able to complete the chart in تمرین ۳۰.

سلام به همگی!
اسم من آریاناست. من ایرانی- آمریکایی هستم یا دورگه ("two-veined", as they say in Persian") مادرم آمریکایی و پدرم ایرانیه.

In the airport with my پدربزرگ

I've grown up in a bicultural household where we celebrate the New Year on January 1st and نوروز ("New Day") on or around March 21st (it varies from year to year since the سال نو ایرانی is based on the astronomical vernal equinox). As kids my sisters and I ate hamburgers and french fries just as frequently as we gobbled up قورمه سبزی and فسنجان (delicious hearty stews) poured over پلو (steamed white rice).

Though my parents did not raise me speaking fluent Persian (I cultivated that on my own at The University of Texas at Austin in classes such as this one), I came to understand colloquial terms for family through observation as family members came to visit for weeks at a time, including my مادربزرگ (or "مامانی" or "مامان جون," as I would call my grandmother), my پدربزرگ (or "بابا جون", as I would call my grandfather), and my عمو (paternal uncle). In Iran, mothers are typically addressed by their children as "مامان" or "مامان جون" ("mother dear") and fathers are similarly addressed as "بابا" or "بابا جون" ("father dear"). However, these terms are not used exclusively by children to address their parents. As you read, grandchildren as well as other young people also use these terms to address grandmothers, grandfathers, and other close elders.

Family is a very integral component of Iranian culture. In Iran, my عمّه نرگس (paternal Aunt Nargess) always has her house full of my cousins running around, eating, playing guitar, dancing to the latest Persian music videos, sleeping over, and texting on their cellphones in "pinglish" (Persian in English font). Other extended family members will frequently come over to eat dinner, chat, and relax together up until the wee hours of the morning.

Dancing with my دخترعمه‌ها

In Persian, the terms for extended family members are not all lumped into general categories of aunts, uncles, and cousins as they are in English. Rather, Persian divides such family members into paternal and maternal sides. For example, as you read above, my paternal uncle is عمو and my paternal aunt is عمّه; but if I had a maternal Iranian aunt, she would be my خاله, and if I had a maternal Iranian uncle, he would be my دایی. For example, when I visit Iran with my father, عمّه نرگس's children call my father دایی سِپهر since he is their maternal uncle.

The term for a cousin is similarly divided according to whether he or she is the son or daughter of my عمو, عمّه, خاله, or دایی. For example, my عمّه Nargess's daughter, Mahshid, is my دختر خاله. Following this formula, my عمو Sina's son is my پسر عمو.

I will be marrying an Iranian man next year, and this strong value of familial closeness in Iranian culture is represented by the way I address his parents. Unlike in American culture, where a man's wife typically addresses his parents as "Mr." and "Mrs." or by their first names, I address my partner's parents endearingly and without reference to their first names, as if they are my own parents, with the terms "مامــان جــون" and "بابــا جــون." At first I feared that I might offend them with this lack of formality and sign of closeness, but it became clear to me over time that this was the most suitable way for me to address them.

Eating dinner out with خانواده‌ام

It is important to note, however, that when first meeting someone, it is better to err on the side of formality. A fine balance must be found between politeness and cordiality, and in Persian there are many ways to address someone depending upon your temperament, character, and status. For example, my fiancé's father addresses his wife respectfully as حــاج خانــم "haaj khaanum" ("pilgrim lady"). I believe it takes some time and experience to understand Persian's terms of address and the appropriate context for each one.

Boy, are there tons of stories I could get into about the trials and tribulations of being bicultural, of feeling like you're straddling two worlds without completely belonging in either; but as I look back on all the moments that made me cringe when I was younger—like being asked why I had a unibrow, or having my last name constantly mispronounced—I like to think that it all has given me a greater perspective of people and the world around me. (یــک دنیــا ممنــون ("a world of thanks") goes to all the people who, like yourselves, are committed to learning about other people, their languages, and their cultures, because such study facilitates cross-cultural understanding and peaceful coexistence.

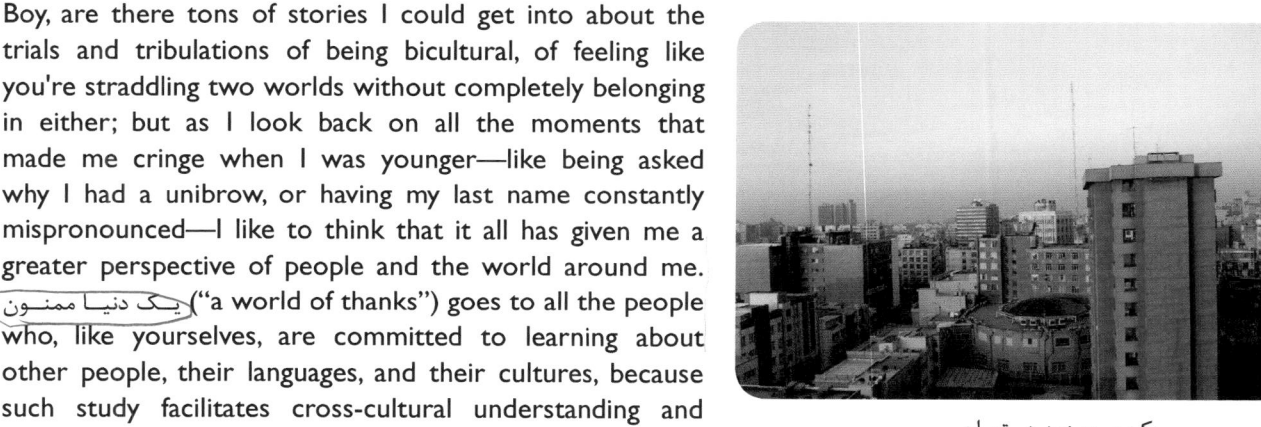

یک صبح زود در تهران

Ariana Haddad, The University of Texas at Austin

تمرین ۳۰: در خانه و کلاس

در خانه، جدول زیر را با اسامی خواسته شده پر کنید.
در کلاس، هم‌کلاسی‌تان از این جدول استفاده می‌کند تا از شما درباره «کازین» های‌تان بپرسد.

At home, complete the following chart with the names of your cousins.
In class, your classmate will use the chart to ask you if you have any cousins and what their names are.

2_12_culture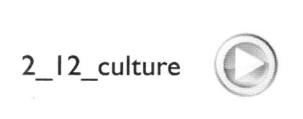

	خاله	دایی	عمو	عمّه
پسر				
دختر				

دستور ۵: قبل (پیش) / قبل از Before Last

تمرین ۳۱: درخانه

1. Look at the examples below and pay special attention to the words قبل and پیش.

۱. (مادربزرگ هر روز قبل از ساعت پنج صبح از خواب بیدار می‌شه.)
۲. سه سال پیش برای درس خواندن به آستین آمد.
۳. آخرین باری که به ایران رفتم سه سال پیش بود.

2. What do قبل and پیش mean when they follow a noun like in examples 2 and 3?

3. What happens when we add the word از after these two words? How does the meaning change?

4. What kinds of words must follow قبل از and پیش از? Remember, these two words are prepositions in Persian. What kinds of words follow prepositions?

5. Look at the two examples below:

۱- هم‌خانه‌ای من و دوستش قبل از درس خواندن شام خوردند.
۲- پیش از رفتن به ایران باید پایان نامه‌اش را بنویسد.

6. How would you describe the two words that come after پیش از and قبل از in the sentences above?

7. What does this tell us about infinitives in Persian?

۸. جمله‌های زیر را با « قبل/پیش» یا « قبل از» کامل کنید.

۱. .... رفتن تلفنی حرف زدیم.
۲. پنج روز .... مادرش برای دیدنش به اصفهان رفت.
۳. تمام هشت روز .... را کار کردم. (تمام: همه)
۴. برای امتحان از چهار ماه .... شروع به درس خواندن کردم.

تمرین ۳۲: درکلاس

آخر هفته چه‌کار می‌کنید؟

در کلاس، با هم‌کلاسی‌ها و استادتان دایره بزنید. استاد می‌گوید که آخر هفته چه خواهد کرد. دانشجویی که سمت چپ استاد نشسته است با استفاده از «قبل از»، فعالیت دیگری را به فعالیت استاد اضافه می‌کند. دانشجوهای بعد، به همین ترتیب فعالیت جدیدی به فعالیت‌های قبل اضافه می‌کنند. می‌توانید چند بار این فعالیت را تکرار کنید. این فرصتی برای شماست که خلاقانه آنچه دوست دارید را به برنامه‌ی استادتان اضافه کنید و خوش بگذرانید!

In Class: sit in a circle with all of your classmates and your instructor. The instructor will begin by saying a sentence in Persian that describes what he or she will do on the weekend. The person sitting to the instructor's left will add an activity to the instructor's weekend schedule by using قبل از (see the example below). The next student must add to the schedule in a similar manner Go around the class as many times as possible. This is your opportunity to imagine your instructor's schedule, so be creative and have fun!

استاد: (می‌رم کافی شاپ و به کارهام می‌رسم.)

دانشجوی ۱: (استاد قبل از رفتن به کافی شاپ، ورزش می‌کنه.)

دانشجوی ۲: (استاد قبل از ورزش کردن و قبل از رفتن به کافی شاپ، روی تکلیفمون کار می‌کنه.)

خواندن۱: چند متن از گوشه و کنار

تمرین ۳۳: درکلاس

۱- متن زیر را بخوانید و به سوالات ۱ تا ۴ جواب دهید.

فروش بزرگترین هتل سه ستاره استان گلستان

هتل بهمن در غرب استان زیبای گلستان و در قسمت شمالی شهرستان کردکوی واقع شده است. این شهرستان از طرف جنوب به کوه‌پایه‌های پوشیده از جنگل رشته کوه البرز متصل است. هتل در فاصله ۲۷ کیلو متری غرب شهر گرگان واقع شده است. فاصله هتل بهمن تا فرودگاه گرگان ۳۵ کیلومتر، تا اسکله توریستی بندر گز در غرب ۱۵ کیلومتر، تا اسکله بندر ترکمن در شمال ۱۰ کیلومتر و ناهارخوران گرگان ۳۵ کیلومتر می‌باشد. برای اطلاعات بیشتر با ما تماس بگیرید.

الف. What is the main idea of the text?
- Golestan Hotel facilities
- Bahman Hotel location
- Bahman Hotel on sale
- Golestan Hotel location

ب. What does the last sentence mean?

پ- این هتل چند ستاره دارد؟

ت- این هتل در کدام استان است؟

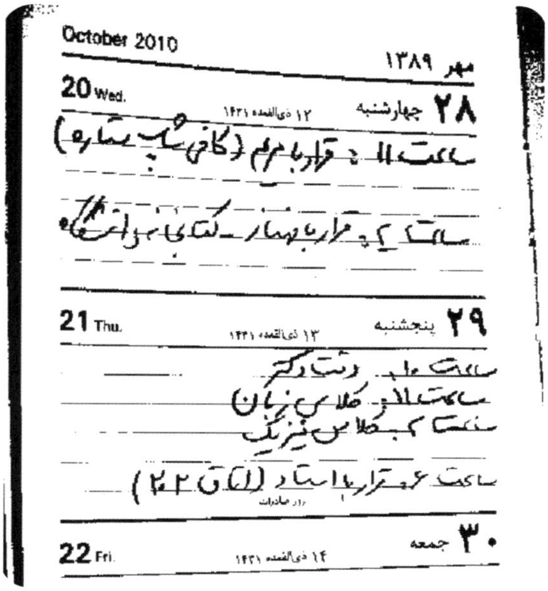

۲. به تقویم سارا نگاه کنید وبه سوالات زیر جواب دهید.

الف. سارا روز پنج‌شنبه با کی قرار دارد؟ چه ساعتی؟
ب. سارا چه روزی وقت دکتر دارد؟
پ. سارا روز چهارشنبه کجا با مهناز قرار دارد؟
ت. سارا روز پنج‌شنبه ساعت شش کجا قرار دارد؟
ث. سارا چه روزی کلاس فیزیک دارد؟ چه ساعتی؟

۳. متن زیر را بخوانید و به سوالات ۱ تا ۳ جواب دهید.

۱. درباره‌ی علی چه می‌دانید؟
۲. علی و رها چه‌طور با هم آشنا شدند؟
۳. آنها بعد از چند ماه همدیگر را می‌بینند؟

رها و علی امروز در لابی یک هتل قرار دارند. آنها سه ماه است که همدیگر را ندیده‌اند. سال پیش رها با لیلی به شیراز رفت و در آن‌جا با علی آشنا شد. علی در دانشگاه شیراز مهندسی عمران می‌خواند. او چند بار به رها زنگ زد و چند بار هم برای دیدنش به تهران آمد. الان چهار ماه است که هر روز به هم زنگ می‌زنند. علی می‌خواهد رها را به خانواده‌اش معرفی کند.

۴. متن زیر را مرور کنید و زیر کلمه‌هایی که می‌شناسید خط بکشید. آیا می‌توانید معنی بعضی از جمله‌ها را حدس بزنید؟ بعد از این‌که متن را مرور کردید، درباره تصویر روبرو با هم‌کلاسی‌تان گفتگو کنید.

قایق‌رانی در آب‌های خروشان- سمیرم

رفتینگ یا واژه فارسی آن قایق‌رانی در آب های خروشان یکی از انواع پرطرفدار گردشگری است که اندک زمانی است که در ایران نیز طرفداران زیادی پیدا کرده است. با آنکه ایران از نظر رودخانه‌های خروشان و مناسب این رشته غنی است و همین‌طور سابقه ساختن «کلک» با شاخه‌های درخت به هم بسته شده، توسط عشایر و گذشتن از رودخانه‌ها در آن خیلی طولانی است اما در مقایسه با دیگر کشورها هنوز راهی طولانی پیش رو داریم تا این رشته گردشگری هیجان انگیز بین مردم و گردشگران جا بیفتد. به هر حال هر چه هست شما این فرصت را دارید تا بدون آنکه هزینه سفرهای خارجی را بپردازید، در رودخانه ارمند که بخشی از رود پرخروش کارون است، این تجربه ناب را به دست آورید. مطمئن باشید آنقدر به شما خوش خواهد گذاشت که دوست دارید هر سال تابستان این تجربه را تکرار کنید. در ضمن رفتینگ ربطی به دانستن شنا ندارد. هر چند اگر شنا بدانید بهتر است، اما اگر ندانید غصه نخورید و خود را از این تفریح محروم نکنید. به شما جلیقه نجات می‌دهند و همین‌طور طرز زنده ماندن در رودخانه را یاد می‌دهند، چرا که شنای رودخانه‌ای با شنا در استخر و دریا متفاوت است. قیمت تور یکروزه رفتینگ در حال حاضر ۱۳۸ هزار تومان است و هزینه رفت و برگشت به اصفهان هم با خودتان است.

http://shotokae-semirom.blogfa.com/post/67

تمرین ۳۴: در خانه

فایل صوتی، که متن بالا در آن خوانده می‌شود را چند بار گوش کنید، سپس آن را با صدای بلند بخوانید، صدای خود را ضبط کنید و فایل صوتی را برای استادتان بفرستید

First listen to the audio file several times. Then read the text aloud, record yourself, and submit the audio file to your instructor.

2_13_Reading

دستور ۶: اعداد شمارشی و ترتیبی Cardinal Numbers, Ordinal Numbers

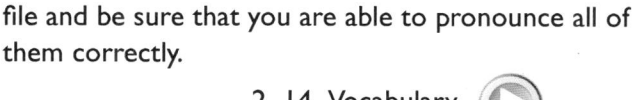

تمرین ۳۵: در خانه

در خانه، اعداد شمارشی در جدول زیر را مرور کنید و الگویی را که برای ساختن اعداد ترتیبی به کار می‌بریم یاد بگیرید. برای اینکه تلفظ درست این اعداد را یاد بگیرید به فایل صوتی گوش کنید.

At home, review the cardinal numbers and learn the pattern for creating ordinal numbers. Use the audio file and be sure that you are able to pronounce all of them correctly.

2_14_Vocabulary

یک، دو، سه، چهار، پنج، شش، هفت، هشت، نه، ده	اوّل، دوّم، سوّم، چهارم، پنجم، . . .
ده، یازده، دوازده، سیزده، چهارده، پانزده، شانزده، هفده، هجده، نوزده، بیست	دهم، یازدهم، . . .
بیست، بیست و یک، بیست و دو، بیست و سه، بیست و چهار، بیست و پنج، بیست و شش، بیست و هفت، بیست و هشت، بیست و نه	بیستم، بیست و یکم، بیست و دوّم، . . . .
بیست، سی، چهل، پنجاه، شصت، هفتاد، هشتاد، نود، صد	بیستم، سی ام، . . . .
صد و یک، صد و دو، صد و سه، . . .	صد و یکم، . . .
صد و یازده، صد و دوازده، صد و سیزده، . . .	صد و یازدهم، . . . .
دویست، سی‌صد، چهارصد، پانصد، شش‌صد، هفت‌صد، هشت‌صد، نه‌صد، هزار	دویستم، سیصدم، . . .
هزار و یک، هزار و دو، . . . .هزار و پانصد و بیست و سه	هزار و یکم، هزار و دوّم، . .
هزار، دو هزار، سه هزار، چهار هزار، . . . صد و بیست و سه هزار و پانصد و هشتاد و نه	هزارم، دو هزارم، . . .
یک میلیون، دو میلیون، . . .، پنجاه و هشت میلیون و هفتصد و هشتاد و پنج هزار و نهصد و چهل و دو	یک میلیونم، . . . .

How would you describe the pattern for forming the ordinal numbers?

تمرین ۳۶: در خانه و کلاس

در خانه، نتایج شنای چهارگانه المپیک مردان در لندن را بخوانید. ابتدا جمع امتیاز هر تیم را در ستون نهایی بنویسید و سپس بر اساس این نتایج، اعداد ترتیبی مناسب را در جمله‌هایی که پس از جدول آمده بنویسید. جمله‌ها را کامل بنویسید و به استادتان تحویل دهید.

At home, read the results from the Men's 4 X 100 Medley Relay at the 2012 Olympics in London. Determine the overall time for each team and then write the results by putting the ordinal numbers in the sentences that follow. Make sure you rewrite the entire sentence before submitting it to your instructor.

تیم	کرال پشت	شنای قورباغه	شنای پروانه	شنای آزاد	وقت کامل
آلمان	۵۳:۷۸	۱:۰۰:۳۰	۵۱:۸۶	۴۷:۵۷	؟
آمریکا	۵۲:۵۸	۵۹:۱۹	۵۰:۷۳	۴۶:۳۵	؟
استرالیا	۵۳:۷۱	۵۹:۰۵	۵۱:۶۰	۴۷:۲۲	؟
بریتانیا	۵۳:۴۰	۵۹:۲۷	۵۱:۷۴	۴۷:۹۱	؟
ژاپن	۵۲:۹۲	۵۸:۶۴	۵۱:۲۰	۴۸:۵۰	؟
مجارستان	۵۳:۷۸	۵۹:۰۱	۵۱:۸۲	۴۸:۷۹	؟
کانادا	۵۴:۱۶	۱:۰۰:۲۹	۵۲:۳۲	۴۷:۴۲	؟
هلند	۵۳:۷۹	۱:۰۰:۲۴	۵۱:۸۶	۴۷:۵۷	؟

۱. تیم آلمان مقام .... بود.

۲. تیم آمریکا مقام .... بود.

۳. تیم استرالیا مقام .... بود.

۴. تیم بریتانیا مقام .... بود.

۵. تیم ژاپن مقام .... بود.

۶. تیم مجارستان مقام .... بود.

۷. تیم کانادا مقام .... بود.

۸. تیم هلند مقام .... بود

در کلاس، تظاهر کنید که در حال ساختن ویدیویی هستید که در آن نشان می‌دهید چگونه کاری را انجام می‌دهید. این کار هر کاری می‌تواند باشد. از فعل امر استفاده کنید و به ویژه برای اینکه دستورالعمل‌تان واضح و روشن باشد از اعداد ترتیبی استفاده کنید. ویدیوی‌تان را در کلاس ارائه خواهید داد.

In class, pretend that you are making a "how to" video on any topic of your choosing. Use the command form and make sure the order of your instructions is clear by using ordinal numbers. You will present your "video" to the class. (مثال: کوکو، املت . . .)

In Class: Read the following paragraphs. Make sure that you read them correctly. The first number has a reading guide in parenthesis. There are a few words you do not know. Try to guess what they mean, but do not use a dictionary. Once you are done, practice reading the number aloud with a partner.

در کلاس، بند زیر را بخوانید. باید بتوانید همه‌ی جمله‌ها را درست بخوانید. برای اولین عددی که در متن آمده است، راهنمای خواندن اولین عددی که در متن آمده در پرانتز جلوی آن آمده است. واژه‌هایی وجود دارد که معنی‌شان را نمی‌دانید. سعی کنید حدس بزنید چه معنی‌ای می‌دهد، اما از فرهنگ لغت استفاده نکنید. وقتی این کار را تمام کردید، با هم‌گروهی‌تان عددها را بلند بخوانید.

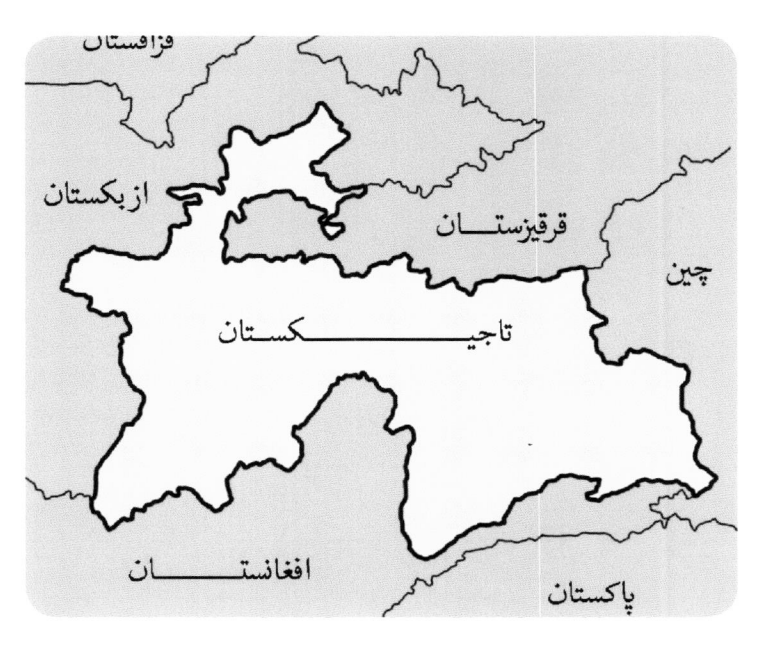

جُمهوری تاجیکستان کشوری در آسیایِ میانه است. این کشور از جنوب با افغانستان، از غرب با ازبکستان، از شمال با قرقیزستان و از شرق با چین همسایه است. تاجیکستان به دریا راه ندارد. ۷۹/۹% (هفتاد و نه و نه دهم درصد) مردم این کشور را تاجیک‌ها تَشکیل می‌دَهَند و به فارسی تاجیکی حرف می‌زنند. ۱۵/۳% اُزبَک و ۱/۱% روس هستند. اَقَلیّت‌های اوکراینی، چینی، کُره‌ای، تاتار و غِیره ۲/۶% این جمعیت را تشکیل میدهند. بیشتر جمعیت این کشور مسلمان و سُنّی هستند.

زبان رسمی این کشور فارسی تاجیکی است، با این حال زبان روسی نیز کاربُرد زیادی دارد. واحِدِ پول تاجیکستان سامانی است. پایتخت این کشور شهر دوشنبه است. این شهر در غرب کشور قرار دارد.

خواندن۲: شهر تهران

تمرین ۳۷: درخانه

مقاله‌ی زیر را با کمک استراتژی‌هایی که یاد گرفتید بخوانید. توجه داشته باشید که هدف شما درک تمام متن نیست، بلکه جواب دادن به سوالات زیر است. برای اینکه بهتر بتوانید این تمرین را انجام دهید، روی بخش‌هایی که متوجه می‌شوید تمرکز کنید.

Read the following text using the reading strategies that you have been developing. Remember, your goal is not to understand the entire text but rather to answer the questions below. Focus on the information you do understand in order to complete the task at hand.

اطلاعاتی درباره‌ی تهران کنونی

تهران بزرگ‌ترین شهر و پایتخت کشور ایران است. این شهر همچنین مرکزاستان تهران وشهرستان‌های تهران نیز است. جمعیت آن ۸,۴۲۹,۸۰۷ نفر است و هجدهمین شهر پرجمعیت دنیا محسوب می‌شود.

مساحت این شهر ۷۳۰ کیلومتر مربع است که به همراه توابع خود استان تهران، جمعیتی برابر ۱۳,۲۷۳,۰۰۹ نفر و مساحتی برابر ۱۸,۸۱۴ کیلومتر مربع دارد. این شهر یکی از بزرگ‌ترین شهرهای جنوب غربی آسیا و بیست و یکمین شهر بزرگ دنیا می‌باشد. شهر تهران، در شمال کشور ایران و جنوب دامنه رشته کوه البرز قرار دارد. تهران دو شهر چسبیده به خود را دارد که شهر ری و تجریش نام دارند و به ترتیب از جنوب و شمال به تهران متصل‌اند. تهران دارای یک شبکه متراکم بزرگراهی و چهار خط فعال مترو است. در یک صد سال اخیر تهران مرکز جذب مهاجران زیادی از سرتاسرایران بوده است.ساکنان اصلی تهران اقوام فارسی زبان بودند، البته در حال حاضر این شهر دارای اقوام مختلفی است و عمده زبان محاوره‌ای در این شهر فارسی است. ۹۸% مردم در این شهر زبان فارسی با لهجه تهرانی دارند. ۲% بقیه‌ی اقوام ساکن تهران که مهاجر و در اقلیت هستند، عبارتند از: گیلکی، مازندرانی، ارمنی، عربی، آذربایجانی،کردی و لری که زبان مشترک همه آنها فارسی است.

تراکم جمعیت در تهران بین ده هزار و هفتصد تا بیش از یازده هزار نفر در هر کیلومتر مربع برآورد می‌شود که بنابر آمار شانزدهمین شهر پرتراکم جهان است. شهر تهران در شمال ایران، به فاصله ۹۰ کیلومتری جنوب دریای خزر و در کوهپایه‌های جنوبی رشته کوه البرز گسترده شده است. تهران از شمال به نواحی کوهستانی و از جنوب به نواحی کویری منتهی شده در نتیجه در جنوب و شمال دارای آب و هوایی متفاوت است. نواحی شمالی از آب و هوای سرد و خشک و نواحی جنوبی از آب و هوای گرم و خشک برخوردارند.

تهران سی و دومین شهری است که در تاریخ ایران عنوان پایتخت رسمی انتخاب شده است.

مبنع:

http://www.cloob.com/c/vtt45821398/2

سوالات

۱- تهران چندمین شهر پرجمعیت دنیاست؟

۲- چندمین شهر بزرگ دنیاست؟

۳- چند خط مترو دارد؟

۴- دو شهر نزدیک تهران چه شهرهایی هستند؟

۵- تهران چندمین پایتخت رسمی ایران است؟

۶- چند درصد مردم در تهران زبان فارسی را با لهجه تهرانی صحبت می‌کنند؟

گفتاری - نوشتاری

تمرین ۳۸: درخانه

جدول زیر را کامل کنید، سپس به فایل صوتی گوش کنید و جواب‌های‌تان را مرور کنید.

2_15_SpokenWritten1

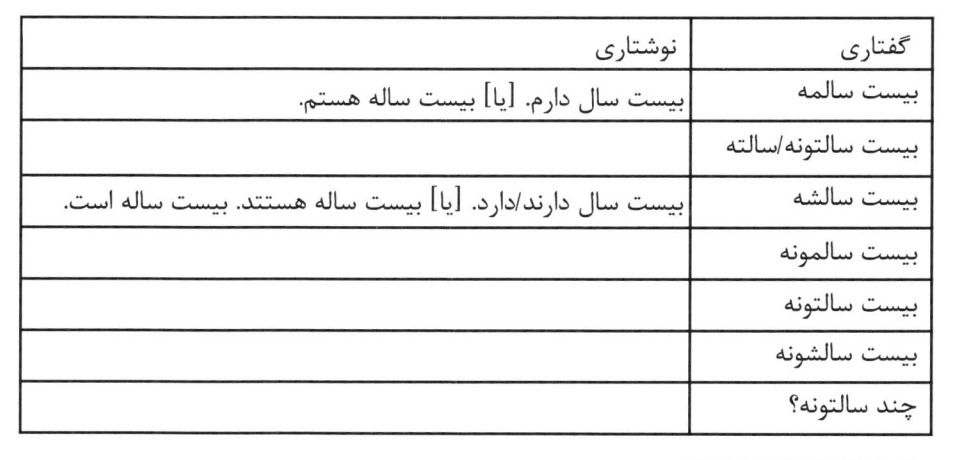

گفتاری	نوشتاری
بیست سالمه	بیست سال دارم. [یا] بیست ساله هستم.
بیست سالتونه/سالته	
بیست سالشه	بیست سال دارند/دارد. [یا] بیست ساله هستند. بیست ساله است.
بیست سالمونه	
بیست سالتونه	
بیست سالشونه	
چند سالتونه؟	

تمرین ۳۹: در کلاس

با کمک هم‌گروهی‌تان، سوالات زیر را به فارسی گفتاری بگویید.

1. With your partner, discuss how you would ask these questions in فارسی گفتاری.

Normally, what do you do after you study?
What did you do before you came to class today?
Before you entered this university, what were you doing?
Do you think that all Iranians know Persian?
What are you doing right now?
What do you normally do after you eat dinner?
What do you normally do every day before you come to campus?
Do you think that all Iranians are Persians?

با کمک هم‌گروهی‌تان درباره تفاوت جمله‌های بالا در فارسی گفتاری بحث و گفتگو کنید، سپس به نوبت جمله‌ها را به زبان گفتاری و بلند بخوانید. بعد از اینکه این تمرین را انجام دادید، استاد فایل صوتی را برای‌تان پخش خواهد کرد. گوش کنید و جواب‌های‌تان را مرور کنید.

2. With your partner, discuss how each sentence would differ in گفتاری and then take turns reading the sentences aloud in their spoken variations. After you finish, your instructor will play the audio file. Listen to the audio file and check your answers.

2_15_SpokenWritten2

۱. من امروز عصر ساعت یک ربع به شش به خانه‌شان می‌روم.
۲. من فکر می‌کنم که دوستان‌مان فردا به آنجا نمی‌آیند.
۳. تو می‌دانی، رستوران کِی باز می‌شود؟
۴. چند اتاق خواب در آپارتمان‌تان است؟
۵. آنها می‌توانند جواب را به ما بگویند؟
۶. من این قدر خسته هستم که نمی خواهم به پارتی بروم.
۷. آیا هوای آستین در تابستان یا در زمستان بهتر است؟
۸. او در کدام شهر کوچک زندگی می کند؟
۹. وقتی که درس می‌خوانی، به موسیقی گوش می‌کنی؟
۱۰. من حتماً بزرگی‌تان را می‌رسانم.
۱۱- او الآن در آشپزخانه دارد شامش را می‌خورد.
۱۲- ایشان در کدام دانشگاه درس می‌دهند؟
۱۳- آیا ایتالیایی خواندن بسیار آسان است؟

شعرخوانی

۳. با کمک آنچه یاد گرفته‌اید شعری به زبان گفتاری بنویسید. زیر تمام ساختارهای جدید خط بکشید و شعر را برای کلاس بخوانید.

3. Work with a partner and use the new information you learned in this lesson to write a poem in گفتاری. Underline all of the new constructions and read your poem for the class

واژگان: مروری بر صفت‌ها و صفت‌های جدید Reviewing Old Adjectives and New Adjectives

تمرین ۴۰: در خانه و کلاس

در خانه-

۱. جدول زیر شامل صفاتی (به ویژه متضاد) است که به شما کمک می‌کند دنیای اطراف‌تان، افراد، مکان‌ها، و اشیایی که مرتب به آنها برمی‌خورید را توصیف کنید. به فایل صوتی گوش کنید و تلفظ واژه‌ها را یاد بگیرید. وقتی به کلاس می‌آیید باید تلفظ درست واژه‌ها را بدانید.

At home:

1. Below is a list of adjectives (mostly antonyms) that will help you describe the world around you—the people, places, and things that you regularly encounter. Listen to the audio file and learn the pronunciation of each word. Make sure that you come to class able to pronounce all of these new adjectives.

2_16_Vocabulary1

۲. به فایل صوتی گوش کنید و ابتدا جمله‌هایی را که می‌شنوید بنویسید، سپس آنها را به انگلیسی ترجمه کنید.

2. Listen to the audio file and transcribe the sentences that you hear. Then translate them into English.

2_16_Vocabulary2

۱- کوچک	small	۱۷- گران	expensive		
۲- بزرگ	big	۱۸- ارزان	cheap		
۳- جوان	young	۱۹- سخت	difficult	۳۳- غمگین	sad
۴- پیر	old	۲۰- آسان	easy	۳۴- خوش‌تیپ	handsome
۵- خوب	good	۲۱- شلوغ	crowded	۳۵- مشهور	famous
۶- بد	bad	۲۲- خلوت	not crowded	۳۶- تمیز	clean
۷- بلند	tall	۲۳- پرجمعیت	populated	۳۷- کثیف	dirty
۸- کوتاه	short	۲۴- کم‌جمعیت	not populated	۳۸- خطرناک	dangerous
۹- زیبا	beautiful	۲۵- جالب	interesting	۳۹- امن	safe
۱۰- زشت	ugly	۲۶- خسته	tired	۴۰- جدید	new
۱۱- چاق	fat	۲۷- گرسنه	hungry	۴۱- قدیمی	old
۱۲- لاغر	thin	۲۸- خوشحال/شاد	happy	۴۲- ترسناک	frightening
۱۳- گرم	warm	۲۹- سبک	light	۴۳- آلوده	polluted
۱۴- سرد	cold	۳۰- سنگین	heavy	۴۴- پاک	clean
۱۵- ثروتمند	rich	۳۱- دور	far	۴۵- راحت	comfortable
۱۶- فقیر	poor	۳۲- نزدیک	close	۴۶- عجیب	strange

In Class-

Twenty Questions: Your instructor will give you a sticky note with a famous person, place, or thing written on. He or she will tell you if it is a person, place, or thing. Without looking at it, you will put it on your forehead so you cannot see what is written but your classmates can. Walk around the room and ask your classmates yes or no questions about what is written on your forehead. Ask each person one question before moving on to the next person. Your questions should use the new adjectives that you have just learned.

در کلاس–

بیست سؤالی: استادتان یک برچسب که روی آن نام یک شخص، مکان، یا شیء مشهوری روی آن نوشته شده است را به شما خواهد داد. استاد به شما خواهد گفت که نامی که دارید شخص، مکان، یا شیء است. بدون این که به یادداشت‌تان نگاه کنید، آن را به پیشانی‌تان بچسبانید، به طوری که شما آن را نبینید اما هم‌کلاسی‌های‌تان بتوانند آن را ببینند. در کلاس بچرخید و از هم‌کلاسی‌های‌تان سوالاتی بپرسید که جواب‌شان «نه» و «بله» باشد. قرار است شما به کمک این سؤالات نامی را که بر پیشانی‌تان نوشته پیدا کنید. از هر نفر فقط یک سؤال می‌توانید بپرسید و در سؤالات‌تان باید از صفت‌هایی که یاد گرفته‌اید استفاده کنید.

دستور ۷: صفت برتر، صفت برترین (تفضیلی، عالی) Comparative | Superlative

تمرین ۴۱: در خانه

Comparative Adjectives

1. Look at the chart below, and try to determine a rule for forming the comparative adjective in Persian.

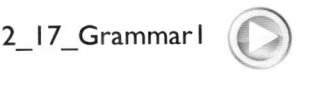

2_17_Grammar1

more beautiful	زیباتر	beautiful	زیبا
cheaper	ارزان‌تر	cheap	ارزان
more difficult	سخت‌تر	difficult	سخت
more populated	پرجمعیت‌تر	populated	پرجمعیت

2. Now explain the pattern for creating the comparative adjective in Persian.

3. What do you notice about the spelling convention? Does تر attach to the adjective?

In older texts you will see this suffix attached to the adjective, but in more modern writing it is not attached. In a few cases, if the adjective is too short, like کم, even in more modern texts you will see it attached.

4. Now read the examples below and see how the comparative adjective is used in context.

۱. این کتاب نشان می‌دهد که در واقع زندگی در این شهر کوچک ارزان‌تر از زندگی در مشهد نیست.

۲. اتاق بزرگ‌تری لازم داریم. این کلاس حتی از کلاس قبلی کوچک‌تر است.

5. What preposition do we use in a comparative construction? How do we structure sentences that use the comparative?

Superlative Adjectives

6. Look at the chart below and try to determine a rule for forming the superlative adjective in Persian.

2_17_Grammar2

most beautiful	زیباترین	زیباتر	زیبا
cheapest	ارزان‌ترین	ارزان‌تر	ارزان
most difficult	سخت‌ترین	سخت‌تر	سخت
most populated	پرجمعیت‌ترین	پرجمعیت‌تر	پرجمعیت

7. Now explain the pattern for creating the superlative adjective in Persian.

8. Read the following sentences and translate them into English. Pay attention to the position of the superlative adjective in the sentence.

۱. این خانه قدیمی‌ترین خانه‌ای است که در آن زندگی کرده‌ام.

۲. ایرانیان از مهمان نوازترین مردمان دنیا هستند.

9. What do you notice about word order in superlative structure? Where does the superlative adjective come relative to the noun? How is that different than regular noun/adjective construction?

Two Exceptions

10. You have just learned that we form the comparative and superlative adjectives by adding to adjectives ـتر or ترین respectively. However, there are two important exceptions with superlative and comparative forms you must just memorize.

11. Read the following paragraph. Underline all of the comparative adjectives and circle the superlative adjectives.

best	بهتَرین	better	بهتَر
most	بیشترین	more	بیشتر

دو پایتخت، یک زبان

دوشنبه و تهران پایتخت‌های دو کشور فارسی زبان تاجیکستان و ایران هستند. در هر دو شهر مردم به زبان فارسی حرف می‌زنند، اما این دو شهر به هم شبیه نیستند. تهران پرجمعیت‌تر است و ترافیک سنگین‌تری دارد. در واقع تهران یکی از پرجمعیت‌ترین پایتخت‌های دنیاست. معمولاً هوای تهران گرم‌تر از هوای دوشنبه است. تهران رستوران‌های بیشتری دارد و زندگی در آن گران‌تر است. هر دو شهر تهران و دوشنبه شهرهای امنی هستند. تهران شهر مدرن‌تری است و متروی آن بهترین مترو در خاورمیانه است. این مترو از ارزان‌ترین متروها در جهان است.

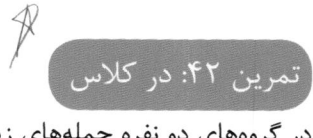

تمرین ۴۲: در کلاس

در گروه‌های دو نفره جمله‌های زیر را با صفت های روبرو کامل کنید. در هر جمله می‌توانید از چند صفت استفاده کنید.

۱. نیویورک .... از پاریس است.

۲. تهران .... از اصفهان است.

۳. انگلستان .... از آمریکا است.

۴. هند .... از آمریکا است.

۵. استرالیا .... از انگلیس است.

۶. تاجیکستان ....از ترکیه است.

۷. سودان .... از آلمان است.

۸. تهران .... از دوشنبه است.

۹. دوشنبه .... از تهران است.

بزرگ	ارزان
کوچک	گرم
قدیمی	آلوده
گران	تمیز
فقیر	امن
نزدیک	خطرناک

Use the opposite of the following adjectives to talk about these three friends.

در گروه‌های دونفره و با استفاده از متضاد صفات روبرو، هشت جمله درست درباره سه شخص زیر بگویید.

کوچک	جوان
کثیف	بلند
زیبا	ثروتمند

تمرین ۴۳: درخانه

دو تصویر از دو فرودگاه دو کشور مختلف پیدا کنید. آن‌ها را مقایسه کنید. یک انشای کوتاه بنویسید که حداقل ۲۰۰ واژه داشته باشد. انشای‌تان باید سه صفت تفضیلی و سه صفت عالی هم داشته باشد.

Find two images of airports from two different countries. Write a short composition in which you compare them. Your composition should have at least 200 words and it should include three comparative adjectives and three superlative adjectives. Be sure to turn in the pictures with your composition.

تمرین ۴۴: درکلاس

الف. با اطلاعات مربوط به خودتان درباره سوالات زیر با هم‌گروهی‌تان صحبت کنید.

۱. به نظر شما بهترین کتاب چه کتابی است؟
۲. کدام زبان را بیشتر دوست دارید؟ فارسی یا انگلیسی؟
۳. به نظر شما خوش‌تیپ‌ترین بازیگر هالیوود چه کسی است؟
۴. سخت‌ترین کلاسی که این ترم دارید چه کلاسی است؟
۵. بهترین کلاسی که این ترم دارید چه کلاسی است؟

B- The People in the Room. Working in groups of two, write short paragraphs about two of your classmates. In each paragraph, use comparative and superlative structures to describe this person. You might compare them to other people in the class. Once you have come up with two short paragraphs, you will present your descriptions to the class and the other groups must guess who you have described.

ب– افراد کلاس. در گروه‌های دو نفره، درباره دو نفر از هم‌کلاسی‌های‌تان بندهای کوتاهی بنویسید. در هر بند، از صفت‌های برتر و برترین برای توصیف این اشخاص استفاده کنید. می‌توانید این اشخاص را با دیگر افراد کلاس مقایسه کنید. وقتی نوشتن این دو بند کوتاه را به پایان بردید، آن‌ها را به کلاس ارائه دهید. دیگر گروه‌ها باید حدس بزنند شما درباره چه کسی نوشته‌اید.

خواندن ۳: شهرهای روسیه

تمرین ۴۵: در کلاس

متن زیر را بخوانید و به سوالات جواب دهید.

شهر سن پترزبورگ :

سن‌پترزبورگ یکی از زیباترین شهرهای دنیا می‌باشد و از گنجینه‌های تمدن بشری محسوب می‌شود. این شهر به ونیز شمالی و همچنین موزه در فضای باز معروف است. سن‌پترزبورگ به معنای شهر پتر مقدس است که یکی از حواریون حضرت عیسی بود و حامی این شهر زیبا پنداشته می‌شود. این شهر نه تنها پایتخت تاریخی روسیه، بلکه مرکز فرهنگی و علمی روسیه نیز می‌باشد.

مساحت سن پترزبورگ : ۱,۴۰۰

جمعیت سن پترزبورگ : ۵,۲۰۰,۰۰۰

شهر مسکو:

شهر مسکو پایتخت و قلب روسیه به شمار می‌رود. این شهر بین رودخانه‌های ولگا و اکا قرار دارد و مرکز حمل و نقل دریایی کشور روسیه محسوب می‌شود. مسکو شهری بسیار سرسبز است و بیش از ۴۲ درصد مساحت این شهر را باغ‌ها، پارک‌ها و جنگل‌ها پوشانده‌اند. همچنین از نظر امکانات ورزشی، شهری غنی می‌باشد. این شهر مرکزی بی‌نظیر و کامل برای جهانگردان بین‌المللی است. مردم مسکو و شهردار آن از هیچ عملی برای کمک به مهمانان دریغ نمی‌ورزند.

مساحت مسکو : ۱,۰۸۱

جمعیت مسکو : ۱۰,۴۷۲,۰۰۰

منبع: http://ahuanagency.ir/farsi/

سوالات:

۱. جمعیت کدام شهر بیشتر است؟ جمعیتش چه قدر است؟
۲. کدام شهر مرکز فرهنگی و علمی روسیه است؟
۳. چند درصد مساحت مسکو باغ و پارک و جنگل است؟
۴. کدام شهر شهر ورزش است؟
۵. فکر می‌کنید "جهانگردان بین‌المللی" یعنی چه؟

خواندن ۴: شهرهای چین

تمرین ۴۶: در کلاس

متن زیر را بخوانید و به سوالات جواب دهید. از فرهنگ لغت استفاده نکنید. معنی واژه‌هایی را که نمی‌دانید حدس بزنید. از استادتان نپرسید.

شهر شانگهای :

شانگهای بزرگ‌ترین شهر چین است. این شهر اساسی‌ترین منطقه صنایع مهم چین و از بنادر مهم تجاری آن به شمار می‌رود. در دوران جنگ جهانی دوم شانگهای محل مناسبی برای مهاجرین اروپایی بود. همچنین اولین شهری بود که درهای خود را بدون هیچ شرطی به روی یهودیان باز کرد.

مساحت شانگهای : ۶,۳۴۰

جمعیت شانگهای : ۱۷,۴۲۰,۰۰۰

شهر پکن :

پکن پایتخت چین و بعد از شانگهای، بزرگ‌ترین شهر چین است. این شهر از پایتخت‌های مشهور و کهن دنیا با قدمتی سه هزار ساله می‌باشد. در نزدیکی پکن شهرهایی از هزاره قبل از میلاد وجود دارد. بر این باورند که از ۱۴۲۵ تا ۱۶۵۰ و از ۱۷۱۰ تا ۱۸۲۵ پکن بزرگ‌ترین شهر دنیا بوده است.

مساحت پکن : ۱۶,۸۰۸

جمعیت پکن : ۱۴,۹۳۰,۰۰۰

منبع: http://azinparvaz.net/

سوالات:

۱. بزرگ‌ترین شهر چین چه شهری است؟

۲. در چه سال‌هایی پکن بزرگ‌ترین شهر دنیا بود؟

۳. در جنگ جهانی دوم کدام شهر برای اولین بار درهای خود را به یهودیان باز کرد؟

خواندن۵: جمعیت شیعه در جهان امروز

تمرین ۴۷: درخانه

متن زیر را بخوانید و **با توجه به متن** به سوالات جواب دهید. از فرهنگ لغت استفاده نکنید.

یک دختر مسلمان ایرانی در حال افطار در یک رستوران

۱. مسلمانان در چند کشور دنیا زندگی می‌کنند؟ چند درصد آنها در کشورهای عربی هستند؟
۲. بیشتر مسلمانان در چه کشورهایی زندگی می‌کنند؟
۳. چند درصد مسلمانان جهان شیعه هستند؟
۴. جمعیت افغانستان در سال ۱۹۹۸ میلادی چند نفر بود؟
۵. در کدام کشورها درصد جمعیت شیعه بیشتر از سنی است؟
۶. چند درصد مردم هند شیعه هستند؟
۷. در کدام یک از کشورهایی که در فهرست آمده‌اند جمعیت مسیحیان بیشنر از شیعیان است؟
۷. کدام کشورهای اروپایی بیشترین جمعیت شیعه را دارند؟
۸. جمعیت شیعه در قاره آمریکا چند نفر است؟

بر اساس آمارهای سازمان ملل و برخی منابع دیگر، در سال ۱۹۹۹ میلادی، جمعیت جهان از مرز ۶ میلیارد نفر گذشته است. حدود بیست درصد از جمعیت جهان یعنی ۱/۲ میلیارد (یک و دو دهم میلیارد) نفر را مسلمانان تشکیل می‌دهند. توزیع جمعیت مسلمانان در جهان در نیمه ۱۹۹۸ میلادی از این قرار است: آفریقا ۳۱۵ میلیون، آسیا ۸۱۲ میلیون، اروپا ۳۱,۴۰۱,۰۰۰، و ... .

مسلمانان در سرتاسر جهان زندگی می‌کنند. تعداد کشورهایی که مسلمانان در آنها زندگی می‌کنند، ۲۰۸ کشور است، حدود ۸۵ درصد مسلمانان جهان، در خارج از دنیای عرب به‌سرمی‌برند، بیشتر مسلمانان، در شرق آسیا، به ویژه در پاکستان، هندوستان، بنگلادش، مالزی و اندونزی زندگی میکنند. اندونزی، پرجمعیت‌ترین کشور اسلامی است. در میان مسلمانان حدود ده درصد، یعنی مطابق با آمارهای موجود تقریباً ۱۲۰ میلیون نفر شیعه هستند.

در دایره المعارف بریتانیا (۲۰۰۲) چنین آمده است: طی قرن‌ها، جنبش شیعی تمام اسلام سنی را تحت تأثیر قرار داده است و تعداد طرفدارانش در اواخر قرن بیستم حدود ۶۰ الی ۸۰ میلیون یا یک دهم کل مسلمانان جهان است. تشیع، مذهب اکثریت مسلمانان ایران، عراق و احتمالاً یمن بوده و پیروان زیادی در سوریه، لبنان، شرق آفریقا، هند، پاکستان و افغانستان دارد.

متأسفانه، آمار دقیقی درباره تعداد مسلمانان به طور عموم و شیعیان به طور خاص وجود ندارد و آنچه ذکر می‌شود بر اساس بیشتر منابع موجود است که در مقابل آن دیدگاه‌های دیگری نیز وجود دارد. مطابق برخی منابع، شیعیان، یازده درصد جمعیت مسلمانان را تشکیل می‌دهند بدین سان، جمعیت کنونی شیعیان باید حدود ۱۳۲ میلیون نفر باشد و طبق برخی منابع شیعیان ۲۳ درصد کل مسلمانان را تشکیل می‌دهند.

توزیع جمعیت شیعیان در برخی از کشورهای آسیایی که دارای اکثریت و یا درصد قابل توجهی از شیعیان می‌باشد طبق آمارهای مربوط به سال ۱۹۹۸ میلادی از این قرار است:

افغانستان: جمعیت ۲۴,۷۹۲,۰۰۰ نفر که مسلمانان اهل سنت ۸۴ درصد و شیعیان ۱۵ درصد و پیروان سایر ادیان یک درصد، بیش از ۹۸ درصد جمعیت شیعی افغانستان شیعه دوازده امامی و کمتر از دو درصد آن اسماعیلی هستند.

آذربایجان: از کل جمعیت ۷,۶۵۰,۰۰۰ نفری، مسلمانان شیعه ۷۰ درصد، و اهل سنت ۳۰ درصد را تشکیل می‌دهند.

بحرین: کل جمعیت ۶۳۳۰۰۰ نفر، مسلمانان شیعه، ۶۱/۳ درصد (شصت و یک و سه دهم درصد) و اهل سنت ۲۰/۵ درصد و بقیه پیرو ادیان دیگر می‌باشند، مطابق آمارهای دیگر شیعیان بحرین ۷۰ درصد می‌باشند که این عده جمعیت بومی بحرین را تشکیل می‌دهند.

ایران: این کشور یکی از قطب‌های بزرگ جهان تشیع به حساب می‌آید که از جمعیت ۷۰ میلیونی آن ۹۴ درصد را شیعیان دوازده امامی و بقیه را پیروان مذاهب اهل سنت و ادیان دیگر تشکیل می‌دهند.

عراق: کل جمعیت ۲۱,۷۲۲,۰۰۰ نفر که از این تعداد شیعیان ۶۲/۵ درصد و اهل سنت ۳۴/۵ درصد و بقیه را پیروان سایر ادیان تشکیل می‌دهند.

هند: کل جمعیت حدود یک میلیارد نفر که از این تعداد مسلمانان اهل سنت ۹ درصد و شیعیان ۳ درصد و بقیه را پیروان ادیان دیگر تشکیل می‌دهند.

کویت: از کل جمعیت ۸,۶۶۱,۰۰۰ نفری، شیعیان ۳۰ درصد و اهل سنت ۴۵ درصد و بقیه را پیروان دیگر ادیان تشکیل می‌دهند.

لبنان: از کل جمعیت ۳,۵۰۶,۰۰۰ نفری، شیعیان ۳۴ درصد و اهل سنت ۲۱/۳ درصد و مسیحیان ۳۷/۶ درصد را تشکیل می‌دهند.

پاکستان: از کل جمعیت ۱۴۱,۹۰۰,۰۰۰ شیعیان ۲۰ درصد و ۷۵ درصد غیر شیعه.

سوریه: از کل جمعیت ۱۵,۳۳۵,۰۰۰ نفری، مسلمانان اهل سنت ۷۴ درصد و شیعیان ۱۲ درصد می باشند.

یمن: از کل جمعیت ۱۸,۲۶۰,۰۰۰ نفری، مسلمانان اهل سنت ۶۰ درصد و شیعیان حدود ۴۰ درصد را تشکیل می‌دهند.

کشورهای دیگری مثل ترکیه ۱۹/۸ درصد، امارات متحده عربی ۱۶ درصد، تاجیکستان ۵ درصد، و ... شیعیان را درخود جای دادند.

افزون بر این مناطق سنتی شیعه نشین، در سایر نقاط جهان نیز شیعیان پراکنده هستند که در اروپا شامل سه کشور می‌گردد. شش‌صد هزار علوی (ترکیه) که در آلمان زندگی می کنند؛ در حدود صد هزار نفر که بیشترشان را مهاجرین شبه قاره هند (پاکستانی و هندی) تشکیل می‌دهند، در انگلستان مقیم هستند. فرانسه هم نزدیک به صد هزار نفر از شیعیان ترک و ایرانی را در خود جای داده است. به این تعداد، چند هزار نفری که ساکن سرزمینهای ماورای فرانسه هستند نیز اضافه می‌گردد.
در قسمت شرق آفریقا مثل کنیا، تانزانیا و کشورهای مشترک المنافع، نزدیک به سیصد هزار نفر از اسماعیلیان از هند و پاکستان به این منطقه عزیمت کرده و ساکن گردیده‌اند.
در آفریقای غربی (سنگال، ساحل عاج) به جوامعی از شیعیان لبنان برمی‌خوریم که از دوران قیمومت فرانسه به آنجا آمدند. این عده به چند صد هزار نفری بالغ می‌شوند. و بالاخره در قاره آمریکا، جوامعی از شیعیان لبنانی و ایرانی و غیره را مشاهده می‌کنیم که تعدادشان در نیم‌کره غربی از یک میلیون نفر تجاوز می‌کند.

مرکز مطالعات و پژوهش‌های فرهنگی حوزه علمیه - مختار اصلانی
منبع:
http://www.andisheqom.com/Files/whoisshia.php?idVeiw=2074&level=204%&subid=#2074_ftnref3

گفتگو: ببخشید، می‌تونم برم بیرون؟

تمرین ۴۸: در خانه

2_18_conversation1

ببخشید، می‌تونم برم بیرون؟

If you would like to leave the class for a few minutes you will use the above question, "Excuse me, may I go out?" You can also add a phrase to that and make it more specific: "Excuse me, may I go out for a few moments?"

ببخشید ممکنه چند لحظه برم بیرون؟

You can also use another word instead of /bebakhshid/. It is:

معذرت می‌خوام

معذرت می‌خوام، ممکنه چند لحظه برم بیرون؟

/ma'zerat mikhaam/ which is close to "I beg your pardon" seems to be more prestigious to use. I would suggest that you use it if you are in a more formal situation, for example, when you are talking to your teacher.

Listen to the audio file to hear the examples. Memorize one of the sentences to be ready to work on a skit with your partner.

At home, listen to the following conversations. They are written in گفتاری. Learn how to say بله or نه to somebody's request.

تمرین ۴۹: در کلاس

نخست، گفتگوهای زیر را با هم‌کلاسی خود تمرین کنید. سپس، با کمک هم‌کلاسی‌تان گفتگوی جدیدی بنویسید و آماده شوید که آن را در کلاس نمایش دهید.

First practice the conversations with your partner. Then, work with your partner and make your own conversation and be ready to act it out in class.

- 5 like this -

2_18_conversation2

	- الان فیلم شروع می‌شه. می‌زنی کانال دو؟ - باشه!		- فردا لیلا و مریم میان خونه‌ی ما. تو هم بیا. - متاسفم، نمی‌تونم. فردا امتحان دارم.
	- من رو به برادرت معرفی می‌کنی؟ - با کمال میل!		- ببخشید، ممکنه چند لحظه برم بیرون؟ - البته، بفرمایید.
حتما	شروع می‌شه: starts با کمال میل!: by all means من سرما خورده‌ام!: I've caught a cold	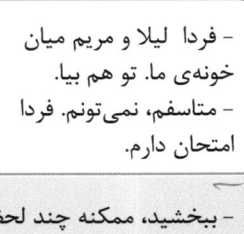	- در رو باز می‌کنید لطفاً؟ هوا خیلی گرمه. - اما من سرما خورده‌ام! - اوه! پس بازش نکنید!

یقی: «به من نگو دوست دارم» از داریوش

کلاس

Now that your work is	حالا که کار تو شده
Full of deception and lies	پر از نیرنگ و ریا
Now that your heart is	حالا که دل تو شده
Miles far from God	فرسنگ‌ها دور از خدا
Don't say you love me	به من نگو دوست دارم
I don't believe that	که باورم نمی‌شه
Don't say you have only me	نگو فقط تو رو دارم
I don't believe that	که باورم نمی‌شه
With your words	تو با این چرب زبونی
You keep lying to me	هی به من دروغ می‌گی
You want to deceive me	می‌خواهی گولم بزنی
You keep lying to me	هی به من دروغ می‌گی
To my broken heart	تو با دل شکسته‌ام
Don't be so unfaithful	انقده جفا نکن
If you don't love me	تو اگه دوستم نداری
Don't perform/act like this	این‌جوری بد تا نکن

الف- **در خانه،** اینترنت به ترانه گوش دهید و سعی کنید جمله‌ها را دنبال کنید. واژه‌هایی هستند که آنها را می‌شناسید. آنها چه هستند؟ توجه داشته باشید که این ترانه به زبان گفتاری خوانده می‌شود. معنی ترانه را بخوانید و حدس بزنید که واژه‌هایی که زیرشان خط کشیده شده چه معنایی دارند.

ب- **در خانه،** اسم خواننده را پیدا کنید و درباره‌ی او اطلاعاتی به دست آورید. اسمش چیست؟ این ترانه به چه دوره‌ای تعلق دارد؟

پ- **در کلاس،** با هم‌کلاسی خود، با کمک سه عبارت که در این ترانه یاد گرفته‌اید یک نمایش بسیار کوتاه عاشقانه بنویسد و آن را در کلاس اجرا کنید.

A. **At home,** listen to the song online and try to follow the lines. There are a few words you know. What are they? Be aware that this song is sung in "گفتاری." Read the translation of the lyrics and guess what the underlined words mean.

B. **At home,** find the name of the singer and read about him. What is his name? What period does this song belong to?

C. **In class,** work with your classmate. Use three new phrases that you have learned in this song to write a very short dramatic play. Act it out in class.

بند نویسی

تمرین ۵۱: در خانه

۱. یک بند درباره برنامه روزانه‌تان بنویسید. چه وقت از خواب بیدار می‌شوید؟ کی به مدرسه می‌زنید؟ کار هم می‌کنید؟ بعد از کار چه می‌کنید؟ چند وقت به چند وقت دوستان‌تان را می‌بینید؟

۲. بندی بنویسید که در آن شهر خود را با شهری که الان در آن زندگی می‌کنید (یا شهر مورد علاقه‌تان) مقایسه کنید. آب و هوای دو شهر چگونه هستند؟ مردم این دو شهر چه شباهت یا تفاوتی دارند؟ رستوران‌ها چه طور؟ در بند خود از صفات جدیدی که در این درس یاد گرفته‌اید استفاده کنید و حتماً دو نوع صفت برتر و برترین را نیز به کار ببرید.

1. Write a paragraph about your daily schedule. When do you wake up? What time do you go to school? Do you work as well? What do you do after class or work? How often do you see your friends?

2. Write a paragraph in which you compare your hometown with the city where you currently live, or with your favorite city if you live in your hometown now. How does the weather compare? The people? The restaurants? Be sure to use the new adjectives that you learned in this unit, and be sure to include both the comparative and superlative adjectives.

درک شنیدار- ده دقیقه در کافه دنج

تمرین ۵۲: درخانه وکلاس

در خانه:

۱. بخش دوم کافه دنج را ببینید و **چهار نکته** درباره‌ی آنچه که متوجه شدید بنویسید.

2_19_Video3

۲. دوباره این بخش را ببینید و به سوال‌های روبرو جواب دهید.

الف- امیر در باره‌ی تهران چه می‌گوید؟
ب- دانشجویان از کجا به تهران می‌آیند؟ چرا؟
پ- چرا امروز برای ایده و شیرین روز بزرگی است؟
ت- از عرفان چه می‌دانید؟ حداقل سه جمله درباره‌اش بنویسید..

۳. یک بار دیگر ببینید و معنی کلمات زیر را حدس بزنید:

رمز، جدانشدنی

1. Watch the second episode of Cafe Denj, and write four points you learned.
2. Watch it again and answer the questions in the box.
3. Watch one more time, and guess the meaning of the following words:

رمز، جدانشدنی

در کلاس:

۱. درباره‌ی این بخش کافه دنج با هم‌کلاسی‌تان بحث و گفتگو کنید.

چه مسائل مهمی اتفاق افتاد؟

متوجه چه چیزهای تازه‌ای درباره شخصیت‌ها شدید؟

۲- وقتی فعالیت بالا را تمام کردید، بگویید:

اگر به جای شیرین و ایده بودید، کدام یک از مصاحبه شونده‌ها را به عنوان هم‌خانه‌ای انتخاب می‌کردید.

1. With a partner discuss this episode of Café Denj. What import things happened? What new things did you learn about the characters?

When you are done, discuss which roommate you would have picked if you were Shirin and Ide.

2. In order to fine tune your listening skills, you will listen to one section of the episode several times and you must fill in the blanks below. After listening three times, review your answers with a partner and then the class.

۲. با هدف بهبود مهارت درک شنیدارتان، چندین بار به بخش کوتاه زیر از کافه دنج گوش کنید و جاهای خالی را پر کنید. بعد از این که سه بار گوش دادید و جاهای خالی را پر کردید، جواب‌های‌تان را با یکی از هم‌کلاسی‌های‌تان مرور کنید.

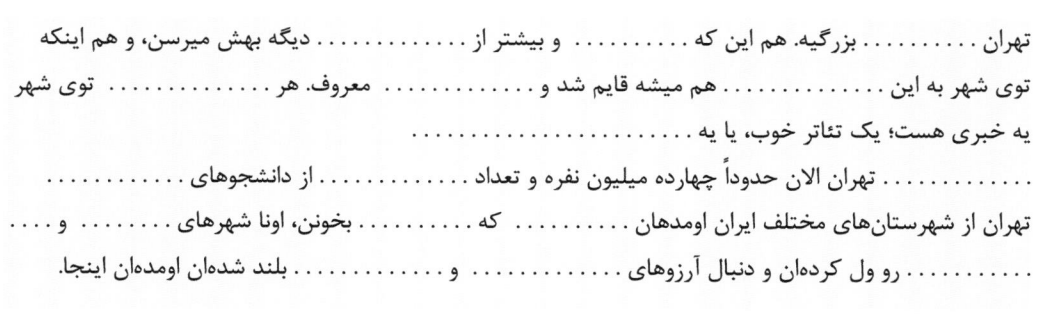

تهران .... بزرگیه. هم این که .... و بیشتر از .... دیگه بهش میرسن، و هم اینکه

توی شهر به این .... هم میشه قایم شد و .... معروف. هر .... توی شهر

یه خبری هست؛ یک تئاتر خوب، یا یه ....

.... تهران الان حدوداً چهارده میلیون نفره و تعداد .... از دانشجوهای ....

تهران از شهرستان‌های مختلف ایران اومدهان .... که .... بخونن، اونا شهرهای .... و ....

.... رو ول کردهان و دنبال آرزوهای .... و .... بلند شدهان اومدهان اینجا.

3. Your instructor will divide the class into two groups. The students in Group One are looking for a new roommate and the students in Group Two are looking for a new room. After preparing according to the instructions below, the students in Group One will interview the candidates in Group Two to see if they are a good match.

۳. استاد کلاس را به دو گروه تقسیم می‌کند. دانشجوهای گروه یک به دنبال هم‌خانه‌ای می‌گردند و دانشجویان گروه دو به دنبال خانه جدیدی می‌گردند. با توجه به دستورالعمل‌های پایین، دانشجویان گروه یک با متقاضیان گروه دو مصاحبه می‌کنند تا بهترین فرد را برای هم‌خانه شدن پیدا کنند.

Group One: You are looking for a new roommate. Write an advertisement (aagahi). As you are writing your advertisement, think about the following questions:

معمولاً کی می خوابید، کی غذا می‌خورید و کی و کجا درس می‌خوانید؟

هم خانه‌ای می‌خواهید که خیلی درس می‌خواند یا دوست دارد به پارتی برود؟

Group Two: You are looking for a room to rent. When you respond to advertisements for rooms for rent, write an email in which you describe your daily habits. Include answers to the following questions:

کی می‌خوابید؟
کی درس می‌خوانید و کی غذا می‌خورید؟
دوست دارید به کتاب خانه بروید یا به پارتی؟
دوست دارید در خانه دوستان‌تان را ببینید یا بیرون؟

دوره‌ی واژگان درس ۲

واژه‌های اول درس

۱. زندگی کرده‌ام (... کرده‌م)
۲. مترجمی زبان انگلیسی
۳. می‌شِناسم - شناختن (می‌شناسم)
۴. کارشناسی ارشد
۵. جامعه‌شناسی
۶. علاقه دارد (... داره)
۷. بیشترِ دوستانش (... دوستاش)
۸. باید بنویسد (... بنویسه)
۹. ترم
۱۰. پایان نامه
۱۱. فرصت زیادی ندارد (.... نداره)
۱۲. با این حال Nevertheless
۱۳. با هم
۱۴. می‌رسد/ به کارهایش می‌رسد (می‌رسه/ به کاراش می‌رسه)
۱۵. این روزها (این روزا)
۱۶. کمتر
۱۷. همدیگر (همدیگه)
۱۸. جنوب
۱۹. رفته‌اند (رفته‌ان)
۲۰. معرفی کردن
۲۱. دوست دارم او را به شما معرفی کنم/ می‌خواهم معرفی کنم (دوست دارم اونو به شما معرفی کنم/ می‌خوام معرفی کنم.)
۲۲. درباره‌ی او
۲۳. می‌خواهم حرف بزنم (می‌خوام حرف بزنم)
۲۴. ندیده‌ام
۲۵. پارسال
۲۶. خوش گذشت
۲۷. هواپیما
۲۸. بلیط/ بلیت
۲۹. ارزان (ارزون)
۳۰. مهربان (مهربون)
۳۱. مهمان‌نواز (مهمون نواز)
۳۲. [با او] آشنا شدم (.... اون....)
۳۳. هنوز
۳۴. زنگ می‌زند (زنگ می‌زنه)- زنگ زدن
۳۵. خبرنگار/ خبرنگاری - روزنامه‌نگار/ روزنامه نگاری
۳۶. نویسنده
۳۷. قرار دارد (قرار داره)
۳۸. موافق / او با من موافق است (... موافقه)
۳۹. مخالف / من با آن مخالفم (من با اون مخالفم)
۴۰. نگران / نگران بودن
۴۱. آلوده
۴۲. آلوده‌تر
۴۳. آلوده‌ترین

واژه‌های پراکنده در درس

۴۴. سفر
۴۵. کشور
۴۶. قرار دارد
۴۷. استان
۴۸. ایالت
۴۹. شهر
۵۰. روستا

۵۱. همسایه
۵۲. دریا
۵۳. شمال
۵۴. غرب
۵۵. شرق
۵۶. جمعیت
۵۷. پر جمعیت
۵۸. سازمان ملل متحد
۵۹. عضو
۶۰. رسمی
۶۱. منطقه
۶۲. خاور میانه
۶۳. پایتخت
۶۴. مرکز
۶۵. جهان - دنیا
۶۶. هفدهمین
۶۷. هجدهمین
۶۸. لهجه
۶۹. مردم
۷۰. فردا شب، پس فردا، پس فردا شب
۷۱. پریروز، پریشب
۷۲. آخه
۷۳. خاله، دایی
۷۴. عمو، عمّه
۷۵. پسرخاله، پسردایی
۷۶. پسرعمو، پسرعمه
۷۷. دخترخاله، دختردایی
۷۸. دخترعمو، دخترعمه
۷۹. دویست،
۸۰. سی‌صد
۹۰. چهارصد
۱۰۰. پانصد
۱۰۱. شش‌صد
۱۰۲. هفت‌صد
۱۰۳. هشت‌صد
۱۰۴. نه‌صد
۱۰۵. هزار
۱۰۶. هزار و یک، هزار و دو، . . . .هزار و پانصد و بیست و سه
۱۰۷. هزار، دو هزار، سه هزار، چهار هزار، . . .
۱۰۸. صد و بیست و سه هزار و پانصد و هشتاد و نه
۱۰۹. یک میلیون، دو میلیون، . . . پنجاه و هشت میلیون، . . .
۱۱۰. اوّل، دوّم، سوّم، چهارم، پنجم، . . . دهم، یازدهم، . . .
۱۱۱. بیستم، بیست و یکم، بیست و دوّم، . . . .
۱۱۲. بیستم، سی ام، . . . .
۱۱۳. صد و یکم، . . . صد و یازدهم، . . . .
۱۱۴. دویستم، سی‌صدم، . . .
۱۱۵. هزار و یکم، هزار و دوّم، . .
۱۱۶. یک هزارم، دو هزارم، . . یک میلیونم، . . .
۱۱۷. کوچک
۱۱۸. بزرگ
۱۱۹. جوان
۱۲۰. پیر
۱۲۱. خوب
۱۲۲. بد
۱۲۳. بلند
۱۲۴. کوتاه
۱۲۵. زیبا
۱۲۶. زشت
۱۲۷. چاق
۱۲۸. لاغر
۱۲۹. گرم
۱۳۰. سرد
۱۳۱. ثروتمند
۱۳۲. فقیر
۱۳۳. گران
۱۳۴. ارزان
۱۳۵. سخت
۱۳۶. آسان
۱۳۷. شلوغ
۱۳۸. خلوت
۱۳۹. پر جمعیت
۱۴۰. کم جمعیت
۱۴۱. جالب
۱۴۲. خسته

واژه‌های اختیاری

١. با دقّت
٢. به ویژه
٣. خصوصاً
۴. قبلاً
۵. به سرعت، سریع
۶. مخصوصاً
٧. عموماً
٨. با هم
٩. معذرت می‌خواهم (معذرت می‌خوام)
١٠. شروع می‌شود (شروع می‌شه)
١١. با کمال میل
١٢. من سرما خورده‌ام
١٣. بهترین
١۴. بیشترین
١۵. ارزان‌ترین
١۶. سخت‌ترین
١٧. زیباترین
١٨. پرجمعیت‌ترین

١۴٣. گرسنه ✓
١۴۴. خوشحال/شاد
١۴۵. سبک ✷
١۴۶. سنگین ✷
١۴٧. دور ✓
١۴٨. نزدیک ✓
١۴٩. غمگین ✓
١۵٠. خوش‌تیپ ✓
١۵١. مشهور
١۵٢. تمیز
١۵٣. کثیف
١۵۴. خطرناک
١۵۵. امن
١۵۶. جدید ✓
١۵٧. قدیمی ✓
١۵٨. ترسناک ✓   scary
١۵٩. آلوده
١۶٠. پاک   clear
١۶١. راحت ✓
١۶٢. عجیب ✓
١۶٣. خواستن ✷ خواه
١۶۴. توانستن (تونستن) ت
١۶۵. دانستن (دونستن) ✷ دان
١۶۶. رفتن ✓
١۶۵. آمدن (اومدن)
١۶۶. دیدن
١۶٧. خواندن (خوندن)
١۶٨. نوشتن
١۶٩. حرف زدن
١٧٠. خوردن
١٧١. شناختن
١٧٢. بخشیدن

درس سوم

درس سوم :

دارم برای کنکور آماده می‌شم!

واژگان و جمله‌ها

تمرین ۱: واژگان و جمله‌ها- در خانه

3_1_Vocabulary1

به فایل صوتی گوش کنید و جمله‌هایی را که می‌شنوید بنویسید.

نوشتار (گفتار)	معادل انگلیسی
۱. آمده‌ام (اومده‌ام) - آمدن (اومدن)	I have come, to come
۲. کنکور	Konkur (University entrance exam in Iran)
۳. که بروم (که برم)	so that I can go
۴. آماده بشوم (آماده بشم) - آماده می‌شوم (آماده می‌شم) - آماده شدن	to get ready, I get ready, to get ready
۵- با این که	although
۶. سال پیش: پارسال	last year
۷. قبول نشدم - باید قبول شوم (باید قبول شم/ بشم)	I was not accepted, I should be accepted
۸. فکر می‌کنند - فکر کردن	they think, to think
۹. زنگ می‌زند (زنگ می‌زنه) - زنگ زدن [به کسی زنگ زدن]	she/he calls, to call [to call somebody]
۱۰. می‌پرسد (می‌پرسه) - پرسیدن [از کسی پرسیدن]	asks, to ask [to ask somebody]
۱۱. جواب می‌دهم (جواب می‌دم)- جواب دادن	I answer, to answer
۱۲. دوست دارند بخوانم (دوست دارن بخونم)	they would like me to study
۱۳. سعی/ سعی کردن/ سعی‌ام را می‌کنم (سعی‌ام رو می‌کنم)	try, to try, I'll do my best
۱۴. وگرنه	otherwise
۱۵. دیگر (دیگه)	other
۱۶. استراحت کردن	to rest
۱۷. تولد/ جشن تولّد	birthday, birthday party
۱۸. مهمانی (مهمونی)	party
۱۹. لباس	clothes
۲۰. می‌پوشم	I wear
۲۱. باید بپوشم - می‌خواهم بپوشم (می‌خوام بپوشم) - پوشیده‌ام	I should wear, I want to wear, I am wearing
۲۲. کمد	closet, dresser

favorite	۲۳. مورد علاقه
it starts, to start	۲۴. شروع می‌شود (شروع می‌شه)- شروع شدن
I don't wear make up	۲۵. آرایش نمی‌کنم
ready	۲۶. آماده
I should go	۲۷. باید بروم (باید برم)
late, it's late, I'm late	۲۸. دیر/ دیر شده / دیرم شده
gift, to give a gift	۲۹. هدیه / هدیه دادن
story	۳۰. داستان
I'm sure	۳۱. مطمئنم - مطمئن هستم
she will like it (more colloquial)	۳۲. خوشش می‌آید (خوشش می‌آد) [... از کسی یا چیزی]
to give, they give	۳۳. دادن - می‌دهند (می‌دن) [چیزی به کسی دادن]
subject	۳۴. موضوع
important	۳۵. مهم
time	۳۶. وقت (وخت)
in my opinion	۳۷. به نظر من
appropriate	۳۸. مناسب
immigration	۳۹. مهاجرت
overcoat worn by women in Iran	۴۰. مانتو
pants, jeans	۴۱. شلوار / شلوار جین
green, dark green	۴۲. سبز/ سبز تیره
headscarf	۴۳. روسری
white	۴۴. سفید
shoes	۴۵. کفش
socks	۴۶. جوراب
backpack	۴۷. کوله پشتی
4 pairs	۴۸. چهار جفت

to put, I put	۴۹. گذاشتن - می‌گذارم (میذارم)
doll	۵۰. عروسک
to bring, I bring, to bring something to somewhere	۵۱. آوردن - می‌آورم (میارم) - چیزی را به جایی آوردن
s/he wanted to, he would like to	۵۲. دلش می‌خواست
to buy	۵۳. خریدن - می‌خرم
eye	۵۴. چشم
s/he falls, to fall	۵۵. می‌افتد (میافته) - افتادن
to snow, It snows	۵۶. برف آمدن (... اومدن) - برف می‌آید (...میاد)
school, schools	۵۷. مدرسه، مدارس
problem, problems	۵۸. مشکل، مشکلات
حرف زدن	۵۹. صحبت کردن

تمرین ۲: واژگان - کارت ایندکس (در خانه و کلاس)

در خانه، مانند درس‌های قبل و **تمرین صفحه ۱۲،** برای هر واژه این درس نیز یک کارت ایندکس درست کنید. یک طرف آن فارسی و طرف دیگر معادل فارسی واژه را بنویسید. این کارت‌ها را به کلاس بیاورید.

در کلاس، با هم‌گروهی خود از این واژه‌ها در گفتگو استفاده کنید. **مثل تمرین مشابه در درس قبل و تمرین صفحه ۱۳،** روبروی هم بنشینید و یکی از کارت‌های خود را به هم‌گروهی خود نشان دهید و او با استفاده از این واژه از شما سوالی می‌کند. به سوالش جواب دهید و سپس شما از همین واژه برای پرسیدن سوالی از هم‌گروهی خود استفاده کنید. سپس نوبت هم‌گروهی شماست که واژه‌ای به شما نشان دهد. برای اینکه گفتگوی شما به طور طبیعی پیش رود، می‌توانید با توجه به جوابی که می‌گیرید سوالات جدیدی بپرسید.

تمرین ۳: واژگان - نوشتاری، گفتاری (در خانه)

به فایل صوتی گوش کنید. در این فایل صوتی، **مانند تمرین ۵ صفحه ۱۳ درس قبل،** جمله‌های مربوط به واژه‌های درس به صورت گفتاری بیان می‌شود. این جمله‌ها را با جمله‌های نوشتاری که قبلاً نوشته‌اید مقایسه کنید. زیر هر کلمه یا ساختاری که با شکل گفتاری‌اش متفاوت است خط بکشید. Underline any words or structures that are different in the spoken form وقتی صحبت می‌کنیم اغلب از شکل گفتاری استفاده می‌کنیم، پس بهتر است شکل گفتاری واژه‌های جدید را هم یاد بگیرید.

3_1_Vocabulary2

تمرین ۴: واژگان - در کلاس

درگروه‌های سه نفره جمله‌های زیر را به فارسی بنویسید.

What is your favorite color?
I should go now! Otherwise I will be late.
She says that she has thirty pairs of shoes!
In my opinion, this is not an important issue.
Although the sea is right beside the house, she does not know how to swim.
His most important problem is that his son's school is very far from the house.

تمرین ۵: واژگان - در خانه

با اطلاعات مربوط به خودتان جمله‌های زیر را کامل کنید.

۱. من به .... علاقه دارم.
۲. کوله‌پشتی‌ام .... است.
۳. مطمئن .... که کیفم در کمد است.
۴. معمولاً روزهای .... به مهمانی می‌روم.
۵. در اتاقم یک کمد .... دارم.
۶. معمولاً در مهمانی‌ها لباس‌های تیره ....
۷. روز تولدم .... پوشیدم.
۸. .... تا شلوار جین دارم.
۹. در خانه، معمولاً کتابهایم را روی میز یا در کمد ....
۱۰. لباسی که الان پوشیده‌ام .... است.
۱۱. رنگ سفید را دوست ....
۱۲. دوستان نزدیکم در .... زندگی می‌کنند.
۱۳. غذای مورد علاقه‌ی مادرم .... است.
۱۴. غذای مورد علاقه‌ام .... است.
۱۵. وقتی برف می‌آید و هوا سرد است دوست دارم .... بخورم.
۱۶. برای خریدن لباس معمولاً به .... میروم.
۱۷. معمولاً روزهای .... استراحت می‌کنم.
۱۸. همیشه دوست داشتم رشته‌ی .... بخوانم.
۱۹. وقتی بچه بودم. .... عروسک داشتم.
۲۰. .... هدیه‌ی مناسبی برای تولد دوستم است.
۲۱. امروز وقت ....
۲۲. هر هفته به .... زنگ می‌زنم.
۲۳. من فکر می‌کنم که .... بازیگر (actor) خوبی است.
۲۴. رنگ مورد علاقه‌ام .... است.
۲۵. به نظر من رنگ سبز برای ماشین مناسب ....

تمرین ۶: واژگان - در خانه

جمله‌های زیر را با استفاده از واژگان درس ۱۳ کامل کنید.

۱. من فکر می‌کنم او به تو علاقه دارد. روز تولدت به تو گُل (flower) ....
۲. جشن ساعت چند ....
۳. کفش ورزشی‌ام را ندیدی؟ در .... بود. الان نیست.
۴. وقتی به مهمانی می‌رویم، خواهرم معمولاً .... می‌کند.
۵. ساعت نه صبح است و من هنوز در خانه هستم. کلاسم ساعت نه و ربع شروع می‌شود. ....!
۶. خواهر کوچکم ده .... کفش ورزشی دارد.
۷. عرفان .... شیرین را به خانوادهاش معرفی کند.
۸. نمی‌دانم چرا او از این کلاس .... نمی‌آید. دلیلش را به من نمی‌گوید.
۹. خیلی خسته‌ای. کمی ....
۱۰. پسر کوچولو .... های بزرگی دارد.
۱۱. الان نمی‌توانم جواب بدهم. باید چند روز درباره‌ی آن ....
۱۲. وقتی بچه بودم مادربزرگم هر شب قبل از خواب ....
۱۳. آنها پولدار هستند. می‌گویند که پدرش برای جشن ۱۸ سالگی‌اش یک ماشین به او .... داد.
۱۴. او روی کتاب‌ها ....
۱۵. مشکل من این است که .... درباره این موضوع برایم آسان نیست.
۱۶. .... خسته بودم، تا صبح نخوابیدم.
۱۷. او چهار سال برای .... درس خواند، اما قبول ....
۱۸. این تمرین .... است.
۱۹. من همه کتاب‌ها را به اینجا ....
۲۰- فردا به مادربزرگم .... و حال پدربزرگ را ....
۲۱. این موضوع .... و مهم است.
۲۲. باید درس بخوانم .... قبول نمی‌شوم.
۲۳. دوستانم چند کتاب .... هم به من هدیه دادند.
۲۴. هر وقت چیزی درباره‌ی برادرم .... نمی‌دانم چه .... بدهم.
۲۵. مهم‌ترین .... او این است که کامپیوترش قدیمی است.
۲۶. .... این لباس مناسب نیست.
۲۷. .... شما درباره‌ی این کتاب چیه؟
۲۸. مادرم یک ساعت به من هدیه داد. .... خیلی گران است.
۲۹. بهترین .... ایران در مناطق ثروتمندنشین شهرهای بزرگ هستند.
۳۰. .... به این سوال سخت است.

تمرین ۷: واژگان - در خانه و کلاس

در خانه- به فایل صوتی زیر گوش کنید و معنی واژه‌هایی را که نمی‌شناسید در یک فرهنگ فارسی به انگلیسی پیدا کنید و کنار عکس‌ها (به فارسی) بنویسید. دوباره به فایل صوتی گوش کنید و تلفظ واژه‌ها را تمرین کنید!

3_1_Vocabulary3

مقنعه: One-piece veil and neck covering	کت	چتر
کفش ورزشی	کت و شلوار	شورت
صندل	بارانی	تی‌شرت
پیراهن	کلاه	لباس خواب
بلوز	ژاکت	مایو/ لباس شنا
دامن	دست‌کش	لباس ورزشی
لباس شب	چکمه/ بوت	شلوارک (شلوار کوتاه)
کراوات	شال گردن	عینک/ عینک زدن
کمربند	پالتو	

تمرین ۸ : درکلاس

۱- جدول زیر را با استفاده از واژگان بالا کامل کنید.

برای زمستان	برای تابستان
....	....
....	....
....	....
....	....
....	....

نازنین، خیابان میرداماد در تهران در یک روز برفی
از فیس بوک «آدم‌های تهران»

۲- دور لباس‌هایی که دوست دارید خط بکشید و سپس با هم‌کلاسی خود درباره‌ی آنها صحبت کنید.

- من معمولاً زمستان‌ها ....و .... و .... و .... می‌پوشم. تابستان‌ها .... و .... و .... و .... می‌پوشم.
- من این روزها .... و .... و .... می‌پوشم.
- درخانه ....و.........و ....و .... می‌پوشم. وقتی به دانشگاه می‌روم .... و .... و .... و .... می‌پوشم.
- الان .... و ....و.......... و.......... پوشیده‌ام.

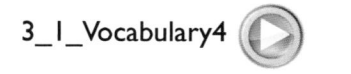

تمرین ۹: واژگان - درخانه

3_I_Vocabulary4

در خانه- به فایل صوتی زیر گوش کنید و تمرین کنید. شما واژه‌های سبز و سفید را از پیش می‌دانید.

واژه	ترجمه
۱. رنگ، رنگی	color, colored, colorful
۲. تیره	dark
۳. روشن	light
۴. رنگین کمان	rainbow
۵. صورتی	pink
۶. سیاه	black

واژه	ترجمه
۷. آبی	blue
۸. قهوه‌ای	brown
۹. قرمز	red
۱۰. نارنجی	orange
۱۱. زرد	yellow
۱۲. بنفش	purple

تمرین ۱۰: واژگان - در خانه

In Persian we say لباس سفید پوشیده‌ام if we want to say, "I am wearing white" in English. In other words, we use present perfect in Persian, while we use present progressive in English. You will learn how to use present perfect later in this unit, but for now just learn how to say, "I am wearing," and "you are wearing." The following sentences are in spoken form. Listen to the audio file to learn how to say پوشیده‌ام and پوشیده‌ام in spoken form.

مثال:

3_I_Vocabulary5

- ندا: چی پوشیده‌ای؟
- ساغر: شلوار جین پوشیده‌ام چون کلاس دارم، اما امشب لباس شب می‌پوشم چون میرم مهمونی.
- ندا: لباسی که پوشیده‌ای مناسب نیست. هوا سرده.
- ساغر: زیر این لباس دو تا لباس دیگه هم پوشیده‌ام.
- ندا: هر چه پوشیده‌ای خوبه، بیا بریم.
- ساغر: اما هنوز کفشم را نَپوشیده‌ام.

۱. چند جمله درباره آنچه پوشیده‌اید بنویسید. تمرین کنید که بتوانید به راحتی بگویید چه پوشیده‌اید، چون در فعالیت کلاسی درباره آن صحبت خواهید کرد.

1. Write a few sentences about what you are wearing now. Make sure that you are able to talk about "what I am wearing" fluently. You will talk about it in the class activities.

۲. چند شیء معمولی مثل کتاب، گلدان، جعبه، شیشه مربا، یک وسیله تزیینی، یا هر چه که در اطراف‌تان پیدا می‌کنید به کلاس بیاورید. در فعالیت صفحه بعد به آن احتیاج پیدا خواهید کرد.

2. Bring in a number of ordinary objects found around your home, e.g. a book, a vase, a box, a jar, a decoration, etc., for the in-class activity on the next page.

تمرین ۱۱: واژگان - در کلاس

۱. درباره‌ی رنگ‌های مورد علاقه‌ی هم کلاسی‌تان از او بپرسید.

۲. درباره‌ی پرچم کشورهای فارسی زبان از هم‌کلاسی‌اتان بپرسید.
پرچم تاجیکستان چند رنگ دارد؟ - ....

۳. حدس بزن اون کیه!
در گروه‌های دو نفره، شما درباره یکی از هم‌کلاسی‌های‌تان (آنچه پوشیده است) صحبت می‌کنید و هم‌گروهی‌تان حدس می‌زند که درباره چه کسی صحبت می‌کنید.

In groups of two, you will talk about somebody in class (what she/he is wearing) and your classmate will guess who are talking about.

اون جوراب قرمز پوشیده وکفش آبی. ....
اون پیراهن آبی پوشیده و کلاه زرد. ....

He/She is wearing   پوشیده است (پوشیده)

۴. توصیفش کنید.

چند شیء معمولی مثل کتاب، گلدان، جعبه، شیشه مربا، یک وسیله تزیینی، یا هر چه که در اطراف‌تان پیدا می‌کنید به کلاس بیاورید. باید بتوانید این اشیاء را به فارسی توصیف کنید.
در کلاس- بازی نیاز به دو تیم دارد. استاد یکی از دانشجوها را صدا می‌کند و ایشان باید شیئی را که آورده به کلاس نشان دهد و بگوید این شیء چیست. مثلا اگر خودکاری آورده، می‌گوید: «خودکار.» گروه دیگر یک صفت به این کلمه اضافه می‌کند، مثلاً «یک خودکار کوچک». حالا نوبت تیم شماست. تیم شما باید یک صفت دیگر به این عبارت بیافزاید و این صفت را در جای مناسب قرار دهد، مثلاً «یک خودکار قرمز کوچک.» تیم‌ها به نوبت صفاتی را می‌افزایند، تا وقتی که یکی از تیم‌ها نتواند صفتی را اضافه کند، یا نتواند صفت را در جای مناسبش قرار دهد. تیم برنده برای هر صفتی که به واژه‌ی اول اضافه شده یک امتیاز می‌گیرد. بازی با معرفی واژه جدید ادامه پیدا می‌کند.

At home, find two ordinary objects to bring to class tomorrow, for example a book, a pen, etc. Make sure .that you are able to describe the objects in Persian
In class, you will work in two teams. The instructor will call on one student to show his or her first object and establish what it is, for example, a pen. The member of the other team must add an adjective, for example, a small pen. Your team must add a new adjective (and place it in the correct order), for example, a small red pen. The teams take turn adding adjectives until a team does not place an adjective correctly or fails to add a new adjective to the description. The winning team gets one point for each adjective in the final description. Continue for each item.

۵. در کلاس کسی/کسانی را پیدا کنید که . . . (هر کس زودتر از همه این فرد/ افراد را پیدا کرد بازی را می‌برد.)

گربه سیاه داره / دارند ....
جوراب سفید پوشیده/ پوشیده‌اند ....
کیف نارنجی داره/ دارند ....
رنگ اتاقش/ اتاقشون سبزه ....
یه تخت قهوه‌ای راحت داره/ دارند ....
همیشه لباس‌های رنگ روشن می‌پوشه/ می‌پوشند ....
در خانه شال و کلاه مشکی داره / دارند ....

تمرین ۱۲: در کلاس

الف) از هم کلاسی‌تان بپرسید و به گروه دیگری در کلاس گزارش دهید.

1. How many pairs of jeans, shoes, and sandals they own.
2. What colors they like/don't like to wear.
3. Who their favorite author is.
4. What their favorite subject is.
5. What they gave to their friend for his/her birthday.
6. What presents they usually give to their family members for their birthdays.
7. If they have a car. What color is it?
8. What is one important subject they are thinking about these days.
9. What is their opinion about their last Persian exam.
10. Who calls them every day.
11. Who is important to them.
12. What actress, in their opinion, wears too much (زیادی) make up.
13. What their opinion is about having an entrance exam for US universities.
14. If they are going to rest this weekend.
15. Where they usually put their bag when they get home from work.
16. If they played with dolls when they were a child.
17. What they usually bring to a party.
18. When they were a child, what they really wanted to do.

ب) از هم کلاسی‌تان بپرسید و به گروه دیگری در کلاس گزارش دهید.

1. When their birthday is.
2. If they like birthday parties.
3. Describe a memorable birthday party.
4. What their favorite color is.
5. Who their favorite singer (خواننده) is.
6. What they gave to their siblings for their birthday.
7. What presents they usually give to their friends for their birthday.
8. How many backpacks they have. What colors are they?
9. What they think they should wear to school.
10. What their opinion is about going to Tajikistan in the summer.
11. If they like Chinese food (ask in a more informal way).
12. when was the last time they rested.
13. Who they call everyday.
14. If there is anything important that they would like to talk about with their parents.
15. If they like brown eyes or blue eyes better.
16. Describe a time when they fell down.
17. What problems do they have in life these days.
18. If they like buying new things.

تمرین ۱۳: فیلم- درخانه

3_2_Video1

الف. فیلم ۱ را ببینید و به پرسش‌های زیر پاسخ دهید.

۱. ستاره اهل کجاست؟
۲. این شهر کجاست؟
۳. ستاره چرا به تهران آمده است؟
۴. سال پیش چه شد؟
۵. نظر مادر و پدر ستاره درباره‌ی دانشگاه رفتن ستاره چیست؟ .
۶. چرا ستاره باید پزشکی بخواند؟
۷. ستاره امروز چه می‌کند؟
۸. می‌خواهد چه بپوشد؟ چرا؟
۹. به دوستش چه هدیه‌ای می‌دهد؟
۱۰. چرا او امروز درباره‌ی یک موضوع مهم با سمانه حرف نمی‌زند؟
۱۱. نظر شما درباره‌ی روسری ستاره چیست؟

ب. یک‌بار دیگر فیلم را ببینید، و اطلاعاتی که در جواب‌های‌تان به آن اشاره‌ای نکرده‌اید را بنویسید.

B. Watch the video one more time and write down the information that was not covered by your answers to the questions above.

پ. شهر ستاره را در نقشه پیدا کنید و به پرسش‌های زیر جواب دهید.

C. Find Setare's hometown on the map and answer the following questions:

ساری در کدام استان ایران قرار دارد؟
شهرهای بزرگ نزدیک به آن چه شهرهایی هستند؟

تمرین ۱۴: فیلم- درکلاس

3_2_Video2

ت. فیلم ۲ را ببینید و به پرسش‌های زیر پاسخ دهید.

۱. تولد ساعت چند شروع می‌شود؟
۲. اسم دوست رها که امروز روز تولدش است چیست؟
۳. رها چه رنگ‌هایی را دوست دارد؟
۴. معمولاً چه می‌پوشد؟
۵. او چه لباس‌هایی دارد؟
۶. وقتی به دانشگاه می‌رود چه می‌پوشد؟
۷. آخرین جمله‌ای که رها می‌گوید چیست؟

ث. تصور کنید که در جشن تولد سمانه هستید. درباره آنچه می‌بینید صحبت کنید.

D. Imagine that you are in Samaneh's birthday party, and talk about what you see:

آنها چه پوشیده‌اند؟ / کی می‌رسند؟ / آنها به سمانه چه می‌دهند؟ / با چه کسانی حرف می‌زنند؟ چرا؟

ج- از هم‌کلاسی‌تان بپرسید نظرشان درباره این کلاس چیست.

E. Ask your classmate what their opinion is about this class.

تمرین ۱۵: درک شنیدار- در خانه

3_3_Listening1

۱. به فایل صوتی گوش کنید، ابتدا جاهای خالی را پر کنید، سپس به سؤالات جواب دهید

۱_____ جشن تولد دوستم ۲ _____۳_____لاله بود. جشن ۴_____ ۵ _____ بود و خیلی خوش گذشت ولی خواهرم، ۶_____ ۷____، لباس مناسب نپوشید. تمام خانم ها ۸_____ ۹___ ۱۰____ های شیک و رنگی، ۱۱____، ۱۲_____ و ۱۳____ پوشیده بودند ولی ۱۴____ ۱۵____. او روسری پاره‌ی ۱۶_____ و شلوار جین قدیمی و ۱۷_____ ۱۸_____ پوشیده بود. این هم لباس جشن تولد؟! ۱۹_____ ۲۰_____ ۲۱_____، ولی حرفی به او نزدم. او ۲۲______ با لباس مشکل دارد. ۲۳____ ۲۴_____ ۲۵_____ ۲۶_____ ۲۷_____ و تمام لباس‌هایش ۲۸_____ هستند. خواهرم واقعاً بد لباس است. (پوشیده بود : **had worn**)

سوالات:

الف) به نظر سارا خواهرش چگونه لباس می‌پوشد. فکر می‌کنید خواهر سارا باید چه بپوشد که او خوشحال شود؟

ب) سارا درباره‌ی لباس خواهرش به او چه گفت؟

پ) معنی کلمه‌های پاره، قدیمی و مشکل چیست؟ در یک فرهنگ لغت آنها را پیدا کنید.

3_3_Listening2

۲. به فایل صوتی گوش کنید و به سؤالات زیر جواب دهید.

الف) تهرانی‌ها معمولاً در زمستان چه لباس‌هایی می‌پوشند؟

ب) دیروز رها می‌خواست چه لباسی بپوشد؟

پ) چرا روسری صورتی نپوشید.

3_3_Listening3

۳. به فایل صوتی گوش کنید. ۱۴ جمله می‌شنوید. برای هر جمله سؤال مناسب بنویسید.

3. Write an appropriate question for each answer you hear. There might be more than one question for each sentence. You only have to write one.

تهران در زمستان

تمرین ۱۶: درک شنیدار- در کلاس

درباره موضوع‌های زیر با همکلاسی‌اتان صحبت کنید.

(امروز هوا چه‌طوره؟)
(کی امروز چی پوشیده؟ کی لباس رسمی پوشیده؟ کی لباس خونه پوشیده؟)
(من چی می‌پوشم، چی نمی‌پوشم: در تولد دوستم، در دانشگاه، در خونه، در رستوران، در سینما

خواندن ۱ و تلفظ - برنامه هفتگی بهرنگ

تمرین ۱۷: فیلم- در خانه و کلاس

در خانه-

۱. متن زیر را بخوانید و به سوالات ۱ تا ۳ جواب دهید.

۱- بهرنگ صبح‌ها چه کار می‌کند؟

۲- آیا بهرنگ کار دارد؟

۳- او چه‌طور به دانشگاه می‌رود؟

۲. چه واژه‌هایی را نمی‌شناسید؟ معنی آن‌ها را حدس بزنید.

بهرنگ با پدر و مادرش در رستورانی در سانفرانسیسکو

بهرنگ هر روز صبح ساعت ۹ از خواب بیدار می‌شود و به دانشگاه می‌رود. او معمولاً صبحانه نمی‌خورد. فقط از کافی‌شاپ نزدیک دانشگاه قهوه می‌گیرد. او در خیابان بیست و چهارم، بسیار نزدیک دانشگاه زندگی می‌کند. معمولاً پیاده به دانشگاه می‌رود. صبح‌های دوشنبه تا پنج‌شنبه در کلاس فارسی دستیار استاد است. بعد از کلاس فارسی به کتاب‌خانه می‌رود و سه تا چهار ساعت درس می‌خواند. معمولاً ساعت دو با یکی از دوستانش ناهار می‌خورد و بعد دوباره کمی درس می‌خواند. بهرنگ معمولاً روزهای دوشنبه و پنج‌شنبه با دوستش سعید به باشگاه دانشگاه می‌روند و ورزش می‌کنند. او خیلی اهل ورزش نیست و آن‌ها معمولاً تنیس بازی می‌کنند. روزهای سه‌شنبه کلاس رقص سالسا دارد و چهارشنبه‌ها موسیقی تمرین می‌کند. او شب‌های دوشنبه تا پنج شنبه تا دیر وقت بیدار است و درس می‌خواند اما با این که خیلی درس دارد و سرش شلوغ است، جمعه و شنبه شب‌ها معمولاً درس نمی‌خواند، به خیابان چهارم می‌رود و با دوستانش وقت می‌گذراند.

۳. به کمک اطلاعات متن، جدول زیر را پر کنید.

3. Fill out بهرنگ's schedule below according to the text with as much information as you can.

چه کار می‌کند	روز
موسیقی تمرین می‌کند	دوشنبه
	سه‌شنبه
	جمعه و شنبه
تنیس بازی می‌کند	

۴. متن را چند بار گوش کنید، سپس آن را با صدای بلند، بدون اشتباه، بخوانید، **صدای خود را ضبط کنید** و فایل صوتی را برای استادتان بفرستید.

4. Listen to the audio file of the text a few times. Make sure that you can read this paragraph without any mistakes in pronunciation. You will be asked to read it aloud in class.

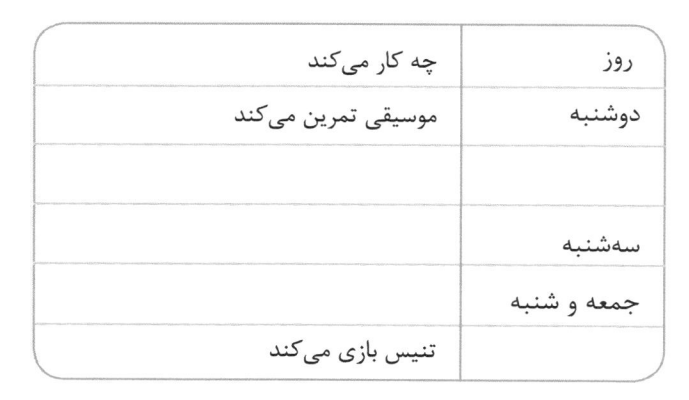

3_4_Reading1

در کلاس، استاد از شما می‌خواهد که متن را بلند در کلاس بخوانید. چون قبلاً تمرین کرده‌اید، می‌توانید این متن را بدون اشتباه بخوانید!

دستور ۱: وجه التزامی - بخش اول　Subjunctive

تمرین ۱۸: التزامی - درخانه

1. In the previous lesson, you learned how to say "She/he should write" in Persian. Write the sentence here:

2. This sentence consists of two words. Part of the second word in the sentence should look familiar to you. What do you recognize in this word? What looks different? Explain the parts of the word you do recognize.

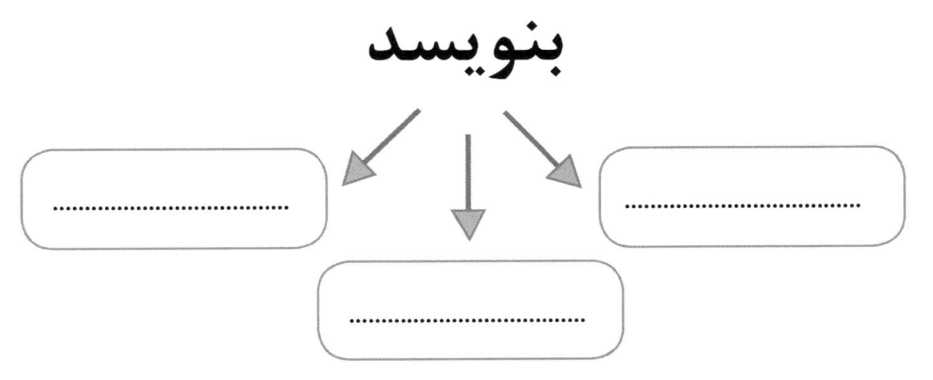

بنویسد

3. بنویسد is an example of the subjunctive. In this case, the verb "to write" (نوشتن) has been conjugated in the subjunctive for he/she/it. The subjunctive has a number of uses in Persian and we will be exploring some (but not all) of those uses in this lesson. For now, let's focus on how to form the subjunctive.
As you probably noticed, the subjunctive consists of three parts and is formed using the present tense stem of a verb. We add بـ to the beginning of the stem and add the personal verb endings after it. So the subjunctive conjugation usually follows this pattern:

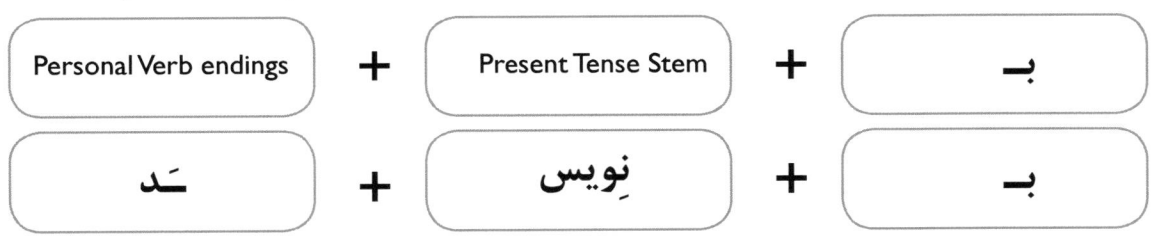

Personal Verb endings	+	Present Tense Stem	+	بـ
ـَد	+	نِویس	+	بـ

4. Try to conjugate the following verbs for the indicated person. Listen to the audio file and check your answers. Then, translate the sentences.

۱. نوشتن (او): باید تکلیفش را در همین دفتر ....
۲. فکر کردن (ما): باید درباره این موضوع مهم بیشتر ....
۳. دادن (شما): باید این کتاب را تا فردا شب به او ....
۴. رفتن (آنها): باید صبح زود برای ورزش کردن به باشگاه ....
۵. آمدن (تو): امروز باید زودتر از همیشه به خانه ....
۶. دانستن (او): باید این موضوع بسیار مهم را ....
۷. خواندن (ما): باید تا فردا این کتاب را ....
۸. دیدن (او): به نظر من باید امشب پدرش را ....
۹. خریدن (من): باید برای تولد دوستم هدیه جالبی ....
۱۰. آوردن (من): تشنه هستید. باید برای شما آب ....
۱۱. گذاشتن (شما): باید کتابها را همین جا ....
۱۲. افتادن (آنها): این شلوارها باید روی کفش.................................

Check your answers!

3_5_Grammar1

تمرین ۱۹: التزامی - درخانه

Two Notes about Compound Verbs in the Subjunctive:

1. When we conjugate compound verbs, we only alter the verbal component of the compound verb. So in the case of the subjunctive, we add بـ to the actual verb (e.g., زدن یا دادن) and not to the other words in the compound verb.

2. When we form the subjunctive in written Persian, we often exclude the بـ from compound verbs that use کردن and شدن. In spoken Persian, you will sometimes hear people use بـ on these conjugations, but it is also correct in the spoken to leave it off. Both are acceptable in spoken Persian but in written Persian it is better form to exclude بـ from compound verbs that use کردن and شدن.

Practice: In the subjunctive, try conjugating the following compound verbs in the written form (add باید before each one):

۱. صحبت کردن (شما): شما باید با پدرش صحبت کنید.

۲. جواب دادن (من): من باید به آنها.................................... .

۳. باز کردن (آنها): آنها باید صفحه ۱۲۴ را ....

۴. تکرار کردن (ما): ما باید تمام واژه‌ها را ....

۵. زندگی کردن (تو): تو باید ۴ سال در نیویورک.................. .

۶. بیدار شدن (او): او هر رور باید ساعت ۵ ....

۷. فکر کردن (من): من باید درباره این موضوع بیشتر ....

۸. سعی کردن (آنها): آنها باید .... هفته‌ای سه بار ورزش کنند.

Check your answers!

3_5_Grammar2

تمرین ۲۰: التزامی - در خانه

Using the subjunctive with باید، خواستن و توانستن :

1. The subjunctive has a number of uses in Persian. In this lesson, we are going to focus on using it with the verbs خواستن, باید and توانستن. This structure will allow us to express what we should/must do, what we want to do, and what we are able to do. Now that you understand how to form the subjunctive, try using it in the following sentences.

۱. می‌خواهم دوستم را به مادر و پدرم .... (معرفی کردن)

۲. فردا صبح آن‌ها باید به کلاس زبان فارسی .... (آمدن)

۳. می‌توانیم کتاب فارسی .... (خواندن)

۴. من باید .... (رفتن) و .... (کار کردن) چون می‌خواهم در آپارتمان بزرگی .... (زندگی کردن).

۵. شما باید .... (دانستن) کلاس فارسی کجاست.

۶. بعد از کلاس می‌تواند به کتابخانه .... (رفتن) و .... (درس خواندن) امّا الان باید کمی .... (ورزش کردن).

2. Now translate the sentences above into English.

3. Examine sentences 2, 4, and 6. What do you notice about the verb باید? Does it conjugate normally?

4. باید means "should" or "must" in Persian, and although it is technically a verb, we usually only use this one conjugation for all people. We use it with the subjunctive to express the things that we should or must do now or in the future.

5. Look carefully at the Persian sentences above. What do you notice about the sentence order? Where do باید خواستن, and توانستن come in the sentence? What about the verb in the subjunctive? And everything else?

6. Read the following texts and underline all of the subjunctive forms and circle the reason for each.

چرا بچه‌ها زنگ انشا را دوست ندارند؟ شاید به این دلیل که انشا تنها درسی است که در آن بچه‌ها باید به موضوعات مختلف برای نوشتن فکر کنند. بسیاری از دانش آموزان نمی‌توانند خوب بخوانند و بنویسند و به همین دلیل تا کسی از آنها نخواهد که چیزی بنویسند و یا بخوانند، این کار را نمی‌کنند.

بیشتر دانش‌آموزان در کشورهای مختلف زنگ انشا را دوست ندارند. امروزه در بعضی کشورها از سال‌های پیش دبستانی در کلاس عکس‌هایی به کودکان می‌دهند و از آنها می‌خواهند که درباره‌ی عکس‌ها داستانی بگویند. در بعضی کشورها، که نوشتن یک درس بسیار مهم است، معلم‌ها قبل از نوشتن هر انشا به بچه‌ها می‌گویند که چرا نوشتن آن انشا مهم است. همچنین، در بعضی کشورها که بچه‌ها اغلب تلفن همراه، لپ‌تاپ، یا تبلت دارند نه تنها می‌توانند با آنها فیلم ببینند، بازی کنند، یا موسیقی گوش کنند، بلکه نرم افزارهایی هم وجود دارد که می‌تواند به این بچه‌ها کمک کند بهتر بنویسند.

Hajar

http://www.flickr.com/photos/93865669@N00/4178780214/sizes/l/in/
photostream/

تمرین ۲۱: التزامی - در خانه و کلاس

در خانه، از آنچه درباره وجه التزامی یاد گرفته‌اید برای نوشتن پنج جمله استفاده کنید. از «باید»، «خواستن» و «توانستن» حداقل دو بار استفاده کنید و سعی کنید جمله‌هایی بنویسید که در هر کدام حداقل سه یا چهار فعل داشته باشد. این جمله‌ها را برای فعالیت کلاس نگاه دارید و در آخر کلاس آنها را به استاد تحویل دهید.

At Home: use your knowledge of the subjunctive to write five sentences of your own. Use باید خواستن, and توانستن at least twice, and try to create sentences that use at least three or four verbs, like sentences 4 and 6 of tamrin 20! Keep your sentences for class activity, and submit them at the end of the class.

In Class: use your notes to ask your classmates if they can, should, or want to do the same things as you do.

مثال: (من میتونم نقاشی کنم. شما هم میتونید؟)

At home, write a long paragraph (at least six sentences) about all of the things that you want to do and all of the things that you should do. Use at least six instances of the subjunctive with at least three different trigger words.

In class,

1. Your instructor will collect your paragraph. Work in small groups and talk about your wants and your obligations, focusing in particular on the subjunctive.

2. Your instructor will pick one person's paragraph and someone other than the person who wrote it should present it to the rest of the class, who must guess whose it is.

At home, Write the subjunctive form of each verb for the person in the parenthesis in the left columns. Then, listen to the audio file and check your answers. Make sure you learn how to say the subjunctive form for each verb and how to pronounce every verb and its subjunctive form. You will need to use them in the class activity.

3_5_Grammar3

در کلاس، از یادداشت‌هایتان استفاده کنید و از هم‌کلاسی‌تان بپرسید که آیا می‌توانند، باید و یا می‌خواهند کارهایی کنند که شما هم می‌توانید، باید و یا می‌خواهید انجام دهید.

تمرین ۲۲: التزامی- در خانه و کلاس

در خانه، یک بند طولانی حداقل شش جمله‌ای درباره آنچه می‌خواهید و باید انجام دهید بنویسید. بندتان باید حداقل شش مثال از وجه التزامی با کمک هر سه واژه باید و خواستن و توانستن داشته باشد.

در کلاس،

۱. استاد متن‌هایی را که نوشته‌اید جمع خواهد کرد. در گروه‌های کوچک با هم‌کلاسی‌هایتان درباره خواسته‌ها و وظایف‌تان صحبت کنید و بر استفاده از وجه التزامی تأکید کنید.

۲. استاد متن یکی از دانشجویان را انتخاب می‌کند و دانشجویی جز دانشجویی که متن را نوشته برای کلاس می‌خواند و دانشجوها باید حدس بزنند که این متن نوشته کیست.

تمرین ۲۳: التزامی- در خانه و کلاس

در خانه، شکل التزامی هر کدام از افعال زیر را برای ضمیر مقابل آن بنویسید. سپس به فایل صوتی گوش کنید و جواب‌هایتان را مرور کنید. باید تلفظ این افعال و وجه التزامی هر کدام را یاد بگیرید. در فعالیت کلاسی از این افعال استفاده خواهید کرد.

	۱۱. باز کردن (آنها)		۱. جواب دادن (من)
	۱۲. قبول شدن (من)		۲. دادن (شما)
	۱۳. تلاش کردن (او)		۳. آماده شدن (آنها)
	۱۴. پوشیدن (شما)		۴. بیدار شدن (او)
	۱۵. پرسیدن (آنها)		۵. نوشتن (او)
	۱۶. هدیه دادن (تو)		۶. فکر کردن (ما)
	۱۷. استراحت کردن (من)		۷. سعی کردن (شما)
	۱۸. خریدن (شما)		۸. زندگی کردن (تو)
	۱۹. گذاشتن (آنها)		۹. زنگ زدن (من)
	۲۰. افتادن (او)		۱۰. دیدن (او)

در کلاس، گروه‌های سه نفره تشکیل دهید. اولین دانشجو با اولین فعل در ستون اول سمت راست شروع می‌کند. دانشجوی دوم باید قبل از این فعل، «خواستن»، «باید»، و «توانستن» را بیفزاید و افعال قبل را صرف کند. مثال آن در ستون دوم آمده است. دانشجوی سوم، با افزودن مفعول مستقیم یا غیر مستقیم به جمله دانشجوی دوم، آن را بلندتر می‌کند.
دانشجوی سوم با انتخاب یکی از افعال جدول صفحه قبل این زنجیره را دوباره شروع می‌کند. دانشجوی اول «خواستن»، «باید»، و «توانستن» را می‌افزاید و دانشجوی دوم مفعول مستقیم یا غیر مستقیم.

In class, work in groups of three. The first student will start with the verb in the first column. The second must add "to want," "should," or "to be able" and then conjugate the verb that the first student said. The third student must take the second student's sentence and add a direct or indirect object so that the sentence is longer. Then the third student will pick one of the verbs from the chart on the previous page and start the chain again. This time, the first student will add "to want," "should," or "to be able," and the second student will add additional information to make the sentence longer.

دانشجوی ۱	دانشجوی ۲	دانشجوی ۳
صحبت کردن (شما)	شما باید صحبت کنید.	شما باید با استاد صحبت کنید.
آمدن (تو)	آنها می‌توانند بیایند.	آنها می‌توانند فردا به کتاب‌خانه بیایند.
دانستن (او)	او می‌خواهد بداند.	او می‌خواهد جواب این سوال را بداند.

تمرین ۲۴: التزامی- در کلاس

به هر کدام از شما و هم‌گروهی‌تان یک دسته از جمله‌های زیر داده خواهد شد. این جمله‌ها مشکلاتی را نشان می‌دهند که شما در حال حاضر با آن دست و پنجه نرم می‌کنید. شما باید هر جمله را بلند بخوانید و هم‌گروهی شما سعی می‌کند به شما پیشنهادی برای رفع این مشکلات ارائه دهد.

1. You and a partner will each be assigned one of the sets of sentences below. These sentences represent problems that you currently have. You will read off your complaints to your partner and he or she will offer advice.

خسته‌ام.
فردا تعطیل است.
فیلم‌های قدیمی وسترن را دوست ندارم.
غذای این رستوران خوب نیست.
این دانشگاه از بهترین دانشگاه‌های کشور است.
هوا سرد است.
فکر می‌کنم این فیلم برای سنش مناسب نیست.
پس‌فردا تولد دوستم است.
کلاس بعدی نیم ساعت دیگر شروع می‌شود.
شلوار جین خوب ندارم.

هفته آینده کلاس ندارم.
گرسنه‌ام.
فکر می‌کنم این موضوع مهم است.
هوا گرم است.
فیلم یک ساعت دیگر شروع می‌شود.
جوراب زمستانی خوب ندارم.
از غذای ایرانی و افغانی خیلی خوشم می‌آید.
فروشگاه دانشگاه عروسک ندارد.
دیشب تا صبح نخوابیدم.
همیشه دیر سر کلاس می‌رسم.

2. Translate the sentences below into English and then take turns coming up with new sentences that use the underlined word and the subjunctive.

۲. با همکاری هم‌گروهی خود به ترتیب جمله‌های زیر را به انگلیسی ترجمه کنید، سپس به نوبت با استفاده از واژه‌هایی که زیر آنها خط کشیده شده، جمله‌های جدیدی بسازید.

۱. همیشه یک‌شنبه‌ها تنیس بازی می‌کنم.

۲. روزهای جمعه هم کار می‌کنی؟

۳. شنبه، یک‌شنبه‌ها ساعت چند بیدار می‌شوی؟

۴. پدرت نمی‌داند برادرت دوست دختر دارد؟

۵. حرفم را قبول نداری؟ -چرا، قبول دارم.

۶. پس‌فردا شب برای دیدن سیرک به پارک شهر می‌رویم.

۷. امروز نمی‌خواهی نقاشی کنی؟

۸. بهترین نقاشی در این موزه، نقاشی داوینچی است.

۹. فکر می‌کنم بعد از ورزش می‌توانیم شام بخوریم.

۱۰. این نقاشی مال شماست؟ خیلی زیباست.

۱۱. دلیل دوست‌تان برای نرفتن به کلاس چه بود؟ - نمی‌دانم.

۱۲. نمی‌دانم خوانندگان وبلاگش چه کسانی هستند.

۱۳. آنها همیشه وبلاگ یکدیگر را می‌خوانند و برای هم کامنت می‌گذارند.

۱۴. روسری مشکی بهتر است یا صورتی؟

۱۵. جمعه‌ی پیش در خانه مریم یک مهمانی بود.

۱۶. رنگ بنفش را خیلی دوست دارم.

۱۷. کفش ورزشی برای مهمانی مناسب نیست.

۱۸. کتاب‌هایم در کوله‌پشتی‌ام هستند.

۱۹. با این که خسته‌ام استراحت نمی‌کنم، چون وقت ندارم.

چند تصویر از تهران امروز

دختران و پسران در حال بازی در زمین اسکیت در شب - تهران

یکی از بزرگ‌راه‌های شهر تهران

پوستر تبلیغاتی فیلم «در دنیای تو ساعت چند است؟» دریکی از خیابان‌های تهران

فرهنگ: پوشش در ایران — Culture: What do people wear?

تمرین ۲۵: فرهنگ - در خانه و کلاس

در خانه-
الف) متن زیر را بخوانید :
ماریا جاوینز ،خبرنگار ساکن نیویورک ، درباره‌ی سفرش به ایران می‌گوید:
عکس‌ها از: رزا شهسواری، رضا عابدی

"I arrived in Iran in a loose-fitting shalvar kameez (long roomy tunic and pants) only to find myself hideously outclassed by the Iranian women who dress with a great sense of style. Modern Iranian women dress a lot like modern American women, with one important difference. In public, they must always wear a long coat over their regular clothes and are required to cover their heads with a scarf. It is the law. The coat and scarf need not be black—the more adventurous fashion plates wear muted greens and beiges and even earthy reds. Their coat buttons can be decorative and it is perfectly acceptable for women to allow wisps of hair to frame their faces. Many females carry briefcases to and from work as they click down the sidewalks in high heels."

Research online and find out what is not acceptable to wear when you are on the street in Iran.

در کلاس- این دوستان آمریکایی می‌خواهند به ایران و تاجیکستان بروند. با هم‌کلاسی‌تان درباره‌ی لباس‌هایی که آنها نمی‌توانند بپوشند صحبت کنید. به آنها کمک کنید لباس مناسب انتخاب کنند.

آنها نمی‌توانند ....

آنها باید ....

دستور ۲: گُذَشتِهِ اِستِمراری   **Past Progressive**

تمرین ۲۶: گذشته استمراری- در خانه

1. Read the following sentences:

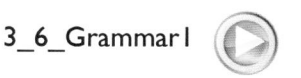 3_6_Grammar1

وقتی بچه بودم در رشت زندگی می‌کردم.
پارسال روزهای سه‌شنبه به کلاس موسیقی می‌رفتم.

These sentences feature a new verb tense (گذشته اسـتمراری), but luckily it is formed using pieces that you know so you should recognize the verb. Do you think this new tense is a past tense or a present tense? How do you know? What words in the sentence indicate this?

2. You already know the simple past, which describes actions that took place in the past one time, like in the examples below:

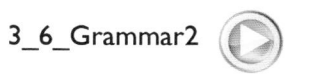 3_6_Grammar2

چهار سال در شیراز زندگی کردم.
دو سال پیش به ایران آمدم.

However, گُذَشته اِستمراری is used in a different way. Read the first set of examples again. What do you notice about the period of time in which the action of the verb takes place? Is the action happening in a single instance or over a period of time? How do you know?

3. Based on the information above, can you describe when we use گُذَشـتِهِ اِسـتِمراری in Persian? Be sure to check your answer with your instructor and classmates in class.

4. Look at the two examples below and explain why simple past (گذشته ساده) is used in the first sentence while گذشته استمراری is used in the second.

دو سال پیش به ایران آمدم و به شهری در کردستان ایران رفتم.
وقتی به ایران می‌آمدم، به شهری در کردستان ایران می‌رفتم.

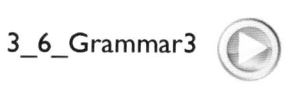 3_6_Grammar3

5. To review, circle the correct word in the parenthesis: گذشته استمراری is a (past / present) tense that describes either actions that took place (over a period of time / in one instance) or (habitual / single) actions.

Forming گُذَشتِهِ اِستِمراری

6. Examine the sentence below carefully and underline the two examples of: گُذَشته اِستِمراری

وقتی به ایران می‌آمدم، به شهری در کردستان ایران می‌رفتم.

7. This verb tense is formed using familiar pieces. What do you recognize in the verb?

8. گُذَشته اِستِمراری is formed simply by adding می to the simple past tense form that you already know. To help you visualize the form, fill out the diagram below with the proper information:

☐	+	☐

9. Apply this information by filling out the chart below. Check your answers with your instructor. Don't forget what is special about the third-person singular او in the simple past!

من می‌گفتم	ما
تو	شما
او	آنها

10. Read the two sentences below :

3_6_Grammar4

پارسال دوستم روزهای چهارشنبه تا ساعت هفت درس می‌داد و معمولاً ساعت نه شام می‌خورد.
دوستم که در آپارتمانی در مرکز شهر زندگی می‌کند با یکی از دوستانش در رستوران شام می‌خورد.

Which sentence has a verb that is pronounced /mi-khorad / and which sentence has a verb pronounced /mi-khord/? How do you know?

Negating گذشته استمراری

11. The sentence below includes the گذشته استمراری in the negated form.

3_6_Grammar5

وقتی که بچه بودند بعد از ساعت پنج صبح بیدار نمی‌شدند و این پدر و مادرشان را ناراحت می‌کرد.

What do you notice about how we negate this verb tense? It is similar to the negation of which other verb tense?

12. Fill out the chart below using the negated conjugation of گذشته استمراری.

من	ما
شما کمک نمی‌کردید	تو
آنها	او

13. Conjugate the following verbs in گذشته استمراری using the indicated subject pronoun. As you conjugate each verb, say it aloud!

۱. تو + نوشتن ....
۲. شما + توانستن ....
۳. ما + سعی کردن ....

Check your answers! 3_6_Grammar6

۴. او + نگاه کردن ....

۵. آنها + کار کردن ....

۶. تو + حرف زدن ....

۷. تو + صحبت کردن ....

۸. من + خوابیدن ....

14. Fill in the blanks using the indicated verb conjugated in either the simple past tense or the گذشته استمراری. Then explain in detail why you chose that tense.

۱. من پارسال روزهای سه‌شنبه به باشگاه .... (رفتن) و با دوستم .... (ورزش کردن) .

۲. دیروز استادمان .... (گفت) هفته‌ی آینده کلاس‌مان ساعت دو شروع می‌شود.

۳. برادرم وقتی که بچه بود فقط لباس سبز .... (پوشیدن) و وقتی کسی به او لباس رنگ دیگری .... (هدیه دادن)، ناراحت............ (شدن).

۴. وقتی در دبیرستان بودیم یکی از دوستانم هر روز زیاد .... (آرایش کردن).

۵. آنها در گذشته .... (توانستن) در کافی شاپ کار کنند اما الان نمی‌توانند.

۶. من پارسال از ایران .... (آمدن). آن‌جا .... (زندگی کردن) چون .... (خواستن) خوب فارسی حرف بزنم.

15. Listen to the audio file. You will hear 6 sentences. Write the translation of the sentences you hear in the appropriate column. Write the sentences which have گذشته استمراری فعل in the right column, and the ones with گذشته ساده in the left.

3_6_Grammar7

جمله‌ای که فعل گذشته ساده دارد	جمله‌ای که فعل گذشته استمراری دارد

16. Read the English sentences below and write the closest Persian equivalent that you can think of.

1. Last year in history class, our professor would ask a question in the beginning of the class every day.
2. When I was a child, I would arrive to school late every day.
3. When we would go to Iran, my little sister didn't want to wear her headscarf.
4. Some of the people who were at the party used to live in Tehran but immigrated to California last year.
5. Last year my favorite class would start at ۳:۰۰ and we would always talk about interesting topics.

Note: The third-person singular conjugation for گذشته استمراری of the verb خوردن is written the same as the third-person singular conjugation for زمان حال (simple present tense). However, it is pronounced differently:

گذشته‌ی استمراری: می‌خورد

زمان حال: می‌خورَد

3_6_Grammar8

تمرین ۲۷: گذشته استمراری - در کلاس

۱. یادش به خیر! - what a good time!

با هم کلاسی خود درباره‌ی گذشته‌اتان صحبت کنید

وقتی بچه بودم ....

وقتی در .... زندگی می‌کردم ....

وقتی به مدرسه می‌رفتم ....

وقتی ....

۲. مرتب کردن یک داستان آشفته

استادتان تکه کاغذهایی به شما می‌دهد که روی هر کدام از آنها یکی از جمله‌های زیر نوشته شده است. این جمله‌ها با هم یک داستان کوتاه‌اند، اما به ترتیب نیستند. شما باید به کمک هم‌کلاسی‌تان آنها را مرتب کنید.

Your teacher will give you sheets of paper with the sentences from a short story. The sentences are out of order, and you must work with your partner to put them in the correct order.

۱. مادر که دید حرف نمی‌زنم، عصبانی شد و از اتاق بیرون رفت.

۲. گفت همه چیز را می‌داند. گفت داروهای پدر را دیده است.

۳. چشم‌هایم را پاک کردم و به دنبالش به اتاق نشیمن رفتم.

۴. پدرت کجا رفته؟ این روزها چه خبر است؟ شما چه می‌دانید که به من نمی‌گویید؟

۵. نمی‌دانستم چه جوابی بدهم. پدرم نمی‌خواست مادر چیزی بداند.

۶. در اتاقم آرایش می‌کردم که مادر با یک لیوان چای به اتاق آمد. و شروع کرد به حرف زدن. چیزهایی می‌پرسید که نمی‌توانستم جواب دهم.

۷. اما مادر کوتاه نمی‌آمد. می‌پرسید و می‌پرسید و من هیچ نمی‌گفتم.

۳. دو قلوها

در کلاس بگردید و دو نفر را پیدا کنید که در یک زمان دقیقاً یک کار را می‌کرده‌اند. شما باید از زمان گذشته استمراری استفاده کنید. مثال زیر را ببینید:

- دیروز ساعت هشت صبح چکار می‌کردید؟
- دیروز ساعت هشت صبح صبحانه می‌خوردم.

Twins: Walk around the room and find two students who were doing exactly the same thing as you were doing at exactly the same time. You should use the past progressive to ask questions like the example below:

فرهنگ ۱، تلفظ و خوش‌نویسی: عمر خیام، شاعر ایرانی

تمرین ۲۸: در کلاس و خانه

در کلاس، به استادتان (یا به فایل صوتی) گوش کنید، و زیر کلماتی که می‌شناسید خط بکشید. سپس معنی انگلیسی شعر را برای خودتان بخوانید و معنی کلمات فارسی را حدس بزنید. یک بار دیگر به استاد گوش کنید و سعی کنید بعد از او شعر را تکرار کنید. بعد از این که شعر را یاد گرفتید، سعی کنید آن را با خط نستعلیق بنویسید!

Khayyam, if thou art drunk with wine, be glad!

....

If seated next to one with tulip cheeks, be glad!

....

Since the world's work has no hereafter, think then

....

Though mightiest not be—but since thou art, be glad!

....

Omar khayyâm
Translated by Edward Fitzgerald

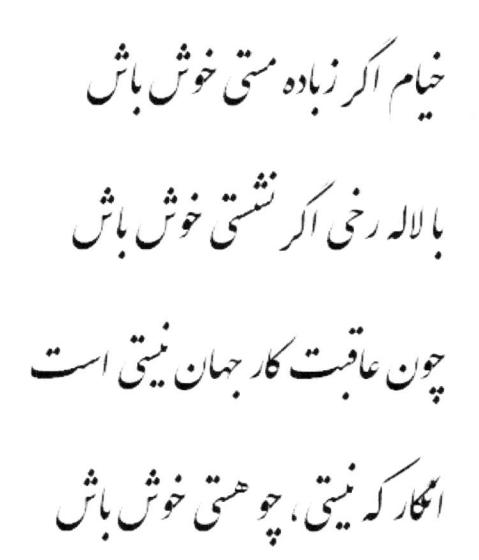

خیام اگر ز باده مستی خوش باش

با لاله رخی اگر نشستی خوش باش

چون عاقبت کار جهان نیستی است

انگار که نیستی، چو هستی خوش باش

در خانه، درباره عمر خیام تحقیقی مختصر کنید و سه مورد واقعی درباره او و یا اشعارش بنویسید. تا آنجا که می‌توانید به فارسی بنویسید.

At home, do research on Omar Khayyam and write three facts about him and/or his poetry. Try to write as much as you can in Persian.

آرامگاه خیام در شهر نیشابور

گفتاری - نوشتاری

تمرین ۲۹: در خانه و کلاس

At Home:

1. review the chart below, compare the sentences in گفتاری and نوشتاری and underline the words that are different.

3_8_SpokenWritten1

گفتاری	نوشتاری
باید بهش زنگ بزنم و باهاش برم سینما.	باید به او زنگ بزنم و با او به سینما بروم.
می‌خوام بهشون بگم که باهات صحبت کنن.	می‌خواهم به آنها بگویم که با تو صحبت کنند.
می‌تونی اینو بهش بدی؟ باهام حرف نمی‌زنه.	می‌توانی این را به او بدهی؟ با من حرف نمی‌زند.
جوابی بهم نداد و باهاشون رفت.	جوابی به من نداد و با آنها رفت.
بهتون سلام می‌رسونه.	به شما سلام می‌رساند.

2. Listen to the audio file and learn to say the following phrases.

3_8_SpokenWritten 2

نوشتاری یا گفتاری	گفتاری	نوشتاری یا گفتاری	گفتاری
به من	بهم	به ما	بهمون
به تو	بهت	به شما	بهتون
به او	بهش	به آنها	بهشون

نوشتاری یا گفتاری	گفتاری	نوشتاری یا گفتاری	گفتاری
با من	باهام	با ما	باهامون
با تو	باهات	با شما	باهاتون
با او	باهاش	با آنها	باهاشون

3. Review the chart below, compare the sentences in goftaari and neveshtaari and underline the words that are different. Listen to the audio file and check your answers.

3_8_SpokenWritten 3

نوشتاری	گفتاری
حرفَت را قبول ندارد؟	حرفِت رو قبول نداره؟
شلواری را که به من می‌دهد دوست ندارم.	شلواری رو که بهم می‌ده دوست ندارم.
مهاجرت مشکلات زیادی با خود می‌آورد.	مهاجرت مشکلات زیادی با خودش میاره.
هفته‌ی دیگر میخواهم به کیش بروم.	هفته‌ی دیگه میخوام برم کیش.
نباید با من بلند حرف بزند.	نباید باهام بلند حرف بزنه.

In Class: Take turns and tell your classmates the following sentences in فارسی گفتاری.

- You have a friend who came to Austin (or the city you live in now) last night, and you will call him tonight.
- Your mother called you yesterday, after a week, and you will call her tonight and tell her that you will call her every day from now on (از این به بعد).
- Your friend sent his best to them.
- Your classmate doesn't have the Persian textbook and if they can give the textbook to her.

تمرین ۳۰: در خانه و کلاس

در خانه،

At Home:

1. Read the following examples and listen to the corresponding audio file.

3_8_SpokenWritten 4

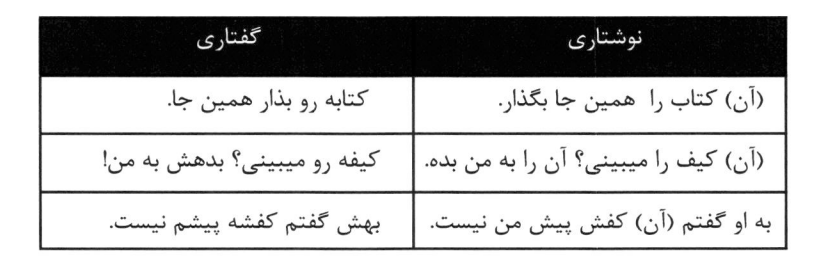

نوشتاری	گفتاری
(آن) کتاب را همین جا بگذار.	کتابه رو بذار همین جا.
(آن) کیف را میبینی؟ آن را به من بده.	کیفه رو میبینی؟ بدهش به من!
به او گفتم (آن) کفش پیش من نیست.	بهش گفتم کفشه پیشم نیست.

What differences do you notice between the گفتاری and نوشتاری sentences above?

2. You'll notice that ـه has been added to several words in the گفتاری section. What role does this ـه play in گفتاری? How do you think the sentences would be different without the ـه ?

3. Write three sentences in گفتاری, in which you use the ـه like the examples above and translate them into English.

۴. به فایل صوتی گوش کنید. پنج سوال می‌شنوید. سوالات را در جای مناسب بنویسید.

3_8_SpokenWritten 5

۱- .... ؟ - همین جا.

۲- .... ؟ - بله، بفرمایید!

۳- .... ؟ - عالی بود! خیلی خوش گذشت.

۴- .... ؟ - اونی که روی میزه.

۵- .... ؟ - آره، الان میارمش.

۵. مهسا هم به جشن تولد دوستش سمانه می‌رود. به فایل صوتی گوش کنید و به سوالات زیر جواب دهید.

3_8_SpokenWritten 6

۱. چرا مهسا باید به مهمانی سمانه برود؟
۲. فکر می‌کنید چرا سمانه جواب تلفن‌های مهسا را نمی‌دهد؟
۳. مهسا باید به هدا چه بدهد؟
۴. نظر شما درباره‌ی روسری مهسا چیست؟
خوش‌رنگه، بد رنگه، بهش میاد، بهش نمیاد،
تیره است، روشنه، . . .

۶. یک بار دیگر متن را گوش کنید و هر چه را می‌شنوید به **فارسی نوشتاری** بنویسید.

در کلاس، جواب‌های‌تان به سؤال ۱ تا ۳ را با هم‌کلاسی و استادتان مرور کنید.

تمرین ۳۱: در کلاس

با استفاده از حرف تعریف در فارسی گفتاری تصویرهای زیر را توصیف کنید. (به نظر می‌رسه: It seems that)
مثال: به نظر می‌رسه استاده خیلی استاد خوبیه.

(به نظر می‌رسه ماشینه
....)

(به نظر می‌رسه مرده ....)

(به نظر می‌رسه دختره
....)

(به نظر می‌رسه که فیلمه
....)

(به نظر می‌رسه که پسر کوچولوئه
....)

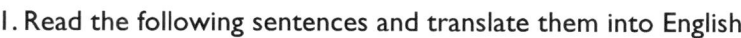

دستور ۳: گُذَشتِه نقلی Present Perfect

تمرین ۳۲: در خانه

1. Read the following sentences and translate them into English.

3_9_Grammar1

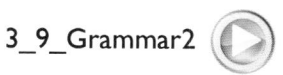

الان یک سال است که به تهران آمده‌ام. ....

دوستم در شهرهای شیراز، آستین و فیلادلفیا زندگی کرده است. ....

هفت ماه است که پدر و مادرتان را ندیده‌اید. ....

2. You already know that the verb tense that is being used in the sentences above is similar to the English present perfect (I have come; she has lived; you have not seen). Take a moment and think about how we use this tense in English. What are you implying when you use it?

3. in Persian, we use گذشته نقلی when we want to reference something that has happened in the past but is still relevant to the present conversation or discussion. As you can imagine, context is really important to determining when to use this tense and for understanding the nuance that it implies. In the space below, write in English three scenarios in which you might use this tense. Be sure to set up a context and explain why this tense is necessary. Read the following example:

1) If a friend and I are talking about how many books we have read this semester, I might say "I have read six books." This would demand the گذشته نقلی tense in Persian because, although I am talking about actions that have happened in the past, they still have bearing on our present conversation.

2)..

3)..

4)..

A Few Exceptions

4. Note that there are instances in which we use this verb tense in Persian when we wouldn't necessarily use it in English. The most notable examples involve three verbs that you already know. Look at the sample sentences below and translate them into English.

3_9_Grammar2

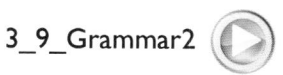

امروز روز سنت پاتریک است و همکلاسی‌هایم لباس سبز پوشیده‌اند امّا من فراموش کردم و لباس سبز نپوشیده‌ام.

نمی‌توانم حرف بزنم چون الان من با خانواده‌ام پشت میز نشسته‌ایم و داریم شام می‌خوریم.

- مهسا کجاست؟ - خوابیده است.

In Persian, we describe these states of being (wearing, sitting, and sleeping) using the گذشته نقلی, even though we are talking about the present. Keep these exceptions in mind and be on the lookout for others as you continue to build your Persian vocabulary!

Forming گذشته نقلی

5. Based on the information that you already know, use the space below to create a formula for forming گذشته نقلی. Look at page 95 in Volume 1of *Persian of Iran Today* for a good model for visualizing verb conjugations. Try to use that model in your own formula.

6. Look at the sentences below, and listen to the audio file to determine how you form the negation of this verb tense.

3_9_Grammar3

هرگز غذای چینی نخورده‌ام.

با این که در اصفهان زندگی نکرده‌ام، بیشتر خیابان‌های آن را می‌شناسم.

خواهرم سه سال است که کنکور می‌دهد، اما هنوز در رشته‌ای که دوست دارد قبول نشده است.

Pronouncing گذشته نقلی in spoken Persian

7. In spoken Persian, گذشته نقلی sounds very similar to گذشته ساده or the simple past. Listen to the following examples below very carefully and try to determine the differences you hear between گفتاری and نوشتاری and between گذشته ساده and گذشته نقلی .

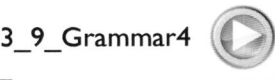

3_9_Grammar4

گذشته نقلی	گذشته ساده
بهش گفته‌ام.	بهش گفتم.
اون رو دیده‌ام.	اون رو دیدم.
[تو/در] تهران زندگی کرده‌ام.	[تو/در] تهران زندگی کردم.

گذشته نقلی	گذشته ساده
به او گفته‌ام.	به او گفتم.
او را دیده‌ام.	او را دیدم.
در تهران زندگی کرده‌ام.	در تهران زندگی کردم.

8. Listen to the audio file again. Now record your own audio file and send it to your teacher. Try to copy the voice that you hear exactly. Pay special attention to where the words in the sentence are being stressed.

9. Now that you have heard examples and even tried recording them yourself, try to explain the difference you hear between گذشته ساده and the spoken form of گذشته نقلی. Be prepared to share your answers with your classmates.

10. Note that there is no common writing system for writing گذشته نقلی in گفتاری. You may see people write it in the same way that they would write it in simple past, or they sometimes write it the same way they write it in نوشتاری form of گذشته نقلی, even though the pronunciation is slightly different. In this textbook, for the sake of clarity, we have chosen to write it in نوشتاری .

11. Listen to the audio file and complete the following sentences. What are these verbs are called in Persian grammar?

3_9_Grammar5

۱. چهار سال در مشهد زندگی .... (گذشته ....)

۲. چهار سال در مشهد زندگی .... (..........................)

۳. چهار سال در مشهد زندگی .... (..........................)

۴. چهار سال است که در مشهد زندگی .... (.......................)

12. Fill in the blank with the appropriate forms of زندگی کردن..

۱- چهار سال در مشهد زندگی .... و بعد به تهران رفتم.

۲- وقتی عمویم به مشهد آمد ما چهار سال بود که در مشهد زندگی ....

۳- چهار سال در مشهد زندگی .... از سال ۱۳۸۶ تا ۱۳۹۰.

۴- چهار سال در مشهد زندگی .... و بعد برای همیشه به شیراز می‌روم.

13. Listen to the audio file, and determine whether the گفتاری sentences you hear are in گذشته ساده or گذشته نقلی. Listen for both stress and key words.

3_9_Grammar6

۱ -	گذشته ساده	گذشته نقلی
۲ -	گذشته ساده	گذشته نقلی
۳ -	گذشته ساده	گذشته نقلی
۴ -	گذشته ساده	گذشته نقلی
۵ -	گذشته ساده	گذشته نقلی
۶-	گذشته ساده	گذشته نقلی

۱۴. پنج جمله‌ی طولانی بنویسید و در آن‌ها از زمان گذشته نقلی استفاده کنید. هر جمله باید حداقل ۱۰ کلمه داشته باشد.

تمرین ۳۳: در کلاس

۱- از هم کلاسی‌تان بپرسید تا حالا چه کارهایی کرده است و چه کارهایی نکرده است. می‌توانید از عبارت‌های زیر استفاده کنید.

مثال:

تا به حال به کنسرت لیدی گاگا رفته‌ای؟ (تا حالا رفته‌ای کنسرت لیدی گاگا؟)

زندگی کردن در یک شهر شلوغ و آلوده - خوابیدن سر یک کلاس خسته کننده -

دیدن فیلم مصری - غذا دادن به یک بچه نه ماهه - سفر کردن به خاور میانه

۲- در گروه‌های دو نفره، به کمک عبارات زیر گفتگو کنید. برای کامل کردن هر جمله حتماً از یک فعل گذشته نقلی استفاده کنید.

سردترین جایی که........................	کم جمعیت‌ترین شهری که ....
گرم‌ترین جایی که	سنگین‌ترین ماشینی که ....
بدترین موسیقی‌ای که	دورترین کشوری که ....
جالب‌ترین داستانی که	نزدیک‌ترین استانی که ....
عجیب‌ترین کتابی که	ترسناک ترین فیلمی که ....
بهترین کنسرتی که	آلوده‌ترین شهری که ....
خسته‌کننده‌ترین شهری که	راحت‌ترین کفشی که ....
ارزان‌ترین رستورانی که در آن	خوشمزه‌ترین غذایی که ....
کثیف‌ترین اتاقی که	خوش تیپ‌ترین کسی که ....
شلوغ‌ترین خیابانی که	خوش لباس‌ترین دانشجویی که ....
زیباترین شهری که	پرحرف‌ترین........................
جوان‌ترین	بدترین........................
دوستانه‌ترین	خطرناک‌ترین........................

گفتگوی ۱: عجب مصیبتی!

تمرین ۳۴: در خانه و کلاس

در خانه- گوش کنید و تمرین کنید.

-- این لباس‌های تمیزه؟
• آره
-- پس تی‌شرت نو من کو؟
• چه رنگی بود؟
-- سفید.
• این نیست؟
-- نه، مال من سفید بود. بذار ببینم...ای وای!!! چرا این رنگی شده این؟!! عجب مصیبتی!
• وای! همه‌ی لباسامون آبی شده!! ... هوممممم! مشکل این جاست! این شلوار جین آبی مال کیه؟
-- ای وای، مال منه! خیلی متاسفم!

در کلاس- اول چند بار با هم‌کلاسی‌تان گفتگوی قبل را تمرین کنید. سپس، با کمک هم یک گفتگوی جدید بنویسید و آن را در کلاس بازی کنید.

Make sure that you can pronounce everything correctly because you will use the same words and expressions in the class activity.

عجب مصیبتی/ چه مصیبتی!: what a disaster!
نو: جدید
کو: کجاست— We use this expression when we are asking where something is when we expect it to be close.
بذار ببینم = بگذار ببینم: let me see
خیلی متأسفم: I am very sorry

دو تصویر از ایران

نقاشی دیواری بر روی یکی از دیوارهای شهر تهران

باغ نگارستان در تهران

خواندن ۲: برنامه روزانه من

تمرین ۳۵: در خانه و کلاس

نگاهی اجمالی به متن بیاندازید و به سوالات زیر به فارسی جواب دهید.

۱. این متن درباره چیست و نویسنده آن کیست؟

۲. جاهای خالی جدول زیر را پر کنید. اطلاعات جدول به زبان نوشتاری نوشته شده است.

۳. چند تفریح مورد علاقه نویسنده چیست؟ او معمولاً شب‌های جمعه چه می‌کند؟

۴. دست کم پنج فعل در متن پیدا کنید که وجه التزامی دارند. زیرشان خط بکشید و توضیح دهید که چرا التزامی هستند.

۵. به فایل صوتی گوش کنید و مثال‌هایی از «ماضی نقلی» در متن پیدا کنید.

Skim the text below and try to answer these questions in Persian:

1. What is this passage about and who wrote it?
2. Fill in the chart below with the missing information. The chart has been written in written form.
3. What are some of the writer's favorite hobbies? How does she usually spend her Friday nights.
4. Find at least five verbs that are in the subjunctive, underline them, and explain why they are in subjunctive form.
5. Listen to the audio file and find examples of present perfect in the text.

Note: This text was originally written in the spoken form: http://anne-sherli.blogfa.com/

3_11_Reading1

ساعت	چه کار می‌کنند
۶:۰۰	
	به سر کارش می‌رسد
۷:۱۰ تا ۷:۳۰	
	به خانه می‌رسد
	می‌خوابد

3_11_Reading 2   **برنامه روزانه من**

آن شرلی

صبح ساعت ۵:۵۰ با صدای زنگ ساعتم بیدار می‌شوم. زنگش را خاموش می‌کنم و تا ساعت ۶ چرت می‌زنم. ساعت ۶:۰۰ مثل فنر از جایم می‌پرم. دست و صورتم را می‌شویم، لباسم را می‌پوشم، ضدآفتاب و رژ می‌زنم و بعد هم مقنعه می‌پوشم، حالا آماده رفتن به محل کارم هستم.

در ساعت۶:۱۵ سوار ماشین بابا می‌شوم. پدرم پراید دارد و هر روز من و چند نفر دیگر را (دو خانم و یک آقا) به محل کارمان در شهر مجاور می‌برد. در راه اگر کتاب جدیدی داشته باشم مطالعه می‌کنم، یا با یکی از خانم‌ها که پرستار مهربانی است حرف می‌زنیم، از سیاست و هنر و موسیقی و کتاب.

ساعت ۷:۰۵ تا ۷:۱۰ به محل کارم می‌رسیم. از ساعت ۷:۱۰ تا ۷:۳۰ وبلاگ‌های شما را چک می‌کنم، ببینم از شب قبل چیزی اضافه کرده‌اید یا نه. تنها کسی که همیشه چیزهای جدیدی دارد ژرفاست. بعد از آن کارم شروع می‌شود.

ساعت ۱:۳۰ بعد از ظهر، برای ناهار، با همکارم که دختر خانم جوانی است به سالن ناهارخوری می‌رویم و مثل سربازها ضربتی ناهار می‌خوریم و ساعت ۱:۴۵ به اتاق‌مان برمی‌گردیم و دوباره کارمان شروع می‌شود.

ساعت ۶ تا ۶:۳۰ آماده‌ی برگشتن می‌شوم. بعد ازظهرها خودم باید برگردم چون پدرم دنبالم نمی‌آید. سوار اتوبوس می‌شوم و از غرب به سمت شرق شهر راه می‌افتم. مجبور هستم دو اتوبوس عوض کنم و یک مسیر را هم با تاکسی بیایم تا به محلی برسیم که ماشین‌ها برای برگشتن به شهر خودم ایستاده‌اند. البته چند روزی مرتب مجبور شدم با تاکسی بیایم و هزینه‌هایم حسابی بالا زده.

ساعت ۷:۳۰ تا ۸:۰۰ به محل پارکینگ در شهرمان می‌رسم و همیشه بین ساعت ۸:۱۰ تا ۸:۴۰ به خانه می‌رسم. لباس‌هایم را درمی‌آورم، کامپیوترم را روشن می‌کنم، آهنگی می‌گذارم و مطلب می‌نویسم یا مطلب می‌خوانم. مثلاً الان آهنگ قدیمی سیاوش را گذاشته‌ام. البته به شرط اینکه یک کتاب جدید نداشته باشم، و اگر فیلم خوبی هم به دستم برسد می‌بینم.

خیلی کم تلویزیون می‌بینم. دیگر مثل قبل به اخبار هم گوش نمی‌دهم چون به اندازه‌ی کافی در اتوبوس و تاکسی اخبار می‌شنوم. روزنامه هم که هرگز نمی‌خوانم، فقط طالع بینی مجلات را می‌خوانم. اما همیشه موسیقی گوش می‌کنم. چند وقت پیش کلاس زبان هم می‌رفتم اما به دلیل ساعت کلاس مجبور شدم نروم. تصمیم دارم به کلاس موسیقی بروم. عاشق فلوت، پیانو، ساز دهنی و ساکسیفون هستم. اگر ممکن باشد می‌خواهم به کلاس فلوت بروم. در کلاس شنا هم اسم نوشته‌ام. «خیلی زشته دختر به سن من شنا بلد نباشه».

خلاصه کنم، روزهای عادی ساعت ۱۲، ۱۲:۳۰ می‌خوابم ولی جمعه شب‌ها بعضی وقت‌ها تا ساعت ۴ صبح بیدارمی‌مانم و کتاب می‌خوانم. هفته‌ی پیش یک کتاب ایرانی خواندم به اسم یلدا. تا ساعت ۴ صبح می‌خواندم و بعد خوابیدم. دو هفته پیش اسکارلت این بلا را سرم آورد، و هفته پیش از آن جین ایر. چقدر من از کتاب خواندن حرف می‌زنم! حسابی برای خودم نوشابه باز می‌کنم و جلوی خودم بلند می‌شوم!

می‌بینید؟ وقت آزادم خیلی کم هست؛ تقریباً ۴ ساعت. البته اگر نخوابم ۱۰ ساعت می‌شود. اما من به علت تنبلی زیاد نمی‌توانم از خوابم بگذرم، مگر اینکه بخواهم یک کوه باحال بروم و یا کتاب بخوانم. البته بعد از آن باید کسری خوابم را جبران می‌کنم.

روزهای جمعه که از صبح بشور و بساب است: هم خودم، هم لباس‌هایم، هم خانه‌مان. بعد از آن گاهی اوقات باید به خانه مادربزرگ و خاله جان و عمو جان بروم.

خب! این‌هم از برنامه‌ی روزانه من و البته شبانه! راستی، بعضی وقت‌ها هم با دوستان قدیمی‌ام چت می‌کنم، مثل الان.

پ.ن. اگر توجه کنید در برنامه‌ی من خوردن چندان جایی ندارد. مثلاً من در مورد خوردن شام و صبحانه چیزی نگفتم. به همین دلیل است که هنوز لا...، نه بهتر است بگوییم «باربی» مانده‌ام!

تمرین ۳۶: در خانه و کلاس

At Home: In Volume I, you learned about a young Iranian's schedule on the weekdays and on the weekend. Fill out the chart below with information about your schedule. Be prepared to compare your schedule to your classmates' schedules and the schedule of the author of the text.

	روزهای کاری هفته
	آخر هفته‌ها (در ایران: جمعه‌ها)
	هر روز

In Class: Share your weekend, weekday, and everyday activities with your partner. Then work with your partner to write a short paragraph in which you compare your two schedules with the schedule in the text that you read for homework.

واژگان: چند واژه   a few words

چند واژه جدید : ۱. از این که، بعد از این که

تمرین ۳۷ در خانه و کلاس

I. Try to translate the following sentences into English:

۱. از او ناراحت هستم.

....

۲. از این که از اینجا رفت ناراحت هستم.

....

2. In the second sentence, why do we use از این که ? ....
....

3. In Persian, prepositions (like از) must be followed by a noun or a pronoun. If you want to follow a preposition with a verbal clause (like in sentence 2), then you have to use ایـن کـه after the preposition. In this case, ایـن is standing in for an entire sentence and که lets your reader or listener know that you are about to explain exactly what ایـن is.

It is not necessary to have complete control of this concept right now. We will continue to review this rule. But when you use a preposition it is useful to think about whether a verbal clause or a noun is following that preposition. If it is a verbal clause then don't forget the ایـن کـه.

We can use this principle in order to add verbal clauses to بعد از. You already know that بعد از has to be followed by a noun. However, we can use ایـن کـه if we want to include a conjugated verb after بعـد از. Look at the two examples below, which have the same meaning.

۱. بعد از رفتن به کلاس در کتاب‌خانه درس خواندم.

۲. بعد از این که به کلاس رفتم در کتاب‌خانه درس خواندم.

Here are more examples:

بعد از این که هدیه را به او دادم به او گفتم که فردا به سفر می‌روم: اول هدیه را به او دادم، بعد به او گفتم که به سفر می‌روم.

بعد از این که آرایش کرد مقنعه‌اش را پوشید: اول آرایش کرد، بعد مقنعه‌اش را پوشید.

بعد از رفتن او باید بخوابم: بعد از این که او رفت باید بخوابم.

3_12_Vocabulary1

بعد از آماده شدن باید به او زنگ بزنم: بعد از این که آماده شدم باید به او زنگ بزنم.

قبل از آرایش کردن لباسم را می‌پوشم: قبل از این که آرایش کنم لباسم را می‌پوشم.

قبل از رفتن باید چند کلمه‌ای با شما صحبت کنم: قبل از این که بروم باید چند کلمه‌ای با شما صحبت کنم.

4. Read the following sentences. When should we use وقتـی and when should we use کـی? Be prepared to explain your answers in class.

از این‌که .... خوشحالم.   از این‌که .... خسته‌ام.

از .... خوشحالم.   از .... خسته‌ام.

In Class: Compare your answers with your partner.

از این‌که .... ناراحتم.   از این که .... نگرانم.

از .... ناراحتم.   از .... نگرانم.

تمرین ۳۸: درخانه وکلاس — **چند واژه جدید ۲: کی، وقتی**

۱. این جمله ها را با یکدیگر بخوانید. به نظر شما چه وقت از «کی» و چه وقت از «وقتی» استفاده کنیم؟ هر دو کلمه در انگلیسی When ترجمه می‌شوند.

۱. معمولاً .... بیدار می شوید؟
۲. معمولاً .... بیدار می شوید، چکار می کنید؟
۳. .... هوا سرد می شود، من دوست دارم چای گرم بخورم. شما چه‌طور؟
۴. تو می دانی بازی بسکتبال............................ شروع می‌شود؟
۵. .... با حرف کسی مخالف هستید، چکار می کنید؟

در کلاس- در گروه‌های دو نفره به سوالات تمرین بالا جواب دهید.

تمرین ۳۹: در خانه و کلاس — **چند واژه جدید ۳: هم . . . هم . . . ، نه . . . نه . . . ، یا . . . یا،**

در خانه

1. Review the following sentences and underline the correlative conjunctions which are repeated twice in each sentence.

3_12_Vocabulary2

(هم کار می‌کنم، هم درس می‌خونم.)
هم بستنی دوست دارم، هم شیرینی.
نه بستنی می‌خورم، نه شیرینی.
(نه کار می‌کنم، نه درس می‌خونم.)
او نه خواهر دارد، نه برادر.
نه سلام کرد، نه خداحافظی.
نه من به دانشگاه می‌روم، نه خواهرم.
(نه درس می‌خونم، نه کار می‌کنم.)

In Persian,

to express either...or...we use: یا . . . یا . . .

To express neither...nor... we use: نه . . . نه . . .

To express both...and... we use: هم . . . هم . . .

2. Listen to the sentences you just read. Pay attention to how they are pronounced.

3. Use the correlative conjunction you learned to write five sentences about yourself. You will share these sentences with your classmates.

در کلاس

۱. در گروه‌های دو نفره جمله‌های زیر را به فارسی بگویید.

1. In groups of two, practice saying the following sentences in Persian:

We are thirsty and we have neither water nor coke.
My mother likes both tea and coffee.
Your friend's father likes neither tennis nor volleyball.
Her sister neither works nor studies.
We will eat either a sandwich or sushi for dinner tonight.
She will go to school either on Thursday or Friday.
They would go to either Iran or Turkey.
His brother doesn't want to go to Canada or England.

۲. پیش از اینکه بازی بعد را انجام دهید، جواب‌های‌تان را با استاد بررسی کنید.

2. Check your answers with the instructor before you start the following game.

۳. همه‌ی کلاس بازی زیر را انجام خواهند داد.
یک دانشجو با گفتن اولین جمله بازی را شروع می‌کند و دانشجوی دوم به کمک «هم»، مانند مثال، اطلاعات جدیدی را به جمله دانشجوی اول می‌افزاید و دانشجوی سوم همین کار را ادامه می‌دهد تا زمانی که یکی از دانشجویان نتواند ادامه دهد.

3. The whole class will play the chain game. One student starts with the first sentence and the second student should add more information to what was previously said, while using هم or نه to add more information.

من درس می‌خونم.
من هم درس می‌خونم، هم کار می‌کنم.
من هم درس می‌خونم، هم کار می‌کنم، هم....

من درس می‌خونم.
من نه درس می‌خونم، نه کار می‌کنم.
من نه درس می‌خونم، نه کار می‌کنم، نه....

۴. در گروه‌های دو نفره، جمله‌هایی که در بخش سوم تمرین ۳ را نوشته‌اید با هم مقایسه کنید. در چه مواردی مشابه هستید و در چه مواردی متفاوت؟

4. In groups of two, compare the sentences you wrote about yourself in exercise 3 of the previous tamrin. How are you the same? How are you different?

۵. غیبت در غیبت!
در گروه‌های دو نفره، یک شخصیت معروف را انتخاب کنید و دو موضوع بسیار جالب را که درباره‌ی هر کدام می‌دانید بنویسید. این جمله‌ها را برای کلاس بخوانید. در نوشتن این جمله‌ها حتماً از ساختی که در تمرین ۳۹ یاد گرفتید استفاده کنید.

5. Share your gossip_ In groups of two pick a famous person you know, and choose the two most interesting pieces of gossip to write about them and share your sentences with the class. Make sure to use the structure in تمرین ۳۹.

یک تصویر و یک متن: سیبویه

سیبویه که از مهم‌ترین زبان‌شناسان تاریخ محسوب می‌شود، در قرن هشتم میلادی، حدود سال ۱۴۰ هجری قمری، در بیضاء از توابع شیراز به دنیا آمد. او اولین زبان‌شناس نوگرای زبان عربی و اولین کسی بود که از روش‌های سنتی نحو زبان فاصله گرفت و روش توصیفی و عینی را برای توصیف این زبان پیش گرفت. تنها کتابی که نوشت *الکتاب* نام داشت که جامع‌ترین کتابی بود که در نحو زبان عربی کلاسیک نوشته شد. زبان اول او عربی نبود و می‌گویند او را برای داشتن لهجه‌اش در زبان عربی مسخره می‌کردند.

آرامگاه سیبویه در شهر شیراز
Sibawayh's shrine in Shiraz

فرهنگ ۲: تعارف

تمرین ۴۰: در خانه

در خانه- پرسش‌های زیر درباره تعارف را به انگلیسی از یک ایرانی بپرسید. جواب‌هایی را که می‌گیرید با جزییات بنویسید. آماده باشید اطلاعاتی را به دست آورده‌اید با هم‌کلاسی‌های‌تان در میان بگذارید.

At Home: Ask an Iranian the following questions in English about تعارف. Write your answers in detail below. Be prepared to share the information you learned with your classmates.

1. What do you do when you enter an Iranian's house?
2. How do you interact with people of the opposite sex? Should men shake a woman's hand?
3. Can you make jokes about people's relatives?
4. Is it acceptable to offer alcohol to people at a party?
5. How do hosts treat their guests? What do they do in advance to prepare for guests?
6. If a taxi driver shows a sign of refusal to accept the fare, should we take it seriously? If not, why do they do so in the first place?
7. In the house of an Iranian, if you say the carpet is beautiful, he or she may say *ghaabel nadaare*, which can means "you can have it." What are you supposed to do in that situation?
8. What is تعارف?
9. If your host insists that you should eat more, what are you supposed to do?
10. How do you leave a مهمانی?

دو تصویر از ایران

خنک کردن هندوانه در آب، رسم تابستان‌ها در ایران

پسر جوانی در مقابل دوربین دوست دخترش ژست می‌گیرد - کافی شاپی در ایران

در کلاس- جواب‌های‌تان را با جواب‌های هم‌کلاسی‌های‌تان مقایسه کنید. آیا جواب‌های‌تان متفاوت است؟ چه تفاوتی دارند؟ به نظر شما این تفاوت‌ها چه مطلبی را درباره تعارف بیان می‌کند؟ در ضمن این فعالیت، حرف زدن به انگلیسی مشکلی ندارد، اما فقط در ضمن این فعالیت!

In Class: compare your answers with your classmates' answers. Are any of your answers different? If so, how? What do these differences say about تعارف ? You may speak English during this in-class activity, but only during this activity!

دستور ۴: مرور« را »

تمرین ۴۱: در خانه

1. Because را is such an important concept in Persian grammar, it is a good idea to keep it in your mind and to continue developing your understanding of it.

Review:
Do you remember the basic rules governing را?
1. را marks .... direct objects.
2. را is written immediately .... after the .... direct object and any adjectives that modify it.
3. را is pronounced ....When you read aloud, for example, you cannot pause between را and the direct object.
4. In spoken Persian, را is pronounced as /ro/ when...................... and /o/ when ....
5. As we mentioned before, it is a good idea to organize new verbs that you learn according to whether or not they are transitive. Update your list using the verbs from Lessons 11–13.

Transitive	Intransitive

6. Look at the following sentences and translate them into English:

پریروز مردی را دیدم.
بعد از کلاس کتابی را روی میز دیدم.

What is special about these examples?

7. Why is it possible to use both an indefinite /ye/ and را at the same time? Are specific and indefinite the same thing?

New Information:
Translate the two sentences below:

صبحانه می‌خورم و بعد نامه می‌نویسم
صبحانه می‌خورم و بعد نامه‌ها را می‌نویسم.

8. The second sentence would be grammatically incorrect without را . Can you guess why? Hint: in English we indicate general direct objects using the plural. But how do we achieve this in Persian?

9. The second sentence would be grammatically incorrect without را . Can you guess why?

۱- نقّاشی دوست دارم./ نقاشی را دوست دارم.
۲- نقّاشی کردن را دوست دارم.

تمرین ۴۲: در کلاس

۱. پاراگراف زیر را بخوانید و به کمک هم‌گروهی‌تان تعیین کنید که «را» در چه جاهایی لازم است.

1. Read the following paragraph. Work with a partner and determine where را is necessary.

امین نویسنده است. خوب می‌نویسد. همه‌ی کتاب‌هایش در همین تابستان خواندم. آنها دوست داشتم. امین اغلب درباره‌ی مردان و زنانی می‌نویسد که نمی‌بینند یا نمی‌شنوند. خانه‌ی امین در خیابان کارگر است. خانه‌اش دوست دارم، یک خانه‌ی بسیار کوچک و زیبا. امروز به کافی شاپی نزدیک دانشگاه رفتم. دوستانم هم بودند. غذا خوردیم و بعد به خانه‌ی امین رفتیم. امین برای‌مان غذا درست کرد. ناهارمان آن‌جا خوردیم و بعد یک فیلم فرانسوی دیدیم و درباره‌ی آن حرف زدیم. این فیلم دوست داشتم، چون درباره‌ی مهاجرت بود. در فیلم پسر و دختری ایرانی که به فرانسه می‌روند همدیگر در خانه‌ی یک ایرانی می‌بینند. داستان فیلم خیلی دوست داشتم.

۲. در گروه‌های دو نفره، به کمک فعل‌هایی که می‌شناسید ۴ جمله بنویسید که در آن نیاز به «را» داشته باشیم، و ۴ جمله که به « را » نیاز نداشته باشد. سپس تمام « را » ها را حذف کنید. سپس هر گروه برای یک گروه دیگر جمله‌ها را یکی یکی می‌خواند (تمام کلاس گوش می‌کنند) و اعضای آن گروه باید بگویند که آیا در جمله‌ای که خوانده می‌شود را لازم داریم یا نه. گروه برنده در کلاس گروهی است که بیشترین جواب درست را بدهد.

خواندن ۳ - یک آگهی تبلیغاتی

تمرین ۴۳: خواندن - در کلاس

مطمئن‌ترین، سالم‌ترین و راحت‌ترین روش برای لاغری
چای لاغری
دارای مجوز از وزارت بهداشت ایران
بدون عوارض و کاملا طبیعی
لاغری ۳ تا ۵ کیلو گرم در یک ماه

دیگر اندامی زیبا و جوان یک رویا نیست!

لاغر شدن بدون زحمت و دردسر

این فرصت بی‌نظیر را از دست ندهید

منبع: /http://taban00.mihanblog.com

به آگهی روبرو نگاه کنید و به سوالات زیر جواب دهید.

۱. به نظر شما این اگهی درباره‌ی چیست؟

۲. معادل فارسی واژه‌های زیر را در عکس زیر پیدا کنید.
Fast, To become thin, Don't miss.

۳. معنی عبارت زیر را حدس بزنید.

مُطمَئِن‌ترین، سالِم‌ترین و راحَت‌ترین رَوِش برای لاغری

۴. کدام خط با عبارت انگلیسی زیر هم معنی است؟
Getting thin without trouble and headache.

۵. با هم‌کلاسی‌خود درباره‌ی عبارت‌های زیر تصمیم بگیرید. می‌توانید جمله‌ی خود را با «به نظر من» یا «فکر می‌کنم» شروع کنید.

بزرگ‌ترین شهر کشورمان/ سردترین ماه سال / گرم‌ترین کشور اروپایی/ پُرجَمعیت‌ترین پایتخت دنیا
مهم‌ترین تعطیلات کشور/ مناسب‌ترین وقت برای درس خواندن/ نزدیک‌ترین کتاب‌فروشی به اینجا

خواندن ۴- انواع زندگی مجردی دختران

تمرین ۴۴: خواندن- در کلاس

متن زیر را بخوانید و به سؤالات زیر جواب دهید.

۱. هم معنی واژه‌های زیر را در متن زیر پیدا کنید.
single life, girl's dorm, monthly expenses

۲. این متن درباره چیست؟
۳. دخترانی که به تهران می‌آیند چند نوع زندگی مجردی را تجربه می‌کنند؟ آنها را نام ببرید. (چند نوع: how many kind)
۴. با توجه به متن، در نوع دوم زندگی مجردی معمولاً چند نفر در یک اتاق زندگی می‌کنند؟ (با توجه به متن: according to the text)
۵. کدام شکل زندگی از انواع دیگر آن کم‌هزینه‌تر و کدام نوع پرهزینه‌تر (گران‌تر) است؟
۶. با توجه به متن معنی « سرویس بهداشتی» در بند سوم به چه معناست؟
۷. در بند سوم، واژه‌ی متضاد « گروهی» را پیدا کنید.

انواع زندگی مجردی دختران

دخترانی که اغلب برای تحصیل و گاهی نیز برای کار به تهران می‌آیند معمولاً سه شکل زندگی مجردی را تجربه می‌کنند. یکی، زندگی در خوابگاه است. خوابگاه‌های دانشجویی معمولاً بدون هزینه یا بسیار کم هزینه‌اند و دانشجویان در اتاق‌هایی، ۴ الی ۵ نفری زندگی می‌کنند. خوابگاه‌های دخترانه اغلب مقررات ویژه‌ای برای رفت و آمد دارند و مورد نظارت وکنترل قرار می‌گیرند. مسئولان خوابگاه با خانواده‌ی دختران دانشجو به شکل مستمر در تماس‌اند و تمامی تاخیرها و غیبت‌ها را به آنان گزارش می‌دهند.
شکل دوم، زندگی در پانسیون است. پانسیون‌ها واحدهای مسکونی آپارتمانی خصوصی هستند که در هر اتاق آن به طور متوسط ۱۰ تخت وجود دارد و معمولاً افراد به طور موقت به مدت چندماه در آن زندگی می‌کنند و هزینه‌ی کمی به صورت ماهانه برای اقامت در پانسیون می‌پردازند و از سرویس بهداشتی و حمام و آشپزخانه مشترک استفاده می‌کنند. هرچند که پانسیون نیز مقرراتی برای ورود و خروج دارد، اما نسبت به مقررات خوابگاه سهل گیرانه‌تر است و غیبت‌ها و تاخیرها به خانواده افراد مقیم در پانسیون گزارش نمی‌شود.
شکل سوم خانه‌ی مجردی است. دختران می‌توانند به صورتی تکی یا گروهی واحد مسکونی مورد نظر خود را اجاره کنند. این خانه ها ممکن است یک سوئیت بسیار کوچک یا واحدی چند اتاقه باشد. این شکل از زندگی اغلب از همه پرهزینه‌تر است و مبلغ رهن و اجاره حتی در بدترین نقاط شهر و حتی در کوچک‌ترین و بی‌کیفیت‌ترین واحدهای مسکونی با مبلغ ماهیانه‌ی پانسیون و هزینه‌ی ترمی خوابگاه قابل مقایسه نیست.

منبع: /http://fararu.com/fa/news

خواندن ۵- یک داستان

تمرین ۴۵: خواندن- در خانه و کلاس

در خانه- داستانی از هوشنگ مرادی کرمانی

۱. اول به فایل صوتی گوش کنید و با کمک آن متن را بخوانید.
۲. معنی واژه‌هایی را که نمی‌دانید حدس بزنید.
۳. یک بار متن را آرام برای خودتان بخوانید و هر جا لازم است کسره‌ی اضافه بگذارید.
۴. دوباره به فایل صوتی گوش کنید و کسره‌های اضافه را چک کنید.
۵. متن را بخوانید، صدایتان را ضبط کنید و فایل صوتی را برای استادتان بفرستید.

داستان **چکمه** نوشته‌ی هوشنگ مرادی کرمانی است. در درس بعد درباره این نویسنده خواهیم خواند.
موسیقی متن: موسیقی ایرانی- بداهه نوازی / حسین علیزاده و مجید خلجی/ درآمد
Music by: Hossein Alizadeh and Madjid Khaladj/Iranian Music, Improvisations/Daramad

چکمه - بخش اوّل

مادر لیلا، روزها، لیلا را می‌گذاشت پیش همسایه و می‌رفت سر کار. او توی کارگاه خیاطی کار می‌کرد. لیلا با دختر همسایه بازی می‌کرد. اسم دختر همسایه مریم بود.

لیلا و مادرش در یکی از اتاق‌های خانه مریم زندگی می‌کردند. لیلا پنج سال داشت و مریم یک سال از او بزرگ‌تر بود.

یک روز، عموی مریم برایش عروسکی آورد. آن روز، لیلا و مریم با آن خیلی بازی کردند. عروسک همه‌اش پیش لیلا بود. لیلا دلش می‌خواست عروسک مال خودش باشد. اما، مریم می‌گفت:

ـ هر چه دلت می‌خواهد با آن بازی کن. ولی، عروسک مال من است.....

..... لیلا ناراحت شد. غروب که مادرش آمد، دوید جلویش و گفت:

ـ مادر، مادر، من عروسک می‌خواهم. عروسکی مثل عروسک مریم. برایم می‌خری؟

مادر گفت:

ـ نه، نمی‌خرم

لیلا گفت :

ـ چرا نمی‌خری؟

ـ برای اینکه تو دختر خوبی نیستی.

ـ من دختر خوبی هستم، مادر.

ـ اگر دختر خوبی هستی، چرا چشمت به هر چیزی می‌افتد، می‌گویی: من آن را می‌خواهم؟

ـ خودت گفتی، اگر دختر خوب و حرف‌شنوی باشی یک چیز خوب برایت می‌خرم. خوب، حالا برایم عروسک بخر، عروسکی مثل این.

من که نگفتم برایت عروسک می‌خرم.

ـ پس می‌خواهی برایم چه بخری؟

ـ برایت چیزی می‌خرم که هم خیلی به دردت می‌خورد و هم خیلی ازش خوشت می‌آید.

ـ مثلاً چی؟

-چکمه.

در کلاس

۱. در گروه‌های دو نفره داستان را برای هم‌کلاسی‌تان بازگو کنید. سپس گروه‌تان را عوض کنید و در گروه جدید به هم‌کلاسی‌تان گوش کنید.

۲. استاد از یک یا دو نفرخواهد خواست که داستان را برای تمام کلاس بازگو کنند.

۳. به هم کلاسی‌تان بگویید از چه چیزهایی خوش‌تان نمی‌آید.

۴. تصویر روبرو وسایلی است که همسایه‌هایتان می‌خواهند بفروشد (They are going to sell). به هم کلاسی‌تان بگویید کدام یک از آنها به دردتان می‌خورد و باید آن‌ها را بخرید وکدام‌یک به دردتان نمی‌خورد. وسایل کدام همسایه بیشتر به دردتان می‌خورد.

وسایل کامران و دوستش   وسایل آقا و خانم نشاط

گفتگوی ۲: کمک می‌خواهید؟

تمرین ۴۶: گفتگو- در خانه و کلاس

در خانه- گوش کنید و تمرین کنید.

در کلاس- اول چند بار با هم‌کلاسی‌تان گفتگوی بالا را تمرین کنید. سپس، با کمک هم یک گفتگوی جدید بنویسید و آن را در کلاس بازی کنید.

3_14_Conversation1

می‌خواین کمک‌تون کنم مادر؟ نه، ممنون پسرم، خودم می‌تونم.	
اجازه بدین کمکتون کنم. دست شما درد نکنه! می‌شه در رو باز کنید؟ حتماً! بفرمایید.	
می‌شه لطف کنید پنجره‌ها رو ببندین؟ بله، حتماً! مرسی! خواهش می‌کنم.	

کمک کردن to help
اجازه دادن to let, to allow
دست شما درد نکنه! Thank you
لطف کنید do me a favor
بستن، می‌بندم to close, I close

گفتگوی ۳: ببخشید، متوجه نشدم، ممکنه دوباره بگید؟

تمرین ۴۷: گفتگو- در خانه و کلاس

در خانه- گوش کنید و تمرین کنید.

در کلاس- اول چند بار با هم‌کلاسی‌تان گفتگوهای بالا را تمرین کنید. سپس، با کمک هم یک گفتگوی جدید بنویسید و آن را در کلاس بازی کنید.

فهمیدن: متوجه شدن to understand

فرمودن: گفتن

(as a sign of respect when you refer to somebody who has said sth)

عرض کردن: گفتن

(as a sign of being humble, when you refer to yourself)

3_14_Conversation2

- می‌شه اون در رو ببندین؟ - ببخشید، متوجه نشدم، چی فرمودین؟ - عرض کردم ممکنه در رو ببندین؟ - بله، حتماً! الان می‌بندم.	
- چرا جواب نمی‌دی؟ - آخه نفهمیدم سوالت چی بود؟!	
- کی برمی‌گردی خونه؟ .... سعید! با تو هستم! - جان! نفهمیدم. چی گفتی؟ - گفتم امشب کی برمی‌گردی خونه؟ - حدود ۸. خوبه؟ - آره، فیلم ساعت ۹ شروع می‌شه.	

یک تصویر از ایران:
دیوار یک چایخانه، شیراز، بازار وکیل

بند نویسی

تمرین ۴۸: درخانه

بندی بنویسید که دست کم از پنج جمله تشکیل شده باشد. در این بند توضیح دهید که یک دانشجو باید چه کارهایی انجام دهد که در این دانشگاه موفق باشد.

Write a paragraph consisting of at least five sentence in which you explain what a student should do in order to be successful at this university.

تلفظ، شعر و موسیقی: «غوغای ستارگان»، پروین

تمرین ۴۹: در خانه و کلاس

در خانه:
- به این ترانه گوش کنید و همزمان خط به خط آن را دنبال کنید.
- چه واژه‌هایی را می‌شناسید؟
توجه داشته باشید که این ترانه به زبان نوشتاری است.

Listen to the song online and try to follow the lines. There are a few words you know. What are they? Be aware that this song is sung in "نوشتاری."

غوغای ستارگان

امشب در سر شوری دارم، امشب در دل نوری دارم
باز امشب در اوج آسمانم، رازی باشد با ستارگانم
امشب یک‌سر شوق و شورم، از این عالم گویی دورم
از شادی پرگیرم که رسم به فلک
سرود هستی خوانم در بر حور و ملک
در آسمان‌ها غوغا فکنم
سبو بریزم ساغر شکنم
امشب یکسر شوق و شورم، از این عالم گویی دورم
با ماه و پروین سخنی گویم، و ز روی مه خود اثری جویم
جان یابم زین شب‌ها، می‌کاهم از غم‌ها
ماه و زهره را به طرب آرم، از خود بی‌خبرم
ز شعف دارم نغمه‌ای بر لب ها، نغمه ای بر لب‌ها
امشب یک‌سر شوق و شورم، از این عالم گویی دورم
امشب در سر شوری دارم، امشب در دل نوری دارم
باز امشب در اوج آسمانم، رازی باشد با ستارگانم
امشب یک‌سر شوق و شورم، از این عالم گویی دورم

"The Sky's Peak," "I Feel Passionate Tonight," or "The Stars' Revolt" is a famous song with lyrics by Karim Fakoor and music by Homayoun Khorram. This song was first performed by Parvin.

Parvin was born Parvin Zahrā'i Monfarad in 1938 in Tehran. She was a successful traditional Iranian singer, who performed a significant number of songs during her relatively short tenure as an artist.

In 1974, Parvin retired from singing, and since the Revolution of 1979, information about her has been (largely) unavailable.

در خانه- با کمک هم‌کلاسی‌تان، از سه عبارت جدید که در این ترانه یاد گرفته‌اید برای نوشتن یک نمایشنامه بسیار کوتاه استفاده کنید. سپس آن را در کلاس اجرا کنید.

Work with your classmates and use three new phrases you have learned in this song to write a very short dramatic play. Act it out in class!

http://www.youtube.com/watch?v=5HuFzgZdLHs

«غوغای ستارگان» یا «امشب در سر شوری دارم» یا «اوج آسمان» ترانه‌ی مشهوری است با شعر «کریم فکور» و آهنگ‌سازی «همایون خرم» درمقام «وصال». این ترانه اولین بار با صدای پروین اجرا شد.
پروین با نام واقعی پروین زهرایی منفرد در سال ۱۳۱۷ شمسی (۱۹۳۸) در تهران متولد شد. او یکی از خوانندگان موفق قدیمی ایران است که در سال‌های کوتاه فعالیت هنری خود ترانه‌های زیادی اجرا کرده است.
پروین در سال ۱۳۵۳ (۱۹۷۴) از خوانندگی کناره‌گیری کرد. بعد از انقلاب اطلاعی از او در دسترس نیست.

درک شنیدار- ده دقیقه در کافه دنج

تمرین ۴۷: در خانه و کلاس

3_15_Video1

در خانه-

۱. بخش سوم کافه دنج را ببینید و یک بند (۱۰۰ کلمه) درباره‌ی بخش بنویسید.

۲. این بخش را دوباره ببینید و به سوالات زیر جواب دهید.

۳. مادر و پدرهای ایرانی برای فرزندان‌شان درباره‌ی چه چیزهایی نگران هستند؟

۴. مقاله‌ای که شیرین ترجمه می‌کند درباره‌ی چه موضوعی است؟ این مقاله در چه رشته‌ای است؟

۵. به نظر پدر شیرین انتخاب رشته برای دختران و پسران چطور متفاوت است؟ با حرف او موافق هستید؟

۶. معنی این عبارت‌ها را حدس بزنید: این هم داستان‌های خودش را داره/ همه چیز درست می‌شه / جدی میگی؟

در کلاس-

۱. با هم‌کلاسی‌تان درباره این قسمت کافه دنج صحبت کنید. چه اتفاق‌های مهمی افتاد؟ چه چیزهای جدیدی درباره شخصیت‌های داستان فهمیدید؟

۲. برای بهبود و پیشرفت مهارت شنیدن‌تان، چندین بار به بخش زیر گوش دهید و جاهای خالی را پر کنید. بعد از این که سه بار گوش دادید، جواب‌های‌تان را با هم‌گروهی‌تان مرور کنید.

1. With a partner, discuss this episode of Café Denj. What import things happened? What new things did you learn about the characters?

2. In order to fine tune your listening skills, you will listen to one section of the episode several times and you must fill in the blanks below. After listening three times, review your answers with a partner and then the class.

ستاره: سلام، من ستاره هستم. هم خونه‌ی .... شیرین و ایده . ایده .... که شما برادرش هستید.

امیر: ستاره .... گُل! خوشوقتم از آشنایی‌تون. بله، من امیر هستم. برادر ایده. روز مصاحبه دیده بوده‌متون .... شنیده‌ام هر روز .... دارید.

ستاره: بله! هر روز! مجبورم هر روز نزدیک به ۱۴ ساعت .... امروز از صبح کلاس شیمی و زیست شناسی داشتم. کل صبح رو تست زدم. حالا یکی ۲ ساعتی دارم که استراحت کنم برای ناهار خوردنم و تست زبان زدنم، تا .... بشه و برگردم برای کلاس‌های عصرم. این‌طور درس خوندن خیلی ....می‌بره.

امیر: خوب پس یه نوشیدنی .... و شیرین انتخاب کن که برای .... انرژی بگیری.

ستاره: من اولین باره که برای .... میام اینجا. چایی خوبه؟

امیر: چایی .... انرژی نمی‌ده. یه لیوان هات چاکلات .... انتخابه.

امیر: بچه‌ها، با یه لیوان هات چاکلات ....؟ ....

عرفان: امیر، کمک احتیاج نداری؟

امیر: نه بشین عرفان جان. می‌بینی که امروز .... خاصی نیست و ....

امیر: شنیده‌ام می‌خوای برای دانشکده دندانپزشکی .... بدی؟

ستاره: آره. هر سال تعداد شرکت کننده‌های .... پزشکی زیاده و سهمیه دخترها کمتر. پس شانس قبول شدن کسی مثل من .... یه سری از درس‌ها هستن ، مثل زیست شناسی و شیمی که باید بالای ۹۰% بزنم که شانسم رو .... بالا.

۳. در آخر این قسمت، عرفان ناگهان از صحنه خارج می‌شود. به نظر شما چه اتفاقی افتاد؟ با هم‌کلاسی‌تان در این باره صحبت کنید. به نظر شما عرفان کجا رفت؟ او چه کار می‌کرد؟ چرا کافی شاپ را ترک کرد؟
مکالمه‌ای بنویسید که صبح روز بعد و مواجهه‌ی امیر و عرفان و بازخواست عرفان توسط امیر به دلیل ترک نابهنگام کافه را نشان می‌دهد.

3. At the end of this episode, Erfan exits the scene suddenly. Work with a partner and discuss what you think happened. Where do you think he went? What is he doing? Why did he leave? Then write a script for the next morning at Café Denj when Amir confronts Erfan about his departure.

دوره‌ی واژگان درس ۱۳

واژه‌های اول درس

۱. آمده‌ام (اومده‌ام)، آمدن (اومدن)
۲. کنکور
۳. که بروم (که برم)
۴. آماده بشوم (آماده بشم)، آماده می‌شوم (آماده می‌شم)، آماده شدن
۵. با این که
۶. سال پیش: پارسال
۷. قبول نشدم، باید قبول شوم (باید قبول شم، بشم)
۸. فکر می‌کنند، فکر کردن
۹. زنگ می‌زند (زنگ می‌زنه)، زنگ زدن [به کسی زنگ زدن]
۱۰. می‌پرسد (می‌پرسه)، پرسیدن [از کسی پرسیدن]
۱۱. جواب می‌دهم (جواب می‌دم)، جواب دادن
۱۲. دوست دارند بخوانم (دوست دارن بخونم)
۱۳. سعی، سعی کردن، سعی‌ام را می‌کنم (سعی‌ام رو می‌کنم)
۱۴. وگرنه
۱۵. دیگر (دیگه)
۱۶. استراحت کردن
۱۷. تولد، جشن تولّد
۱۸. مهمانی (مهمونی)
۱۹. لباس
۲۰. می‌پوشم
۲۱. باید بپوشم، می‌خواهم بپوشم (می‌خوام بپوشم)، پوشیده‌ام
۲۲. کمد
۲۳. مورد علاقه
۲۴. شروع می‌شود (شروع می‌شه)- شروع شدن
۲۵. آرایش نمی‌کنم
۲۶. آماده
۲۷. باید بروم (باید برم)
۲۸. دیر/ دیر شده / دیرم شده
۲۹. هدیه / هدیه دادن
۳۰. داستان
۳۱. مطمئنم، مطمئن هستم
۳۲. خوشش می‌آید (خوشش می‌آد) [... از کسی یا چیزی]
۳۳. دادن، می‌دهند (می‌دن)]چیزی به کسی دادن]
۳۴. موضوع
۳۵. مهم
۳۶. وقت (وخت)
۳۷. به نظر من
۳۸. مناسب
۳۹. مهاجرت
۴۰. مانتو
۴۱. شلوار، شلوار جین
۴۲. سبز، سبز تیره
۴۳. روسری
۴۴. سفید
۴۵. کفش
۴۶. جوراب
۴۷. کوله پشتی
۴۸. چهار جفت
۴۹. گذاشتن، می‌گذارم (می‌ذارم)
۵۰. عروسک
۵۱. آوردن، می‌آورم (میارم)، چیزی را به جایی آوردن

۵۲. دلش می‌خواست
۵۳. خریدن، می‌خرم
۵۴. چشم
۵۵. می‌افتد (می‌افته) - افتادن
۵۶. برف آمدن (... اومدن) برف می‌آید (...میاد)
۵۷. مدرسه، مدارس
۵۸. مشکل، مشکلات
۵۹. صحبت کردن

واژه‌های پراکنده در درس

۶۰. مقنعه
۶۱. کفش ورزشی
۶۲. صندل
۶۳. پیراهن
۶۴. بلوز
۶۵. دامن
۶۶. لباس شب
۶۷. کراوات
۶۸. کمربند
۶۹. کت
۷۰. کت و شلوار
۷۱. بارانی
۷۲. کلاه
۷۳. ژاکت
۷۴. دست‌کش
۷۵. چکمه، بوت
۷۶. شال گردن
۷۷. پالتو
۷۸. چتر
۷۹. شورت
۸۰. تی‌شرت
۸۱. لباس خواب
۸۲. مایو، لباس شنا
۸۳. لباس ورزشی
۸۴. شلوارک (شلوار کوتاه)
۸۵. عینک، عینک زدن
۸۶. رنگ، رنگی
۸۷. تیره
۸۸. روشن
۸۹. رنگین کمان
۹۰. صورتی
۹۱. سیاه
۹۲. آبی
۹۳. قهوه‌ای
۹۴. قرمز
۹۵. نارنجی
۹۶. زرد
۹۷. بنفش

واژه‌های اختیاری

۱. فهمیدن: متوجه شدن
۲. فرمودن: گفتن
۳. عرض کردن: گفتن
۴. کمک کردن
۵. اجازه دادن
۶. دست شما درد نکنه!
۷. لطف کنید
۸. بستن، می‌بندم
۹. عجب مصیبتی، چه مصیبتی!
۱۰. نو: جدید
۱۱. کو: کجاست
۱۲. بذار ببینم: بگذار ببینم
۱۳. خیلی متأسفم

درس چهارم

1. واژگان
2. فیلم: من تنها زندگی می‌کنم
3. تلفظ
4. گفتگوی ۱: جی میل دارید؟
5. گفتگوی ۲: آقای دکتر، سرم خیلی درد می‌کنه.
6. خواندن ۱: چکمه- معرفی نویسنده
7. دستور ۱ و تمرین‌ها: وجه التزامی
8. دستور ۲: ضمیر متصل مفعولی
9. دستور ۳: فعل غیر شخصی
10. خواندن ۲: چکمه- بخش دوم
11. دستور ۴: جمله شرطی آینده
12. دستور ۵: آینده
13. خواندن ۳: چکمه- بخش سوم
14. دستور ۶: مجهول
15. دستور ۷: گذشته دور
16. تلفظ، شعر و موسیقی: گنجشک‌های خونه
17. درک شنیدار: ده دقیقه در کافه دنج
18. دوره‌ی واژگان

درس چهارم:
من تنها زندگی می‌کنم.

واژگان و جمله‌ها

تمرین ۱: واژگان و جمله‌ها (در خانه)

به فایل صوتی گوش کنید و جمله‌هایی را که می‌شنوید بنویسید.

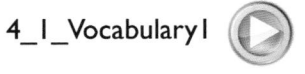

4_1_Vocabulary1

واژگان	معادل انگلیسی
۱. مربی	trainer
۲. کمک کردن، کمک می‌کنم [به کسی کمک کردن]، کمکم می‌کنی؟	to help, I help, would you help me?
۳. تا	in order to
۴. جدّی، جدّی؟	serious, really?
۵. شعر، شاعر	poem, poet
۶. موسیقی	music
۷. حداقل، دست کم	at least
۸. مختلف	various
۹. برگشت، برگشتن، برمی‌گَردَد	s/he returned, to return, she/he returns
۱۰. تصمیم، تصمیم گرفت، تصمیم می‌گیرد (تصمیم می‌گیره)	decision, she/he decided, she/he decides
۱۱. فقط	only
۱۲. چند ماه	a few months, several months
۱۳. تقریباً	almost, approximately
۱۴. بعضی، بعضی از	some, some of the
۱۵. کسی، کسانی (کسایی)	somebody, the people
۱۶. کوچولو	small, little
۱۷. شاهکار	masterpiece
۱۸. تبدیل شدن	to be transformed

some of those who	۱۹. بعضی از کسانی که (.. .کسایی. . .)
they sit, to sit	۲۰. می‌نشینند (می‌شینن)، نشستن
I stay, I would stay	۲۱. می‌مانم، می‌ماندم (می‌مونم، می‌موندم)
it depends	۲۲. بستگی دارد (بستگی داره)
customer	۲۳. مشتری
we would have, we should have	۲۴. داشته باشیم
about (approximately)	۲۵. حدود
lamp, light	۲۶. چراغ
I turn off	۲۷. خاموش می‌کنم
alone, by myself	۲۸. تنها، خودم تنها
now	۲۹. حالا، حال
until now	۳۰. تا به حال (تا حالا)
future	۳۱. آینده
dark	۳۲. تاریک
Yalda (the longest night of the year)	۳۳. یلدا
long, the longest	۳۴. طولانی، طولانی‌ترین
niece, nephew (daughter/son of sister)	۳۵. خواهرزاده
I make, to make	۳۵. درست می‌کنم، درست کردن
dessert	۳۶. دسر
delicious	۳۷. خوش‌مزه
everything	۳۸. همه چیز
nothing	۳۹. هیچ چیز (هیچی)
I need	۴۰. لازم دارم
to wait, I wait, I am waiting for	۴۱. صبر کردن، صبر می‌کنم، منتظر هستم

really	۴۲. واقعاً
rain, rainy	۴۳. باران (بارون) / بارانی (بارونی)
as they say	۴۴. آن طور که می‌گویند (اون‌طوری که می‌گن)
weather forecast [center]	۴۵. [سازمان] هواشناسی
he or she has announced	۴۶. اعلام کرده است (اعلام کرده)
It snows, to snow	۴۷. برف می‌بارد (برف می‌باره)، برف باریدن
piece	۴۸. تکه
cloud, cloudy	۴۹. ابر، ابری
sky	۵۰. آسمان (آسمون)
sunny	۵۱. آفتابی
clear	۵۲. صاف
humid	۵۳. مرطوب
to make someone happy	۵۴. [کسی را] خوشحال کردن
pollution	۵۵. آلودگی
new, fresh	۵۶. تازه
she washes, to wash	۵۷. می‌شوید (می‌شوره)، شستن
to clean	۵۸. تمیز کردن
to take	۵۹. بُردن، می‌بَرَم
in fact (slang)	۶۰. راستش
outside, out	۶۱. بیرون
to change, I change	۶۲. عوض کردن، عوض می‌کنم
fruits	۶۳. میوه
to arrive, I arrive	۶۴. رسیدن، می‌رسم
if	۶۵. اگر
fabulous	۶۶. معرکه
myself, yourself, himself/herself, ourselves, yourselves, themselves	۶۷. خودم، خودت، خودش، خودمان، خودتان، خودشان

trouble, apprehension	۶۸. دغدغه
prize	۶۹. جایزه
title	۷۰. عنوان

تمرین ۲: واژگان - کارت ایندکس (در خانه و کلاس)

در خانه، مانند **درس‌های قبل و تمرین صفحه ۱۲،** برای هر واژه این درس نیز یک کارت ایندکس درست کنید. یک طرف آن فارسی و طرف دیگر معادل فارسی واژه را بنویسید. این کارت‌ها را به کلاس بیاورید.

در کلاس، با هم‌گروهی خود از این واژه‌ها در گفتگو استفاده کنید. **مثل تمرین مشابه در درس‌های قبل، و تمرین صفحه ۱۳،** روبروی هم بنشینید و یکی از کارت‌های خود را به هم‌گروهی خود نشان دهید و او با استفاده از این واژه از شما سوالی می‌کند. به سوالش جواب دهید و سپس شما از همین واژه برای پرسیدن سوالی از هم‌گروهی خود استفاده کنید. سپس نوبت هم‌گروهی شماست که واژه‌ای به شما نشان دهد. برای اینکه گفتگوی شما به طور طبیعی پیش رود، می‌توانید با توجه به جوابی که می‌گیرید سوالات جدیدی بپرسید.

تمرین ۳: واژگان - نوشتاری، گفتاری (در خانه)

به فایل صوتی گوش کنید. در این فایل صوتی، **مانند تمرین ۵ صفحه ۱۳،** جمله‌های مربوط به واژه‌های درس به صورت گفتاری بیان می‌شود. این جمله‌ها را با جمله‌های نوشتاری که قبلاً نوشته‌اید مقایسه کنید. زیر هر کلمه یا ساختاری که با فرم گفتاری متفاوت است خط بکشید. Underline any words or structures that are different in the spoken form وقتی صحبت می‌کنیم اغلب از شکل گفتاری استفاده می‌کنیم، پس بهتر است شکل گفتاری واژه‌های جدید را هم یاد بگیرید.

 4_1_Vocabulary2

تمرین ۴: واژگان - در کلاس

در گروه‌های سه نفره نزدیک‌ترین جمله‌های انگلیسی را برای جمله‌های زیر بنویسید.

در رستورانی به نام انار در تورنتو مشتری‌ها دو، سه ساعت در رستوران می‌نشینند و شام می‌خورند.

حداقل برای یک بار هم که شده بگذار تنها به سفر بروم.

این جا منتظر شما می‌مانم.

اگر زود برگردی شام را با هم می‌خوریم.

همین جا منتظرم باش. جایی نرو، زود برمی‌گردم.

مطمئن هستم اگر تا فردا صبر کنی تصمیمش را عوض می‌کند.

راستش این تصمیم من نبود. من فقط هر کاری را به من گفتند بکن کردم.

آن دو خانمی که روی کاناپه نشسته‌اند خواهرزاده‌های امیر هستند. منتظر امیرند.

تمرین ۶: واژگان - درخانه

با اطلاعات مربوط به خودتان جمله‌های زیر را کامل کنید.

۱. در شهر .... به مدرسه می‌رفتم.

۲. .... بسیار جدی، اما مهربان است.

۳. من علاقه زیادی به .... و .... دارم.

۴. حداقل هفته‌ای دوبار .... را می‌بینم.

۵. شب‌ها پنجره را باز ....

۶. به نظر من بهترین جای دنیا .... است.

۷. کسانی که در کلاس فارسی هستند معمولاً ....

۸. بعضی وقت‌ها که از درس خواندن خسته می‌شوم، ....

۹. من معمولاً [جا] .... کتاب می‌خوانم.

۱۰. من تنها زندگی ....

۱۱. تا به حال .... نخورده‌ام.

۱۲. خواهرزاده‌ام در .... زندگی می‌کند.

۱۳. در خانه‌امان معمولاً .... غذا درست می‌کند.

۱۴. به نظر من .... خوشمزه‌ترین غذای دنیاست.

۱۵. هوای .... را بیشتر دوست دارم.

۱۶. اتاقم معمولاً .... است.

۱۷. می‌خواهم برای دیدن .... به .... بروم. دیگر نمی‌توانم صبر کنم.

۱۸. اگر روزی .... ساعت درس بخوانم خوشحالم.

۱۹. میوه‌ی زمستانی مورد علاقه‌ام .... است.

۲۰. من معمولاً غذای کم‌نمک ....

۲۱. قهوه‌ام را با/بدون .... و .... می‌خورم. - من اصلاً قهوه نمی‌خورم! به جای آن .... می‌خورم.

۲۲. ماهی .... بار لباسهایم را میشویم.

۲۳. تصمیم گرفته‌ام ....

تمرین ۷: واژگان (درخانه)

جمله‌های زیر را با استفاده از واژگان درس ۱۳ کامل کنید.

۱. آنها .... سالی یک بار برای دیدن پسرشان از تهران به مشهد می‌آیند.

۲. می‌خواهید به شما .... در را باز کنید؟

۳. این آقا را می‌شناسید؟ .... ورزش این مدرسه است.

۴. بفرمایید روی صندلی. - نه، ممنون، همین جا .... راحت است.

۵. در این کتاب‌خانه کتاب‌های .... زیادی درباره‌ی تاریخ ایران دیده‌ام.

۶. وقتی به خانه رفتم، .... در خانه نبود.

۷. (نمی‌دونم فردا شب برای شام چه کار کنم. همه چیز .... که ساعت چند به خانه برگردیم.)

۸. سعی می‌کنم روزی .... دو ساعت استراحت کنم.

۹. .... دانشگاه کشور در شمال این شهر قرار دارد.

۱۰. باید در یک جای .... درس بخوانم.

۱۱. دو سال پیش پدربزرگم فوت کرد و چند ماه پیش مادربزرگم .... به تهران بیاید و با ما زندگی کند.

۱۲. همه‌ی .... که کنکور می‌دهند قبول نمی‌شوند.

۱۳. .... همین چند لباس را دارم.

۱۴. (ای بابا! این فیلم رو دیده‌ایم، نه؟ لطفاً تلویزیون رو ....)

۱۵. (پنجره‌ها را .... لطفاً؟ هوا سرده.)

۱۶. نمی‌توانم در این شهر .... زندگی کنم. باید جایی باشم که هوایش تمیز باشد.

۱۷. فقط چند روز .... همه چیز درست می‌شود.

۱۸. تصمیم گرفته‌ام فردا یک داستان .... از کافکا بخوانم.

۱۹. .... چند روز برف ببارد حتماً مدرسهها را تعطیل میکنند.

۲۰. می‌توانی این کتاب را برایم از کتاب‌خانه .... ؟

۲۱. متاسفانه .... دیگر با ما زندگی نمی‌کند. او پارسال دانشگاه قبول شد و به کرمان رفت.

۲۲. می‌توانم همه‌ی چیزهایی را که .... از فروشگاه سر خیابان ....

۲۳. .... هیچ‌کس نمی‌داند برادرش کجاست.

۲۴. دانشگاه چند بار .... که باید همه کتاب‌ها را به کتاب‌خانه ....

۲۵. اگر می‌خواهی روزهای بارانی را بینی باید تا پاییز ....

۲۶. این کفش‌ها برایم کوچک هستند، باید آنها را ....

۲۷. .... کمی ورزش می‌کنم، .... غذا می‌خوریم.

۲۸. او دوست ندارد از اتاقش .... بیاید.

۲۹. این غذا نه .... دارد، نه .... خوشمزه نیست.

۳۰. کمکم می‌کنی این اتاق را .... ؟

تمرین ۸: گفتگو کنید- در کلاس

الف: از هم کلاسی‌تان بپرسید و به گروه دیگری در کلاس گزارش دهید.

If they have everything they need in their bag.
If they think it was a good decision to study Persian.
When was the first time they drove a car and how old they were when they got their driver license (گواهی‌نامه رانندگی: gavaahi name-ye raanandegi).
If they like to change their house they are living at now.
What Persian food they would like to try, which they have not tried before.
When they like to have fruits (after or before a meal).

ب: از هم کلاسی‌تان بپرسید و به گروه دیگری در کلاس گزارش دهید.

When they returned home last night.
If they stay at school after the class.
How many times in a week they wash their cloths.
What some of the students in this class are wearing.
If they would like to sit in this class for more than an hour.
If they live alone.
If they used to read story books when they were kids.
What's the minimum amount of money they need to buy lunch. (start your question and answer with حداقل)
How many bedrooms their future house should have.
If they saw any clouds in the sky when they were coming to school.
What the longest road in the United States is.
Where they usually have the most delicious food.
If their room is usually dirty.
How many times a week they clean their bathroom.
What do they take to a picnic.
If they have decided what their future job is.
What they need to be able to run.
What really bother them. (to bother/ to make sb sad: ناراحت کردن)
If they have any niece, and what they think about having a niece.
If it snows a lot in their hometown.
What kinds of fruits they like.
If they would like to change their major.
If thy have ever made Kabob.

تمرین ۹: فیلم- من تنها زندگی می‌کنم. (در خانه)

الف: فیلم ۱ را ببینید و به سوالات زیر جواب کامل دهید.

4_2_Video1

۱. امیر کجا کار می‌کند؟

۲. او کی به تهران آمد؟

۳. خاله‌ی امیر چطور زنی است؟

۴. درباره‌ی خاله‌ی امیر هر چه می‌دانید بنویسید.

۵. نظر امیر درباره‌ی کافی شاپ چیست؟

۶. امیر در ویدیو درباره‌ی کسانی که به کافی شاپ می‌آیند چه می‌گوید؟

۷. امیر درباره‌ی چه کسانی جز خاله حرف می‌زند؟

۸. ایده کیست (چه کاره‌ی امیر است/ چه نسبتی با امیر دارد)؟ و در تهران چه می‌کند؟

۹. ساعت‌های کاری کافی شاپ چگونه است؟

۱۰. چرا گاهی امیر تا دیر وقت در کافی شاپ می‌ماند؟

۱۱. امیر با چه کسی/کسانی زندگی می‌کند؟

تمرین ۱۰: فیلم- هوا واقعاً سرده! (در خانه)

ب: فیلم ۲ را ببینید و به سوالات زیر جواب کامل دهید.

4_2_Video2

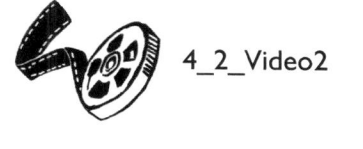

۱. امشب خاله مهتاب چه برنامه‌ای دارد؟

۲. او برای شام چه چیزهایی درست می‌کند؟

۳. چه چیزهایی لازم دارد؟

۴. چرا باید به خواهرزاده‌هایش زنگ بزند؟

۵. هوای تهران الان چه طور است؟

۶. صبح هوا چه‌طور بود؟

۷. چرا مردم تهران باران را دوست دارند؟

تمرین ۱۱: فیلم- در کلاس

۱. هر چه درباره‌ی امیر و خانواده‌اش می‌دانید برای هم‌کلاسی‌تان بگویید.

۲. نقش خاله امیر را بازی کنید. به امیر یا ایده زنگ بزنید و به او بگویید برنامه‌ی امشب چیست.

۳. از هم کلاسی‌تان بپرسید:
چه هوایی را دوست دارد.
و به کلاس گزارش دهید.

۴. با هم کلاسی‌تان درباره وضع هوای شهری که در آن زندگی می‌کنید صحبت کنید. در گفتگوی‌تان از واژه‌های زیر کمک بگیرید:

هوا، سرد، گرم، فصل، بهار، تابستان، پاییز، زمستان، مرطوب، ابری، آسمان، آفتابی، صاف، آلوده، آخر هفته، تمیز، هوای تازه

تمرین ۱۲: تلفظ - در خانه و کلاس

در خانه:

Below you will find three entries about famous Persian poets. Each entry features an introduction about the poet in Persian, a representative poem, an audio file of the poem, and a brief description of the poem. Read through the documents (try to guess what it is said) and listen to the corresponding audio files. Use these materials to determine what makes each of this poets unique, and then pick one poet. Use the audio file to memorize the poem by the poet you have picked. Record the poem and send it to your instructor by email.

در کلاس:

1. Share a few facts about each poet with your classmates.

حکیم عمر خیام در اول ذیحجه ۴۳۹ قمری (قرن پنجم هجری) ، برابر با ۱۸ ماه مه ۱۰۴۸ میلادی، در شهر نیشابور متولد شد. خیام مشهورترین شاعر فارسی زبان در آمریکاست و شهرتش به دلیل رباعیات شورانگیز اوست. او اندیشه‌های حکیمانه‌اش را به زبانی ساده در رباعیات خود بیان می‌کند. خیام ریاضی‌دان و ستاره‌شناس هم بود. او در سال ۴۶۷ قمری، برابر با ۱۰۷۴ میلادی، در حالی که تنها ۲۷ سال داشت، مأمور شد که با همکاری چند دانشمند و ریاضی‌دان مشهور به اصلاح تقویم موجود بپردازد. حاصل این کارِ گروهیِ عظیم که در رصدخانه اصفهان صورت گرفت و تا سال ۴۷۱ قمری، یعنی ۱۰۷۸ میلادی ادامه یاقت، تقویم جلالی بود که یکی از دقیق‌ترین گاه‌شمارهای جهان به شمار می رود.

ای بس که نباشیم و جهان خواهد بود
نی نام ز ما و نی نشان خواهد بود
زین پیش نبودیم و نبود هیچ خلل
زین پس چو نباشیم همان خواهد بود

4_3_Pronunciation1

Find the translation of this Roba'i.

جلال‌الدین مولوی که در غرب به رومی معروف است، شاعر و عارفِ مسلمانِ ایرانیِ قرن هفتم هجری قمری (قرن ۱۳ میلادی) است. او در شهر بلخ که هم اکنون در افغانستان است به دنیا آمد و در نوجوانی به همراه پدرش به قونیه در ترکیه رفت و دیگر هرگز به بلخ بازنگشت. او پرکارترین شاعر ادب فارسی است. آثار بسیار زیادی از مولوی به جا مانده است که مهمترین آنها «مثنوی معنوی»، «غزلیات شمس تبریزی»، «رباعیات»، «فیه ما فیه»، «مکاتیب»، و «مجالس سبعه» هستند. «مثنوی معنوی» معروف‌ترین مثنوی زبان فارسی است. از این اثر در کنار کتاب‌های مقدس یاد می‌شود.

4_3_Pronunciation2

An encouraging voice asks the Sufi to leave politics and mind and to become "divāne" (a madman) for love and to become a moth to the flame, destroyed by the fire.

The voice continues "be away from yourself" and ruin your house, then come and share home with "aasheghaan" (lovers)

حیلت رها کن عاشقا، دیوانه شو، دیوانه شو
واندر دل آتش درآ، پروانه شو، پروانه شو

هم خویش را بیگانه کن، هم خانه را ویرانه کن
وانگه بیا با عاشقان هم‌خانه شو، هم‌خانه شو

سعدی شیرازی که به استاد سخن شهرت دارد شاعر قرن هفتم هجری قمری (قرن ١٣ میلادی) و از معروف‌ترین شاعران فارسی زبان است. اشعارش بار اجتماعی و اخلاقی دارد و کودکان ایرانی از خردسالی با سخنش آشنا می‌شوند و در مدارس اشعارش را می‌خوانند. آثار معروفش کتاب‌های گلستان، بوستان، و همچنین غزلیات اوست.

4_3_Pronunciation3

The poet talks to his beloved about the constant presence of beloved in his mind:
I will never and do not want to wake up from this desired hangover, you were sitting in my heart before I was born
You are not like a sun, falling into presence and absence
Others come and go, you are the one who stays

همه عمر برندارم سر از این خمار مستی
که هنوز من نبودم که تو در دلم نشستی

تو نه مثل آفتابی که حضور و غیبت افتد
دگران روند و آیند و تو همچنان که هستی

احمد شاملو، شاعر، نویسنده، پژوهشگر و مترجم، در آذرماه ١٣٠٤ هجری شمسی، برابر با ١٢ دسامبر ١٩٢٥، در تهران به دنیا آمد. او از مؤسسان و دبیران کانون نویسندگان ایران در پیش و پس از انقلاب بود. شاملو در قالب‌های کهن و نو شعر می‌سرود و اشعار عامیانه‌اش نیز شهرت دارد. او که بیشتر برای اشعار آزادی خواهانه‌اش معروف بوده و هست، پیشرو سبک سپید یا شعر منثور در شعر فارسی بود. برخی از منتقدان او را موفق‌ترین شاعر در سرودن شعر منثور می‌دانند. اشعار شاملو به زبان‌های مختلفی ترجمه شده است. مهمترین اثر پژوهشی شاملو مجموعه‌ی «کوچه» است که درباره‌ی فرهنگ عامه‌ی تهران می‌باشد.

4_3_Pronunciation4

You have come from the suns and the dawns,
From the mirrors and the silks.
[...]
I stand up!

A light in my hand, a light in my heart.
I polish away the rust from my soul.
I place a mirror in front of your mirror
In order to create an eternity with you.

تو از خورشیدها آمده‌ای، از سپیده‌دم‌ها آمده‌ای
تو از آینه‌ها و ابریشم‌ها آمده‌ای،
[. . .]
من
برمی‌خیزم!

چراغی در دست، چراغی در دلم.
زنگار روحم را صیقل می‌زنم.
آینه‌ای برابر آینه‌ات می‌گذارم
تا با تو
ابدیتی بسازم.

(بخشی از شعر باغ آینه)

2. Work with a partner and explain in Persian why you picked your poet. What about this poet was interesting to you? Listen carefully to your partner's explanation. You may be required to explain your partner's logic to the class! At the end of class, each of you will be required to recite the poet that you picked, so make sure you have rehearsed it!

گفتگوی ۱ : چی میل دارید؟ (در خانه و کلاس)

تمرین۱۳:

در خانه،

۱. به فایل صوتی گوش کنید و زیر واژه‌هایی که نمی‌دانید خط بکشید. معنی واژه‌هایی را که نمی‌دانید در جدول مقابل پیدا کنید. این واژه‌ها به رنگ قرمز نوشته شده‌اند. این گفتگو را چندین بار گوش کنید و تمرین کنید. لازم است که در کلاس گفتگویی مشابه با همکلاسی‌های خود داشته باشید.

In the lists on the next page, you can fine some of the new words of the dialogue in red color.

4_4_Conversation1

پیشخدمت: خیلی خوش آمدید. من در خدمت‌تون هستم. چی میل دارید؟
خانم افراشته: من یه چلو جوجه زعفرونی می‌خورم و یه سالاد فصل. چلو جوجه‌تون چند تا گوجه فرنگی داره؟
پیشخدمت: دو تا داره. کافیه؟
خانم افراشته: بله، عالیه. لطفاً یه کره اضافه هم بگذارید.
پیشخدمت: بله، حتماً. نوشیدنی چی میل دارید؟
خانم افراشته: یه دوغ می‌خورم.
پیشخدمت: متاسفانه دوغ نداریم.
خانم افراشته: پس یه لیوان آب می‌خورم.
پیشخدمت: شما چی میل دارید جناب؟
آقای افراشته: یه چلوکباب سلطانی و یه ماست و خیار.
پیشخدمت: بله قربان! و نوشیدنی؟
آقای افراشته: نوشابه رژیمی دارید؟
پیشخدمت: بله، داریم. پپسی داریم.
آقای افراشته: خوبه! پس یه نوشابه رژیمی برای من لطفاً
پیشخدمت: الان سالاد و ماست و خیار رو میارم خدمت‌تون. امر دیگه‌ای ندارید؟
آقای افراشته: خیلی متشکر!

پذیرایی از مهمانان با میوه و چای و شیرینی
خانه یک ایرانی مقیم کانادا

These following lists of food and fruits are just for your reference. You should remember the words that are important to you but we won't be holding you accountable for complete mastery of all these words.

۲. فهرست زیر که شامل بعضی مواد غذایی و میوه‌هاست، فقط برای مراجعه است و فقط آنچه را که لازم می‌دانید به خاطر بسپارید.

4_4_Conversation2

rice and kabob	چلوکباب
Chicken	مرغ
Cooked rice	چلو
Saffron	زعفران
Chicken kabob with rice	چلوجوجه
Chicken Kabob	جوجه کباب
Tomatoes	گوجه فرنگی
Extra	اضافه
A sour drink	دوغ
Soltani Kabob	چلوکباب سلطانی
Diet	رژیمی
Salad	سالاد
Yogurt and cucumber	ماست و خیار

میوه ها	
Watermelon	هندوانه
Apple	سیب
Orange	پرتقال
Sweet lemon	لیموشیرین
Pomegranate	انار
Tangerine	نارنگی
Kiwi	کیوی
Add your favorites below	

Meat	گوشت
Onion	پیاز
Egg plant	بادمجان
Rice	برنج
Oil	روغن
Date	خرما
Sugar	شکر
Salt	نمک
Spices	ادویه
Walnuts	گردو
Stew	خورش
Desert	دسر
Mixed nuts	آجیل
Appetizer	پیش غذا

Raw herbs to be eaten fresh	سبزی خوردن
Herbs stew	قورمه سبزی
Ranginak (An Iranian desert)	رنگینگ

دو تصویر از ایران: افطار، ماه رمضان

نان سنگگ و حلوا
باز کردن روزه وقت افطار با چای و خرما معمول است.

زولبیا، بامیه، دسر مرسوم در سفره‌های ایرانی در ماه رمضان

عکس‌ها از حامد صابر

گفتگوی ۲ : آقای دکتر، سرم خیلی درد می‌کنه! (در کلاس و خانه)

تمرین۴ ۱: درخانه:

۱. در خانه : به فایل صوتی گوش کنید و جمله‌هایی را که برای هر واژه می‌شنوید بنویسید.

4_4_Conversation3

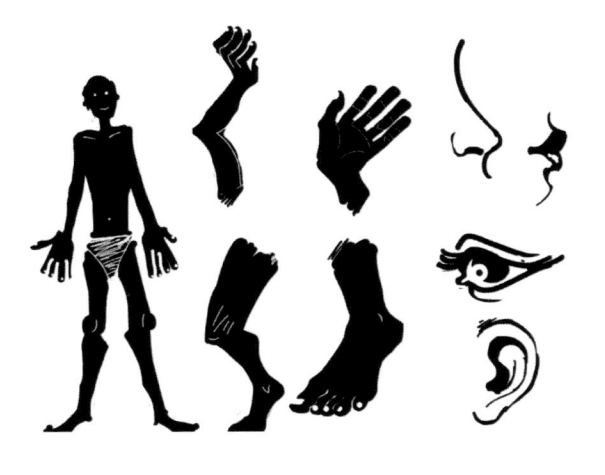

بدن	Body	بینی	nose
دست	hand, arm	لب	Lips
پا	leg, foot	گوش	Ear
سر	head	دهان	mouth
صورت	Face	زبان	Tongue
شکم	belly, stomach	دندان	tooth
چشم	Eye	اعضای بدن	Body parts

۲. درخانه: به فایل صوتی گوش کنید و زیر واژه‌هایی که نمی‌دانید خط بکشید.

4_4_Conversation4

- سلام آقای دکتر
- سلام عزیزم، بفرمایید بشینین این‌جا!
- خیلی ممنون.
- خوب، بگین ببینم مشکلتون چیه؟
- چند روزه که سرم خیلی درد می‌کنه.
- جای دیگه‌تون هم درد می‌کنه؟
- نه؟
- بذار ببینم... تب هم که داری... شاید آب بدنتون کم شده.
- بله، چند روزه که آب نمی‌خورم.
- پس همونه عزیزم.

It hurts	درد می‌کند (درد می‌کنه)
Let me see	بگذار ببینم (بذار ببینم)
Fever	تب
Little, less, to decrease	کم - کم شدن
so	پس

۳. در کلاس- با کمک واژه‌هایی که در این صفحه یاد گرفته‌اید با هم کلاسی‌تان یک نمایش‌نامه بنویسید و آن را در کلاس اجرا کنید.

خواندن ۱: چکمه- درباره هوشنگ مرادی کرمانی، نویسنده داستان چکمه

تمرین۵ ۱: خواندن- در خانه

یک بار متن را آرام برای خودتان بخوانید و به سوالات زیر جواب دهید.

4_5_Reading1

هوشنگ مرادی کرمانی، نویسنده‌ی مشهور معاصر ایرانی، در سال ۱۳۲۳ در روستای سیوچ در استان کرمان متولد شد. شهرت این نویسنده به دلیل داستان‌هایی است که نوشته است. مرادی کرمانی تا کلاس پنجم ابتدایی در روستای سیوچ درس خواند. سپس به کرمان رفت و دوره دبیرستان را در یکی از دبیرستان‌های شهرستان کرمان گذراند. او سپس به تهران رفت و وارد دانشگاه شد و در رشته‌ی ترجمه زبان انگلیسی لیسانس گرفت. وِی فعالیت‌های هنری خود را از سال ۱۳۴۰ با رادیو کرمان آغاز کرد و بعد این فعالیت را در تهران ادامه داد.

نویسندگی را از سال ۱۳۴۷ با مجله خوشه آغاز کرد، سپس قصه‌های مجید را، که یک مجموعه داستان و مشهورترین داستان‌های اوست، برای برنامه »خانواده «رادیو ایران نوشت. او جایزه مخصوص »کتاب برگزیده سال۱۳۶۴« را برای نوشتن همین قصه‌ها از آن خود کرد.

برخی از کتاب‌های مرادی کرمانی به زبان‌های آلمانی، انگلیسی، فرانسوی، اسپانیایی، هلندی، عربی، و ارمنی ترجمه شده است. اولین اثری که از او به زبان انگلیسی ترجمه شد، داستان «سماور» از مجموعه‌ی قصه‌های مجید بود. کارگردانان ایرانی چندین فیلم تلویزیونی و سینمایی بر اساس داستان‌های او ساخته‌اند.

آثار ترجمه شده وی جوایز زیادی را از مؤسسات فرهنگی و هنری داخل و خارج از کشور به دست آورده است. از جمله: جایزه‌ی دفتر بین المللی کتاب‌های نسل جوان (۱۹۹۲) و جایزه‌ی جهانی هانس کریستین آندرسن.

کرمانی می‌گوید: «هرگز سعی نمی‌کنم برای کودکان بنویسم، موقع نوشتن هم پایه‌ی واژگانی خوانندگان را در نظر نمی‌گیرم؛ هرچه دل تنگم می‌خواهد روی کاغذ می‌گذارم و می‌بینم بچه‌ها دورم جمع شده‌اند. من در نوشتن نه به پیام و نه به روانشناسی توجه نمی‌کنم. نوشتن برای من یک حادثه‌ی درونی است. مطلبی که به ذهنم آمده و تمام مواقع در ذهنم وجود دارد، در من درونی می‌شود و روی کاغذ می‌آید.»

۱. متن درباره چیست؟

۲. مرادی کرمانی در چه سالی و در کجا به دنیا آمد؟(سال میلادی= سال هجری شمسی + ۶۲۱)؟

۳. او دوره‌ی دبیرستان را در کدام شهر گذراند و در کجا به دانشگاه رفت؟

۴. چند ساله بود که فعالیت‌های هنری‌اش را آغاز کرد (:شروع کرد)؟ نویسندگی را از چه سنی شروع کرد؟

۵. مشهورترین داستان او کدام داستان است؟ و کدام داستانش به انگلیسی ترجمه شده؟

۶. معادل فارسی کلمات زیر را در متن پیدا کنید:

TV movie, the most famous, all the time, to become internalized

تمرین ۱۶: در کلاس

Put the following events from Moradi Kermani's life in the correct order and then write the corresponding year next to the event.

مرادی کرمانی برنده‌ی جایزه‌ی دفتر بین المللی کتاب‌های نسل جوان شد.

در سیوچ به دنیا آمد.

برای مجله‌ی خوشه شروع به نوشتن کرد.

قصه‌های مجید برنده‌ی جایزه‌ی کتاب برگزیده سال ۱۳۶۴ شد.

کتاب قصه‌های مجید را برای برنامه‌ی خانواده نوشت.

شغلش را با رادیو کرمان شروع کرد

۱. .... سال: ....

۲. .... سال: ....

۳. .... سال: ....

۴. .... سال: ....

۵. .... سال: ....

۶. .... سال: ....

تمرین ۱۷: در خانه و کلاس

در خانه- درباره زندگی یک نویسنده **تحقیق کنید** و برای کار در کلاس آماده باشید.

در کلاس- با یکی از هم‌کلاسی‌های‌تان درباره‌ی سوالات زیر صحبت کنید.

۱. زندگی نویسنده‌ای که تحقیق کرده‌اید مثل زندگی مرادی کرمانی است؟ چطور؟

۲. به نظر شما زندگی کدام نویسنده بیشتر از نویسندگان دیگر مثل زندگی مرادی کرمانی است؟ چرا؟

۳. شما تکه‌ای از داستان چکمه را خواندید. فکر می‌کنید که بچگی مرادی کرمانی مثل بچگی لیلا است؟ چرا؟

۴. مرادی کرمانی چرا درباره‌ی بچه‌ها می‌نویسد؟

۵. شما می‌خواهید داستانی درباره‌ی بچه‌ها بنویسید؟ چرا یا چرا نه؟

دستور ۱: وجه التزامی - دیگر کاربردها

تمرین ۱۸: درخانه

1. You have already learned that the use of وجه التزامی in Persian is often determined by certain trigger words. Look at the sentences below.

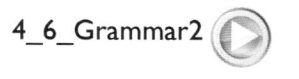

4_6_Grammar1

- بعضی از کسانی که برای کنفرانس به نیویورک می‌رفتند از من خواستند در آن هتل بمانم.
- سعی کردیم در کتابخانه بنشینیم و درس بخوانیم اما خیلی خلوت بود و خلوت بودنش را دوست نداشتیم.

Why do these sentences require the subjunctive? What triggered the use of the subjunctive?

2. In the box below, list the subjunctive "trigger" verbs that you have learned up until now. Be prepared to share your list in class.

As you continue to expand your vocabulary, you will want to keep up with this list and continue adding trigger words. If you are uncertain, then make sure you listen to the sample sentences that come with each vocabulary word.

A New Trigger Word

3. Read the following sentences and try to translate the sentences.

4_6_Grammar2

- زود به خانه برگشتم تا چراغ‌ها را خاموش کنم.
- با این که تصمیم گرفته‌اند به آذربایجان بروند هنوز به واشنگتن نرفته‌اند تا ویزا بگیرند.

4. Based on the sentences above, can you guess what تا means in these sentences?

The word tā in Persian has many meanings, but when tā is used as a conjunction and followed by the subjunctive tense (like in the sentences above), then it means "in order to." So it indicates the reason that a subject has completed (or will complete) a particular action.

۵. جمله‌های زیر را کامل کنید

۱. ساعت هفت بیدار می‌شوم تا ....

۲. فارسی می‌خوانم تا ....

۳. به شهری رفتم که در آنجا بزرگ شدم تا ....

۴. کتاب‌های مختلفی خواندم تا ....

۵. مادر من در آینده می‌خواهد در هتلی بماند که پنج ستاره دارد تا ....

6. In Unit 14, you learned a similar construction. Do you remember what it is? Write a sample sentence below that uses it. ....

7. Keh + subjunctive and tā + subjunctive convey very similar meanings. Both indicate the reason that the subject has undertaken or will undertake an action. The main difference between the two structures is that tā tends to be used more often in spoken Persian; however, both structures are used in both written and spoken.

The two examples below, for example, are almost identical and both written in the Spoken form.

4_6_Grammar3

(دانشجو می‌ره دفتر کار استادش تا بتونن درباره‌ی موضوع کلاس صحبت کنن.)

(دانشجو می‌ره دفتر کار استادش که درباره‌ی موضوع کلاس صحبت کنن.)

Try to use both constructions in your written homework assignments and when you are speaking in class.

8. Choose the appropriate verb in parenthesis to complete the sentences below. Make sure to conjugate the verb.

زودتر می‌روم تا این کتاب را به کتاب‌خانه .... (بردن/ ماندن)

این غذا را بخور تا .... (رفتن/ سعی کردن)

می‌روم که آنها هم .... (آمدن/ خاموش کردن)

9. First review the different kinds of trigger words for the subjunctive in Persian, then choose the appropriate verb in parenthesis to complete the sentences in تمریـــن. Make sure to conjugate the verbs.

بعد از شاید، ممکن است، باید

مثال:

4_6_Grammar4

- ممکن است کسی در کلاس نباشد.
- شاید با شما بیایم.
- امروز باید استاد را ببینم و با او حرف بزنم.

تمرین الف:

۱. ممکن است این غذا را .... (دوست داشتن/ آمدن)

۲. شاید از او .... برای تعطیلات عید نوروز کجا می‌رود. (باز کردن/ پرسیدن)

۳. مهاجرت کار آسانی نیست، باید بیشتر درباره‌ی این موضوع .... (آماده شدن/ فکر کردن)

۴. باید به او .... (زنگ زدن/ ورزش کردن)

بعد از افعالی چون: تصمیم گرفتن، می‌خواهد، می‌تواند

مثال:

4_6_Grammar5

- می‌خواهم به خاله کمک کنم کافی شاپش را باز کند.
- تصمیم گرفت مهندسی بخواند.
- می‌توانی با او حرف بزنی؟

تمرین ب:

۱. می‌خواهی همین الان .... ؟ (تصمیم گرفتن/ پوشیدن)

۲. تصمیم گرفته‌ام برای چند ماه همین جا .... (قبول کردن/ ماندن)

۳. می‌توانیم به آن کودکان بی‌خانمان .... (استراحت کردن/ کمک کردن)

بعد از »قبل از این که ....«

مثال:

- قبل از این که پنجره را باز کنی، یک ژاکت پوشیدم.
- قبل از این که پنجره را باز کنی، یک ژاکت می‌پوشم.
- قبل از این که شام بخورم یک ساعت دویدم/می‌دوم.
- قبل از این که شام بخورم یک ساعت می‌دوم.

4_6_Grammar6

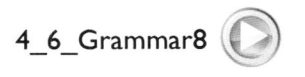

تمرین پ:

قبل از این که چراغ را .... ، ....

قبل از این که .... ، به مادرم زنگ می‌زنم.

قبل از این که به دانشگاه بیایی، ....

قبل از این که .... ، از او بپرس کمک می‌خواهد.

Two Subjunctive Exceptions

10. There are two verbs in Persian that are irregular in the simple present tense. Do you remember what they are?

11. "To be" and "to have" are also irregular in the present-tense subjunctive. Use the information in the charts below to complete them.

بودن – وجه التزامی

4_6_Grammar7

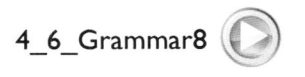

من		ما	داشته باشیم
تو		شما	
او	داشته باشد	آنها	

داشتن – وجه التزامی

4_6_Grammar8

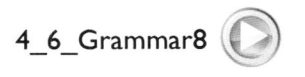

من		ما	
تو		شما	
او		آنها	باشند

We use these verbs in the subjunctive just like any other verb; the only difference is that they are formed differently. Please make sure you commit these conjugations to memory and practice using them in class and in your assignments.

Another Use for the Subjunctive

12. At this point, you should be comfortable with the idea that the subjunctive is triggered by certain words. However, there are also instances in which we choose to use the subjunctive in order to express uncertainty. Consider the following example from your vocabulary sample sentences.

4_6_Grammar9

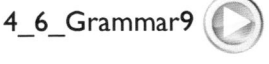

I think we should have good weather today.	فکر می‌کنم که امروز هوای خوبی داشته باشیم.

In this sentence, we know that the verb fekr kardan is not one of our trigger words for subjunctive. However, we have the option of using the subjunctive with this verb to suggest some doubt. Compare the sentence above with the following sentence.

4_6_Grammar10 ▶

I think we will have good weather.	فکر می‌کنم که امروز هوای خوبی داریم.

13. The two meanings are very similar. Can you explain the difference in your own words?

We will be exploring the idea that the subjunctive can also be used to express doubt our uncertainty later in more depth. For now, when you use the verb fekr kardan, pay special attention to how certain you are of what you "think."

تمرین ۱۹: درخانه

جمله‌های زیر را با شکل درست فعل‌ها کامل کنید. آیا برای بعضی از آنها می‌توانید از چند زمان مختلف استفاده کنید؟

۱. سال‌ها پیش مادربزرگم هر روز برای‌مان داستان .... (گفتن).

۲. این لباس‌های رنگی را .... (پوشیدن).

۳. آنها هفته‌ی پیش چند بار به سینما .... (رفتن).

۴. دیشب ساعت ۱۰ دوستانم بعد از چند روز به خانه .... (برگشتن).

۵. وقتی در تهران .... (زندگی کردن) هر روز دوستانم را .... (دیدن).

۶. برای .... (نوشتن) درباره‌ی آفریقا باید به آن‌جا .... (رفتن) .

۷. نباید درباره‌ی این موضوع بیشتر .... (حرف زدن)، او را ناراحت می‌کنید.

۸. قبل از این که .... (خوابیدن)، حتماً به او .... (کمک کردن) لباسش را ....

۹. وقتی .... (درس خواندم) تلفن چند بار .... (زنگ زدن).

۱۰. باید با او .... (کمک کردن) تا پنجره‌ها را .... (بستن).

۱۱. یک ساعت است که فیلم .... (شروع شدن).

۱۲. تا حالا کسی را .... (دیدن) که بتواند بیشتر از او .... (درس خواندن).

۱۳. قبل از این که .... (تصمیم گرفتن/ من)، باید این موضوع مهم را به پدرم .... (گفتن/ من).

۱۴. تا به حال در شهر شلوغی .... (زندگی کردن/ آنها).

۱۵. سال‌ها پیش، همیشه سال نو که .... (شدن)، پدربزرگم به ما .... (هدیه دادن). به هدیه‌ی سال نو عیدی .... (گفتن).

۱۶. چهار سال است که پدر دوستم یک باشگاه بزرگ در جنوب شهر .... (باز کردن).

۱۷. او می‌خواهد به همه‌ی دنیا .... (کمک کردن). این ممکن نیست.

تمرین ۲۰: در خانه و در کلاس

در خانه:

استادتان به شما اسم یکی از نویسندگان ایرانی زیر را می‌دهد. درباره آن نویسنده تحقیق کنید و یک زندگی‌نامه برایش بنویسید. زندگی‌نامه شما باید دست‌کم ده مورد التزامی داشته باشد و شامل دو مورد استثنایی که یاد گرفتید باشد. همچنین در توضیحی که درباره زندگی این نویسنده می‌دهید، حداقل دو بار از «قبل از اینکه» استفاده کنید.

At home:
Your instructor will assign one of the Iranian writers to you. You will write a biography. Your biography should include at least ten instances of the subjunctive, including each of the two exceptions you learned. You should also use "ghabl az in keh" at least twice in order to tell your narrative.

گلی ترقی - سیمین دانشور - فروغ فرخزاد - هوشنگ گلشیری - شهرنوش پارسی‌پور - ابراهیم گلستان

در کلاس:

در گروه‌های دو نفره با یکی از هم‌کلاسی‌های‌تان درباره‌ی نویسنده‌ای که تحقیق کرده‌اید حرف بزنید و بعد گروه‌تان را عوض کنید و با کس دیگری حرف بزنید و تا جایی که می‌توانید جدول زیر را کامل کنید.

نویسنده	سه جمله‌ی جالب درباره‌ی این نویسنده
گلی ترقی	۱. ۲. ۳.
فروغ فرخزاد	۱. ۲. ۳.
شهرنوش پارسی‌پور	۱. ۲. ۳.
هوشنگ گلشیری	۱. ۲. ۳.
سیمین دانشور	۱. ۲. ۳.
ابراهیم گلستان	۱. ۲. ۳.

دستور ۲: ضمیر متصل مفعولی Attached Object Pronoun

تمرین ۲۱: ضمیر متصل مفعولی (درخانه)

1. You have already learned that we use the pronoun endings for things other than just possession. For example, in spoken Persian we add these sounds to ba and beh to indicate the object of our preposition if it doesn't need to be explicitly stated. We can expand this use to include direct objects by attaching the pronoun endings directly to the verb. While this structure appears in both written and spoken Persian, it is most common in spoken Persian. When it is in written Persian can be very literary, and in fact we often find this structure in classical poetry. Consider the examples below.

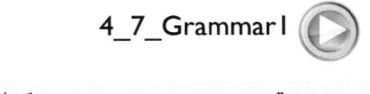

4_7_Grammar1

چند روز پیش دوستم را در کتاب‌خانه دیدم. وقتی دیدمش حدود هشت کتاب در دستش بود.

(همه‌ی درها باز بودن، بستمشون.)

(صندلیا کجاست؟ بردیشون؟)

2. Translate two of the sentences above:

3. In the example sentences, why don't we need to explicitly state the object when the pronoun ending is used?

4. Look at the examples below and determine how we add the pronoun endings to compound verbs.

هوشنگ مرادی کرمانی نویسنده‌ی مشهوری است و چاپ کردن اولین مجموعه‌اش، قصه‌های مجید، خوشحالش کرد.

(گرمت نیست؟ پنجره سنگینه. می‌شه بازش کنی؟)

5. Where do we place the pronoun ending when compound verbs are involved?

تمرین ۲۲: درخانه

Rewrite the following sentences and use ضمیر متصل مفعولی where necessary, and then write three of your own that uses this structure.

۱. (کتابی رو که خریدم روی میز بود. اونو ندیدی؟)

۲. (خونه‌ی ما خیلی کثیفه! امروز بعد از کلاس می‌تونیم اونو تمیز کنیم؟)

۳. (دیروز پدرم ازم خواست به اون کمک کنم لامپ چراغ‌ها رو عوض کنه.)

۴. (بعضی از کسایی که اومدهان این مهمونی خیلی بیحال هستن. فکر می‌کنی اونا رو برای مهمونیام دعوت کنم؟)

۵. (دوستم مثل همیشه دیر کرده. با این حال تصمیم گرفتم منتظر اون بمونم.)

تمرین ۲۳: در کلاس

دو جدول زیر را با کمک هم‌کلاسی‌تان مقایسه کنید. این دو جدول چه تفاوتی دارند؟ از هر جدول چند فعل را انتخاب کنید و جمله‌هایی درباره دوستان‌تان بسازید. هر جا می‌توانید از ضمیر متصل مفعولی استفاده کنید.

Working with a partner, compare the two charts below. How are they different? Choose several verb from each chart and make up sentences about your friends. Use ضمیر متصل مفعولی, whenever you're able to.

افتادیم	با هم افتادیم
علاقه دارند	به هم علاقه دارند
استراحت کن	کنارش استراحت کن
سعی می‌کنم	سعی‌ام را می‌کنم
زندگی می‌کنند	با او زندگی می‌کنم
می‌رویم	با آنها می‌رویم
گوش کن	به او گوش کن
می‌آیند	با شما می‌آیند
جواب نمی‌دهیم	جواب‌شان را نمی‌دهیم
فکر کردید	فکرش را کردید
گوش کن	به او گوش کن
آشنا شدیم	با او آشنا شدیم
نخواب	کنارش نخواب
قرار داریم	با او قرار داریم
نمی‌رسیم	به شما نمی‌رسیم
صحبت کردی	با او صحبت کردی
برف می‌آید	برف می‌آید
سوال می‌کنیم	از او سوال می‌کنیم
تصمیم گرفتم	تصمیمم را گرفتم

نوشتیم	نوشتیمش
می‌بینند	می‌بینندش
می‌گذاری	می‌گذاریش
خریدند	خریدندش
شروع می‌کنیم	شروعش می‌کنیم
دوست داشتیم	دوستش داشتیم
می‌خورند	می‌خورندش
می‌نویسند	می‌نویسندش
می‌پوشند	می‌پوشندش
می‌دهند	می‌دهندش
باز می‌کنم	بازش می‌کنم
آرایش می‌کنیم	آرایشش می‌کنیم
می‌خوانم	می‌خوانمش
تمیز کن	تمیزش کن
بستیم	بستیمش
می‌دهند	می‌دهندش
بردیم	بردیمش
آوردند	آوردندش
درست کردیم	درستش کردیم

دستور ۳: فعل غیر شخصی

تمرین ۲۴: فعل غیر شخصی (درخانه)

1. In Persian it is possible to conjugate verbs without indicating a specific person when these verbs are preceded by certain verbs. This impersonal verb conjugation is similar to the use of "one" or the general you in English. For example, "One must stick to one's morals." or "You can order a lot of dishes at this restaurant." In both cases, we want to make a general statement without identifying a specific agent. Since Persian often omits pronouns, all of this information is contained in the verbs themselves. Consider the following Persian examples.

One can go...	می‌توان رفت
It is possible to see...	می‌شود دید (می‌شه دید)
One should/must go...	باید رفت

2. In order to use this structure, you start with one of three helper verbs, then what do you notice about the second verb? How is it conjugated?

3. Read the following poem and listen to the corresponding audio file. Underline all the instances of the impersonal verb construction.

4_8_Grammar1

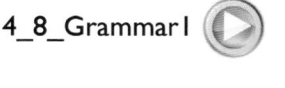

چترها را باید بست
زیر باران باید رفت
فکر را، خاطره را، زیر باران باید برد
با همه مردم شهر زیر باران باید رفت
دوست را زیر باران باید دید
عشق را زیر باران باید جست
زیر باران باید با زن خوابید
زیر باران باید بازی کرد
زیر باران باید چیز نوشت، حرف زد، نیلوفر کاشت
زندگی تر شدن پی در پی،
زندگی آب‌تنی کردن در حوضچه اکنون است

تمرین ۲۵: درخانه

The impersonal verb conjugation will allow you to move towards advanced proficiency by giving you the opportunity to express more ideas abstract ideas. Conjugate the verbs in the parentheses and then write at least three sentences for each entry in which you use the construction. Then write one of your own.

۱. می‌توان (گفتن)
۲. می‌شود (دیدن)
۳. باید (نوشتن)
.... (......................)

تمرین ۲۶: درخانه

1. Go online and find a video entitled:

صحبت‌های جالب نویسنده قصه‌های مجید درباره نحوه نوشتن داستان

2. Watch the video at least three times and answer the questions below.

۱. خبرنگار به مناسبت تولد هوشنگ مرادی کرمانی سراغ او رفته است. او چند ساله شده است؟

۲. وقتی برای رادیو کرمان کار می‌کرد چند سال داشت و چه‌کار می‌کرد؟

۳. خبرنگار فکر می‌کند که زندگی مجید مثل زندگی چه کسی است؟ چرا؟

۴. هوشنگ مرادی کرمانی چه جایزه‌ی مهمی گرفته است؟ به نظر مرادی کرمانی چرا جایزه مهم است؟

۵. دغدغه‌ی مرادی کرمانی چیست؟

۶. به نظر مرادی کرمانی بهترین داستان‌های دنیا چطور داستانی هستند؟

۷. اولین بخش ویدیو را چند بار ببینید که بتوانید جاهای خالی زیر را پر کنید.

این .... هوشنگ .... کرمانی قدم به .... و نه سالگی .... به بهانه‌ی .... به سراغ او ....

رادیو کرمان .... که من هیجده نوزده .... بود که. .... رادیو کرمان مطلب ....

تمرین ۲۷: در کلاس

زندگی‌نامه هوشنگ مرادی کرمانی را خواندید، و به مصاحبه‌ای که با او انجام شده گوش دادید و درباره او، افکار و آثارش مطالب زیادی یاد گرفتید. استاد، در این فعالیت، کلاس را به دو گروه تقسیم می‌کند. یک گروه نویسنده، و گروه دیگر خبرنگار خواهند بود. گروه نویسندگان باید با هم کار کنند و بیانیه‌ای درباره افکارشان درباره نویسندگی بنویسند. در همین حال، گروه خبرنگاران باید ۶ سوال درباره نویسندگی بنویسند که آنها را از گروه نویسندگان خواهند بپرسید. پس از اینکه هر گروه متن خود را آماده کرد، یک خبرنگار با یک نویسنده مصاحبه خواهد کرد. در بیانیه و سوالاتی که می‌نویسید، حتماً از افعال غیر شخصی زیر که به تازگی یاد گرفته‌اید استفاده کنید.

می‌توان / باید / می‌شود

You have read a short biography about and listened to an interview with Hushang Moradi Kermani, and you have learned a lot about him and his thoughts on writing. In this activity, your instructor will divide the class into two groups. One group will be writers and the other group will be journalists. The writers must work together to write a statement on their thoughts on writing. The journalists, meanwhile, must write six or seven questions about writing that they will ask the writers. Once each group has completed its task, one journalist will interview one writer. As you write your statement and questions, be sure to use the new impersonal verb conjugation that you recently learned:

اعلامیه‌ی نویسندگان

سوالات خبرنگاران

۱. ....

۲. ....

۳. ....

۴. ....

۵. ....

۶. ....

۷. ....

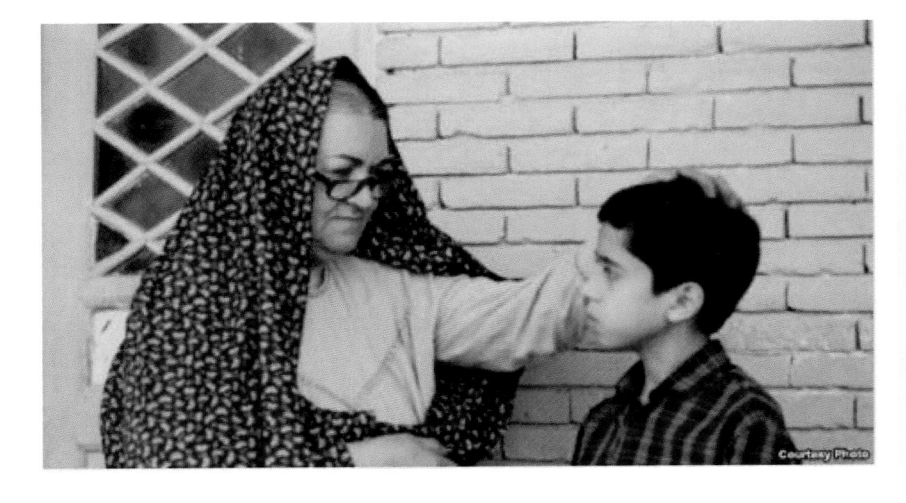

صحنه‌ای از فیلم قصه‌های مجید

جمعه‌های سال ۱۳۷۱ وقتی سریال قصه‌های مجید روی آنتن می‌رفت اغراق نیست اگر بگوییم خیابان‌های کل ایران خلوت می‌شد. و خانه‌ها را صدای پسری شلوغ پر می‌کرد که لهجه اصفهانی داشت.

parksara.ir

خواندن ۲: چکمه، بخش دوّم

تمرین ۲۸: در خانه

در خانه- به فایل صوتی گوش کنید و با کمک آن متن را بخوانید. معنی واژه‌هایی را که نمی‌دانید می‌توانید از لیست کنار متن پیدا کنید. سپس یک بار متن را آرام برای خودتان بخوانید و هر جا لازم است کسره‌ی اضافه بگذارید. دوباره به فایل صوتی گوش کنید و کسره‌های اضافه را چک کنید. (The list of words is for reference)

ایستگاه: station	به جای: instead
راننده: driver	گریه: cry
عجله: haste	راه رفتن: to walk
به چیزی خوردن: to bump	پیدا کردن: to find
لنگه: match, mate	جعبه: box
گم کردن / شدن: to lose/ to be lost	راضی شدن: to be convinced, to be satisfied
دنبالِ چیزی گشتن: to look for something	بغل کردن، بغل گرفتن: to hug
کوچه: alley	دکان، مغازه: store
	فایده: use

4_9_Reading1

بله چکمه .یک جفت چکمه خوب و خوشگل که زمستان، توی هوای سرد، توی برف و باران می‌پوشی. پایت گرم گرم می‌شود. می‌توانی با آن بدوی و بازی کنی. به مدرسه‌ات بروی. عروسک فقط اسباب بازی است و هیچ‌کدام از این کارها را نمی‌کند.

لیلا قبول کرد که مادرش، به جای عروسک، برایش چکمه بخرد. اما، نمی‌توانست صبر کند. گوشه چادر مادر را گرفت که:

ـ باید همین حالا برویم و برایم چکمه بخری.

مادر گفت:

ـ من حالا خسته‌ام، یک روزتعطیل که سر کار نرفتم، با هم می‌رویم و چکمه می‌خریم. لیلا به گریه افتاد. هق هق کرد و نق زد. مادر اوقاتش تلخ شد و گفت:

ـ اگر بخواهی حرف گوش نکنی ومرا اذیت کنی، هیچ‌وقت برایت چکمه نمی‌خرم. وقتی می‌گویم تو دختر خوب و حرف‌شنویی نیستی، قبول کن.

لیلا و مادرش خیلی با هم حرف زدند، و لیلا راضی شد که روز بعد با هم بروند و چکمه بخرند.

روز بعد، مادر زود به خانه آمد. لیلا توی درگاه اتاق‌شان نشسته بود و چشمش به در خانه بود. مادر را که دید، خوشحال شد. دوید جلویش و پاهای او را بغل گرفت:

ـ برویم مادر، برویم چکمه بخریم.

مادر دست لیلا را گرفت، رفتند توی خیابان. از این خیابان به آن خیابان رفتند، تا رسیدند به خیابانی که چند دکان کفش‌دوزی هم داشت.

لیلا و مادرش دَم دکانها می‌ایستادند، و کفشهای پشت شیشه‌ها را نگاه می‌کردند. هنوز پاییز بود و کفش‌های تابستانی را می‌شد از پشت شیشه‌ها دید. چکمه و کفش زمستانی هم بود.

لیلا دلش می‌خواست، اولین چکمه‌هایی را که دید، بخرند. از همه چکمه‌ها خوشش می‌آمد و می‌ترسید جای دیگر چکمه نباشد، اما، مادر گفت:

ـ توی دکانها چکمه فراوان است و باید بگردند تا چکمه خوب و خوشگلی پیدا کنند. عجله فایده‌ای ندارد.

خیلی راه رفتند. از این خیابان به آن خیابان، از این دکان به آن دکان. اما، هنوز چکمه‌ای که مادر بتواند پسند کند، پیدا نشده بود. لیلا گرسنه‌اش شده بود. مادر هم همین طور.

مادر یک خرده «کیک یزدی» خرید. با هم خوردند.

لیلا جلوجلو رفت و پشت شیشه دکانی یک جفت چکمه دید. انتظار کشید تا مادر برسد. مادر آمد. از چکمه‌ها خوشش آمد. راضی شد که آنها را بخرد. چکمه‌ها نخودی خوشرنگ بودند.

لیلا چکمه‌ها را پوشید. راحت به پایش رفتند. مادر گفت:

ـ راه برو.

لیلا راه رفت. با ترس و خوشحالی راه می‌رفت. حیفش می‌آمد چکمه‌ها را روی زمین بگذارد. مادر گفت:

ـ پاهایت راحت است؟

لیلا گفت:

بله، راحت است.

فروشنده گفت :

مبارک باشد.

لیلا گفت:

فقط، یک خرده گشاد هستند. پاهایم تویشان لق لق می‌کند.

فروشنده خندید. مادر گفت:

ـ گشاد نیستند. زمستان جوراب پشمی کلفت می‌پوشی، باید برای جورابها هم جا باشد. اگر چکمه تنگ باشد، وقتی که می‌خواهی مدرسه بروی به پایت نمی‌روند، و باید بیندازیشان دور. پایت تند تند بزرگ می‌شود.

مادر پول چکمه‌ها را داد. فروشنده خواست آنها را بگذارد توی جعبه‌ای. ولی، لیلا نمی‌خواست چکمه‌ها را بکند. می‌خواست با آنها برود خانه. هرچه مادرش گفت: «موقعی که هوا سرد شد، بپوش» زیر بار نرفت. می‌خواست بزند زیر گریه. فروشنده گفت:

ـ بگذار با همین‌ها برود خانه، و دلش خوش باشد. دمپایی‌هایش را می‌گذارم تو جعبه.

مادر راضی شد. لیلا دمپایی‌هایش را، که توی جعبه بود، بغل گرفت و راه افتاد. خوشحال بود. مادر هم خوشحال بود.

لیلا جلوجلو می‌رفت. راه که می‌رفت، پاهایش توی چکمه‌ها لق لق می‌کرد، و صدا می‌داد. لیلا چند قدم که می‌رفت می‌ایستاد و چکمه‌ها را نگاه می‌کرد. دلش می‌خواست زودتر به خانه بروند و چکمه‌ها را نشان مریم بدهد.

هوا تاریک شده بود. مادر خیلی خسته شده بود. سرش درد گرفته بود. گفت:

ـ حالا برویم اتوبوس سوار شویم.

لیلا و مادرش توی ایستگاه اتوبوس ایستادند. اتوبوس که آمد سوار شدند. اتوبوس آرام آرام می‌رفت. خیابان شلوغ بود. شب شده بود. چراغ دکانهای دو طرف خیابان، روشن بود. اتوبوس از نفس آدمها گرم شده بود. لیلا سرش را گذاشته بود روی سینه مادرش. چشم از چکمه‌هایش برنمی‌داشت. اتوبوس مثل گهواره می‌جنبید و یواش یواش، از میان ماشینها، می‌رفت. پلکهای لیلا، نرم نرمک، سنگین شد و خواب رفت.

صدای شاگرد راننده آمد:

ـ ایستگاه پل!

اتوبوس ایستاد. زن چاق و گنده‌ای، که زنبیل بزرگ و پراز لباسی داشت، کنار مادر لیلا نشسته بود، تند پا شد و با عجله زنبیلش را برداشت و کشید. جا تنگ بود. زنبیل به چکمه‌های لیلا خورد. یکی از لنگه‌های چکمه، از پای لیلا درآمد و افتاد کنار صندلی. زن رفت. چند تا مسافرها پیاده شدند. اتوبوس را افتاد. رفت و رفت. مادر چرت می‌زد.

اتوبوس دور میدانی پیچید. شاگرد راننده داد زد:

میدان احمدی!

اتوبوس ایستاد.

چُرت مادر پرید. هر چه کرد نتوانست لیلا را بیدار کند. اتوبوس می‌خواست راه بیفتد. مادر، لیلا را بغل کرد و زود پیاده شد. رفت تو پیاده‌رو. اتوبوس رفت. لیلا هنوز بیدار نشده بود. تو بغل مادرش بود.

مادر رفت تو کوچه. کوچه دراز و پیچ در پیچ بود. مادر به نفس نفس افتاد؛ خسته بود. می‌خواست لیلا را بیدار کند. اما، دلش نیامد. هر جور بود خودش را به خانه رساند. توی درگاه اتاق، خواست چکمه‌های لیلا را در بیاورد که دید لنگه چکمه نیست! زود لیلا را خواباند گوشه اتاق و برگشت تو کوچه. کوچه را، گـُله به گـُله، گشت. آمد تو پیاده‌رو. آمد تو ایستگاه اتوبوس. اتوبوس رفته بود. لنگه چکمه را ندید. برگشت.

از شب خیلی گذشته بود. مادر رختخواب را انداخت. لنگه چکمه کنار اتاق بود. مادر از فکر لنگه چکمه بیرون نمی‌رفت. فکر کرد که: اگر لیلا بیدار شود، و بفهمد که لنگه چکمه‌اش گم شده، چه کار می‌کند.

آخر شب، وقتی شاگرد راننده داشت اتوبوس را تمیز می‌کرد و زیر صندلیها را جارو می‌کشید، لنگه چکمه را پیدا کرد. خواست بیندازش بیرون. حیفش آمد. فکر کرد چکمه مال بچه‌ای است، که تازه برایش خریده‌اند. چکمه نو و نو بود. دلش می‌خواست بچه را پیدا کند و لنگه چکمه‌اش را بدهد. اما، بچه را نمی‌شناخت ـ روزی هزار تا بچه با پدرو مادرشان توی اتوبوس سوار می‌شوند و پیاده می‌شوند. از کجا بداند که لنگه چکمه مال کدام بچه است؟ ـ

شاگرد راننده، لنگه چکمه را داد به بلیت فروش.

لیلا و مادرش توی ایستگاه اتوبوس ایستادند. اتوبوس که آمد سوار شدند. اتوبوس آرام آرام می‌رفت. خیابان شلوغ بود. شب شده بود. چراغ دکانهای دو طرف خیابان، روشن بود. اتوبوس از نفس آدمها گرم شده بود. لیلا سرش را گذاشته بود روی سینه مادرش. چشم از چکمه‌هایش برنمی‌داشت. اتوبوس مثل گهواره می‌جنبید و یواش یواش، از میان ماشینها، می‌رفت. پلکهای لیلا، نرم نرمک، سنگین شد و خواب رفت.

صدای شاگرد راننده آمد:

ـ ایستگاه پل!

اتوبوس ایستاد. زن چاق و گنده‌ای، که زنبیل بزرگ و پراز لباسی داشت، کنار مادر لیلا نشسته بود، تند پا شد و با عجله زنبیلش را برداشت و کشید. جا تنگ بود. زنبیل به چکمه‌های لیلا خورد. یکی از لنگه‌های چکمه، از پای لیلا درآمد و افتاد کنار صندلی. زن رفت. چند تا مسافرها پیاده شدند. اتوبوس را افتاد. رفت و رفت. مادر چرت می‌زد.

اتوبوس دور میدانی پیچید. شاگرد راننده داد زد:

میدان احمدی!

اتوبوس ایستاد.

چـُرت مادر پرید. هر چه کرد نتوانست لیلا را بیدار کند. اتوبوس می‌خواست راه بیفتد. مادر، لیلا را بغل کرد و زود پیاده شد. رفت تو پیاده‌رو. اتوبوس رفت. لیلا هنوز بیدار نشده بود. تو بغل مادرش بود.

مادر رفت تو کوچه. کوچه دراز و پیچ در پیچ بود. مادر به نفس نفس افتاد؛ خسته بود. می‌خواست لیلا را بیدار کند. اما، دلش نیامد. هر جور بود خودش را به خانه رساند. توی درگاه اتاق، خواست چکمه‌های لیلا را در بیاورد که دید لنگه چکمه نیست! زود لیلا را خواباند گوشه اتاق و برگشت تو کوچه. کوچه را، گـُله به گـُله، گشت. آمد تو پیاده‌رو. آمد تو ایستگاه اتوبوس. اتوبوس رفته بود. لنگه چکمه را ندید. برگشت.

از شب خیلی گذشته بود. مادر رختخواب را انداخت. لنگه چکمه کنار اتاق بود. مادر از فکر لنگه چکمه بیرون نمی‌رفت. فکر کرد که: اگر لیلا بیدار شود، و بفهمد که لنگه چکمه‌اش گم شده، چه کار می‌کند.

آخر شب، وقتی شاگرد راننده داشت اتوبوس را تمیز می‌کرد و زیر صندلی‌ها را جارو می‌کشید، لنگه چکمه را پیدا کرد. خواست بیندازدش بیرون. حیفش آمد. فکر کرد چکمه مال بچه‌ای است، که تازه برایش خریده‌اند. چکمه نو و نو بود. دلش می‌خواست بچه را پیدا کند و لنگه چکمه‌اش را بدهد. اما، بچه را نمی‌شناخت ـ روزی هزار تا بچه با پدرو مادرشان توی اتوبوس سوار می‌شوند و پیاده می‌شوند. از کجا بداند که لنگه چکمه مال کدام بچه است؟ ـ

شاگرد راننده، لنگه چکمه را داد به بلیت فروش.

دو تصویر از ایران

آب تنی در استخرهای خانه‌های ویلایی تفریح رایج تابستانی بعضی خانواده‌های مرفه‌تر درشهرهای بزرگ است.

رقص و پایکوبی در یک مهمانی شبانه

تمرین ۲۹: در خانه

بخش دوم چکمه را یک بار دیگر بخوانید و به سوالات زیر جواب دهید. توجه داشته باشید که از شما انتظار نمی‌رود تمام داستان را بفهمید. تنها کافی است که بتوانید به سوالات زیر جواب دهید.

Re-read the preceding excerpt from "Chakmeh" and answer the following questions. Remember, we don't expect you to understand everything in the story. You just need to be able to understand enough to answer the questions below.

۱. به نظر مادر لیلا چرا چکمه از عروسک بهتر است؟
۲. بعد از این که لیلا قبول کرده است که مادرش چکمه بخرد، دوست دارد کی به خرید بروند؟ مادرش چه می‌گوید؟ چه تصمیمی می‌گیرند؟
۳. لیلا در اولین دکانی که می‌روند از کدام چکمه‌ها خوشش می‌آید؟ مادرش چه می‌گوید؟
۴. وقتی لیلا جفت چکمه را می‌پوشد پاهایش راحت است؟ چرا چکمه کمی بزرگ است؟
۵. لیلا چطور چکمه‌ها را به خانه می‌برد؟ او و مادرش چطور به خانه می‌رود؟
۶. لیلا در اتوبوس چکار می‌کند؟
۷. چه می‌شود که یکی از لنگه‌های چکمه‌ی لیلا می‌افتد؟ کجا می‌افتد؟
۸. مادر لیلا چه وقت می‌داند که یکی از لنگه‌ها با لیلا نیست؟ چرا قبلاً نمی‌داند؟
۹. چه کسی لنگه‌ی چکمه‌ی لیلا را پیدا می‌کند؟ با آن چکار می‌کند؟ چرا؟
۱۰. معنی کلمات زیر را حدس بزنید:
اسباب‌بازی / گشاد / بلیت‌فروش / آخر شب / سینه

تمرین ۳۰: در کلاس

۱. با یکی از هم‌کلاسی‌هایتان درباره‌ی داستان حرف بزنید. چه فهمیدید؟ چه چیزهایی برای شما جالب بود؟

۲. با هم‌کلاسیِ دیگر به سوالات زیر جواب دهید. لازم نیست بنویسید اما بعد از این که به همه‌ی سوالات جواب می‌دهید، استادتان از همه می‌خواهد که یکی یا دو جواب برای بقیه بگویند.

۱. به نظر شما مادر لیلا مادر خوبی است یا نه؟ چرا؟
۲. مادر لیلا می‌پرسد اگر لیلا بیدار شود و بفهمد که یک لنگه چکمه‌اش گم شده، چه‌کار می‌کند؟ شما چه فکر می‌کنید؟ اگر لیلا بیدار شود و لنگه‌ی چکمه نباشد، چه‌کار می‌کند؟
۳. درباره‌ی موقعی که چیزی را گم کرده‌اید صحبت کنید. چه شد؟ چه‌کار کردید که آن را پیدا کنید؟
۴. فکر می‌کنید لنگه‌ی چکمه پیدا شود یا نه؟ چطور؟

تمرین ۳۱: در کلاس

متن برگزیده زیر را که قسمتی از بخش دوم داستان چکمه است با هم‌کلاسی خود بلند بخوانید. سعی کنید مانند داستانِ بچه‌ها آن را با صداهای مختلف و اغراق آمیز بخوانید.

Read the following excerpt from Part Two of "Chakmeh" aloud with a classmate. Try to read it like a children's story with different voices and with exaggerated intonation.

اتوبوس ایستاد. زن چاق و گنده‌ای، که زنبیل بزرگ و پراز لباسی داشت، کنار مادر لیلا نشسته بود، تند پا شد و با عجله زنبیلش را برداشت و کشید. جا تنگ بود. زنبیل به چکمه‌های لیلا خورد. یکی از لنگه‌های چکمه، از پای لیلا درآمد و افتاد کنار صندلی. زن رفت. چند تا مسافرها پیاده شدند. اتوبوس را افتاد. رفت و رفت. مادر چرت می‌زد.

اتوبوس دور میدانی پیچید. شاگرد راننده داد زد:

میدان احمدی!

اتوبوس ایستاد.

چُرت مادر پرید. هر چه کرد نتوانست لیلا را بیدار کند. اتوبوس می‌خواست راه بیفتد. مادر، لیلا را بغل کرد و زود پیاده شد. رفت تو پیاده‌رو. اتوبوس رفت. لیلا هنوز بیدار نشده بود. تو بغل مادرش بود.

مادر رفت تو کوچه. کوچه دراز و پیچ در پیچ بود. مادر به نفس نفس افتاد؛ خسته بود. می‌خواست لیلا را بیدار کند. اما، دلش نیامد. هر جور بود خودش را به خانه رساند. توی درگاه اتاق، خواست چکمه‌های لیلا را در بیاورد که دید لنگه چکمه نیست! زود لیلا را خواباند گوشه اتاق و برگشت تو کوچه. کوچه را، گـُله به گـُله، گشت. آمد تو پیاده‌رو. آمد تو ایستگاه اتوبوس. اتوبوس رفته بود. لنگه چکمه را ندید. برگشت.

تمرین ۳۲: درکلاس

متن زیر بخشی از داستان چکمه است. می‌دانیم که لیلا و مادرش صحبتی طولانی با هم دارند، اما دقیقاً نمی‌دانیم به هم چه می‌گویند. با کمک هم‌کلاسی‌تان متن زیر را بازی کنید. یکی از شما لیلا و دیگری مادر لیلا است. استاد ممکن است از شما بخواهد که نمایشنامه‌تان را در کلاس بازی کنید.

In the following excerpt from Part Two of "Chakmeh," we learn that Leila and her mother have a long chat but we don't know exactly what they say to each other. Work with a partner and roll play this conversation. One of you should be Leila and the other Leila's mother. Your instructor may ask you to perform for the class.

ـ باید همین حالا برویم و برایم چکمه بخری.

مادر گفت:

ـ من حالا خسته‌ام، یک روزتعطیل که سر کار نرفتم، با هم می‌رویم و چکمه می‌خریم. لیلا به گریه افتاد. هق هق کرد و نق زد. مادر اوقاتش تلخ شد و گفت:

ـ اگر بخواهی حرف گوش نکنی ومرا اذیت کنی، هیچ‌وقت برایت چکمه نمی‌خرم. وقتی می‌گویم تو دختر خوب و حرف‌شنویی نیستی، قبول کن.

لیلا و مادرش خیلی با هم حرف زدند، و لیلا راضی شد که روز بعد با هم بروند و چکمه بخرند.

دستور ۴: جمله شرطی آینده

تمرین۳۳: درخانه

1. Listen to the audio file and answer the questions below.

4_10_Grammar1 ▶

۱. اگر زود از خانه بیرون برویم به اتوبوس می‌رسیم.

۲. اگر در املت فلفل سیاه بریزی، خوشمزه‌تر می‌شود. (فلفل سیاه: black pepper)

۳. اگر کتابم را نیاورد، نمی‌توانم برای امتحان درس بخوانم.

۴. به نظرم اگر فقط چند ماه درس بخوانی در رشته خوبی قبول می‌شوی.

۵. اگر تصمیم گرفتن برایت سخت است، می‌توانم تا هفته دیگر صبر کنم. (صبر کردن: to wait)

۶. اگر دسر درست کنی، ممنون می‌شویم.

۷. اگر با این دوستانش وقت بگذراند آینده‌ی تاریکی خواهد داشت.

۸. اگر تمام چراغ‌ها را خاموش نکنی، نمی‌تواند بخوابد.

۹. اگر این مربی را داشته باشند، می‌توانند به مسابقات ملی کشور راه پیدا کنند.

۱۰. اگر فردا آسمان صاف و آفتابی باشد اسکی می‌کنیم.

What kind of text is this? Where is it from? What words helped you identify what kind of text this is?

2. Listen to the audio file again. This time be on the lookout for conditional statements, which will start with اگر or اگه in spoken. What are the two conditional possibilities in this audio file? Is the woman talking about future possibilities or past possibilities? How do you know?

3. Listen to the audio file a third time, and this time hone in on the sentences that begin with اگر. What do you notice about the verb tenses that we use with اگر؟ What tense do we use in the first half of the sentence? What tense in the second half?

4. These conditional sentences fall in the realm of possibility because they are describing future events that might happen but we are not certain they will. You will learn about impossible conditional sentences later. For now, read and translate into English the following examples of future conditional sentences. Listen to the accompanying audio file to listen for intonation and pronunciation.

4_10_Grammar2 ▶

۱. اگر ماشین نداشته باشم با اتوبوس به فروشگاه می‌روم. (اگه ماشین نداشته باشم با اتوبوس می‌رم فروشگاه.)

۲. اگر این ترم خوب درس بخوانم، می‌توانم بورسیه بگیرم. (اگه این ترم خوب درس بخونم می‌تونم بورسیه بگیرم.)

۳. اگر امشب خواندن این کتاب را تمام کنم فردا شب با شما به سینما می‌آیم. (اگه امشب خوندن این کتاب رو تموم کنم فردا شب با شما می‌آم سینما.)

۴. اگر تاریک باشد چراغ‌ها را روشن کن. (اگه تاریک باشه چراغا رو روشن کن.)

۵. اگر با ماشین بروید ممکن است زودتر برسید. (اگه با ماشین برین ممکنه زودتر برسین.)

5. Based on the examples you read, describe the rule for forming the future conditional sentence in Persian. Consider all of the different possibilities.

تمرین ۳۴: درکلاس

به سوالات زیر جواب دهید. بعد دو سوال دیگر بنویسید و جواب دهید.

۱. اگر فردا کلاس نداشته باشید چکار می‌کنید؟

۲. اگر این تابستان به ایران بروید چه چیزهایی می‌بینید؟

۳. اگر یک میلیون دلار داشته باشید چه چیزهایی می‌خرید؟

۴. اگر امروز آخرین روز دنیا باشد چکار می‌کنید؟

۵. ....

۶. ....

تمرین ۳۵: درخانه و درکلاس

در خانه- تصور کنید که شاگرد راننده داستان چکمه هستید. خاطره‌ی روزی که چکمه لیلا را پیدا کردید بنویسید. متن شما باید حداقل ۱۰۰ واژه و چهار جمله شرطی داشته باشد. توجه داشته باشید که جمله‌های شرطی‌ای که می‌نویسید درباره آینده و ممکن باشند.

At home, imagine that you are شاگرد راننده and write a journal entry for the day that you found Leila's boot. Write at least 100 words and include at least four conditional sentences. Make sure that your conditional sentences relate only to the future and are possible.

در کلاس- خاطره خود را با یک هم‌کلاسی درمیان بگذارید. بدون اینکه یادداشت‌های خود را به هم نشان دهید، با صحبت کردن با یکدیگر دو تفاوت و دو شباهت در خاطره‌های‌تان پیدا کنید.

In class, share your journal entry with a partner. Without reading your entries or showing them to one another, work together to come up with a list of two ways in which your entries are similar and two ways in which they are different.

تمرین ۳۶: درکلاس

به کمک هم‌کلاسی خود درباره داستان چکمه سه پیش‌بینی کنید. پیش‌بینی کنید که در داستان چه اتفاقی خواهد افتاد. برای نوشتن پیش‌بینی‌های خود از جمله‌های شرطی آینده استفاده کنید.

Work with a partner and write four predictions for the story "Chakmeh." Use the future conditional to describe what you think will happen next in the story.

مثال: اگر لنگه‌ی چکمه‌ی لیلا پیدا نشود مادر لیلا باید برایش چکمه‌ی جدید بخرد.

دستور ۵: آینده future

تمرین ۳۷: آینده- در خانه

You have already learned that we usually use the simple present tense to indicate future actions, and we rely on context clues in a sentence to let us know when a particular action is taking place. However, in Persian we also have a separate future tense. This tense is not used often, especially in spoken Persian, you will encounter it in written texts, formal situations, and in poetry. The tense can also be used in everyday conversation for emphasis, i.e. when you're certain that something will happen and want to convey that certainty to your listener. You should still continue using the simple present tense to describe most future actions.

1. Read the sentences below, look at the translation, and underline what you think is the future tense.

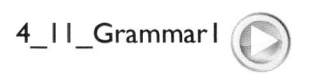

4_11_Grammar1

Tomorrow it will snow in the west of the country.	فردا در غرب کشور برف خواهد بارید.
In 1395 we will have new banks.	در سال ۱۳۹۵ بانک‌های جدید خواهیم داشت

2. As you can see, we use the present-tense stem of خواستن (خواه) as a helper verb to form the future tense in Persian. Which verb do we conjugate? What do you notice about the conjugation of the main verb?

3. Look at the chart below to see the complete conjugation of درست کردن in the future tense.

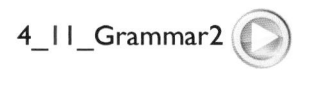

4_11_Grammar2

درست خواهم کرد	درست خواهیم کرد
درست خواهی کرد	درست خواهید کرد
درست خواهد کرد	درست خواهند کرد

4. What do you notice about the placement of the helper verb when conjugating compound verbs?

Note: When خواستن acts as a helper verb for the future tense, its pronunciation does not change in spoken Persian.

5. Read the following quatrain by Khayyam and underline all of the instances of the future tense. Then answer the questions below.

دریاب که از روح جدا خواهی رفت
در پرده اسرار فنا خواهی رفت
می نوش ندانی از کجا آمده‌ای
خوش باش ندانی به کجا خواهی رفت

6. Who does the poet address in this poem? How do you know?

7. Read the last line of the poem. What do you think this poem's message is? What helped you reach this conclusion?

8. Read the following text and find all the instances of the future tense. Then write all of the future tense verbs that you find in the text in the chart to the left of the text. Conjugate the verb in the future tense for the first-person singular and then conjugate it in the present tense for the first-person singular.

4_11_Grammar3

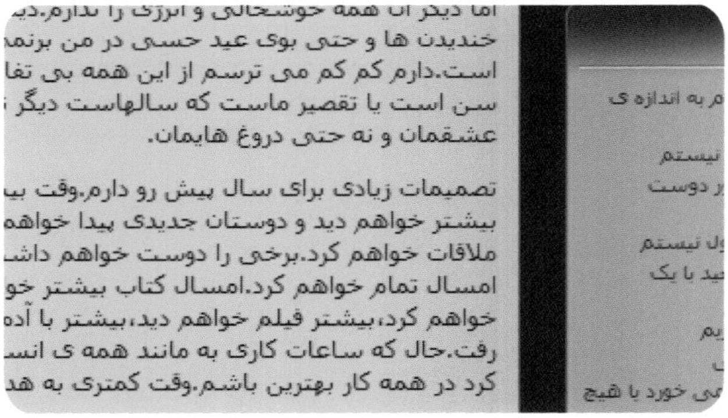

تصمیمات زیادی برای سال پیش رو دارم. وقت بیشتری برای زندگی خواهم گذاشت. دوستانم را بیشتر خواهم دید و دوستان جدیدی پیدا خواهم کرد و با آنها وقت خواهم گذراند. آدمهای زیادی را ملاقات خواهم کرد. برخی را دوست خواهم داشت و برخی را نه. کارهایی را که سال‌ها به تعویق افتاده امسال تمام خواهم کرد. امسال کتاب بیشتر خواهم خواند، بیشتر خواهم نوشت، بیشتر ورزش خواهم کرد، بیشتر فیلم خواهم دید، بیشتر با آدمها حرف خواهم زد. بیشتر به طبیعت خواهم رفت. جدی تر کار خواهم کرد. سعی خواهم کرد در همه کار بهترین باشم. وقت کمتری به هدر خواهم داد و باید که آدم بهتری باشم.

حال ساده- اول شخص مفرد	آینده - اول شخص مفرد
می‌گذارم	۱. خواهم گذاشت
....	۲. خواهم دید
....	۳. ....
....	۴. ....
....	۵. ....
....	۶. ....
....	۷. ....
....	۸. ....
....	۹. ....
....	۱۰. ....
....	۱۱. ....
....	۱۲. ....
....	۱۳. ....
....	۱۴. ....
....	۱۵. ....
....	۱۶. ....

تمرین ۳۸: در کلاس

فرض کنید که بلیط فروش داستان چکمه هستید. به کمک هم‌کلاسی‌تان یک اطلاعیه کوتاه درباره چکمه‌ی گمشده‌ای که پیدا کرده‌اید بنویسید. ممکن است استادتان از شما بخواهد که اطلاعیه‌تان را برای کلاس بخوانید.
از متن زیر به عنوان الگو استفاده کنید.

Imagine you are the بلیط فروش in چکمه. Work with a partner and write a short announcement about the lost boot that you found. Include at least three instances of the future tense. Your instructor may ask you to share your announcement with the class. Use the example below as a model.

یک لنگه کفش پیدا شده. اگر مشخصات کامل آن را بدهید آن را به شما خواهیم داد.
روز جمعه، دوازده آذر، این محل تا ساعت یازده صبح تعطیل خواهد بود و فقط از ساعت یازده تا ساعت سه بعد از ظهر باز خواهیم بود.

تمرین ۳۹: هواشناسی - در کلاس

۱. با توجه به نمودارهای ۱ و ۲ با همکلاسی خود درباره وضع هوای مشهد در پنج روز آینده صحبت کنید. از نمونه های زیر که درباره نمودار ۱ و هوای یزد نوشته شده کمک بگیرید.

4_11_Grammar4

به نظر می‌رسد که هوای یزد در روزهای آینده گرم‌تر شود.
در روز دوشنبه حداقل دما ۱۳ درجه سانتیگراد و حداکثر به بیست و شش درجه سانتیگراد خواهد رسید.
پیش بینی می‌شود که دمای هوا در ظهر سه شنبه به بیست و هشت درجه سانتیگراد برسد.
در ظهر سه شنبه هوا تا قسمتی ابری خواهد بود.
در ظهر جمعه چهارم تیر دمای هوا به سی درجه سانتیگراد خواهد رسید.

نمودار ۱: پیش بینی دمای هوای یزد در پنج روز آینده

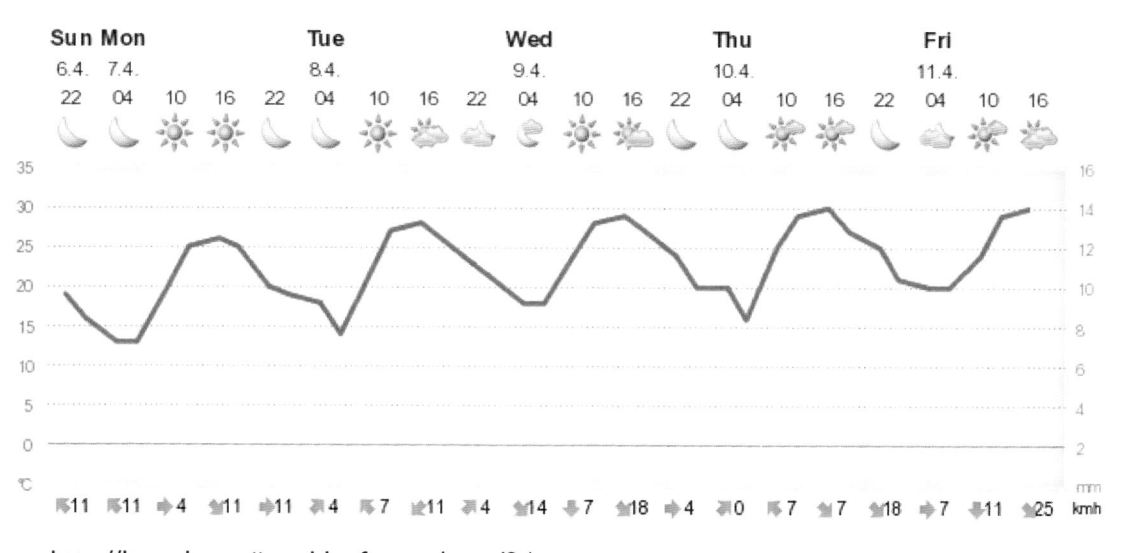

http://havashenasiiran.blogfa.com/post/94

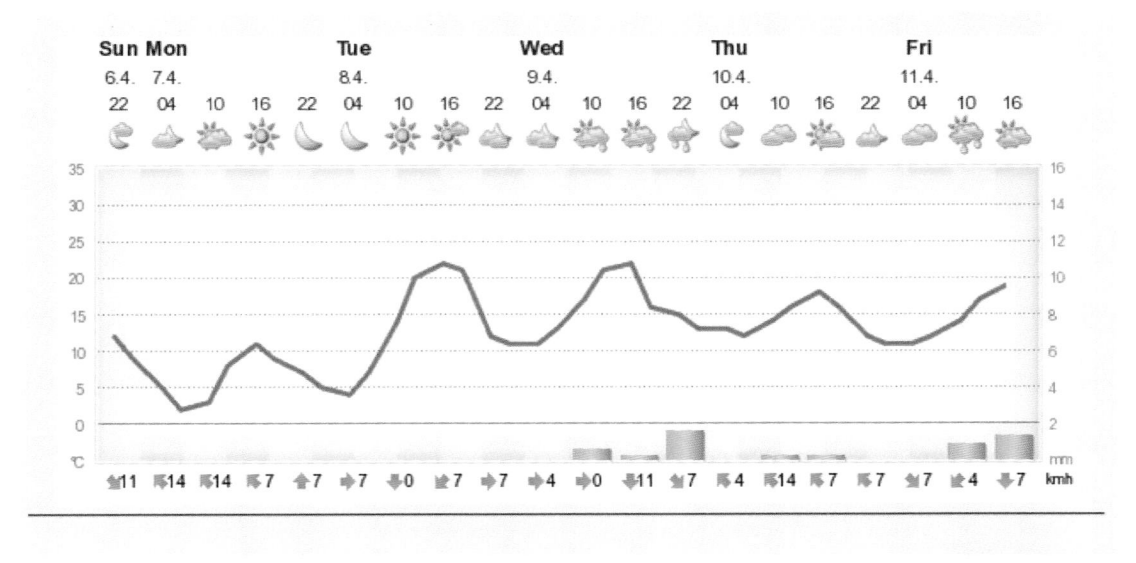

نمودار ۲: پیش بینی دمای هوای مشهد در پنج روز آینده

Sun Mon Tue Wed Thu Fri
6.4. 7.4. 8.4. 9.4. 10.4. 11.4.
22 04 10 16 22 04 10 16 22 04 10 16 22 04 10 16 22 04 10 16

تمرین ۴۰: در خانه

از زمان آینده استفاده کنید و یک گزارش وضع هوای کوتاه برای هفته آینده بنویسید. برای نوشتن متن دست‌کم ۸۰ واژه‌ای خود، از واژه‌هایی که در بخش هواشناسی یاد گرفته‌اید استفاده کنید. از متن تمرین ۳۹ به عنوان الگو استفاده کنید. بعد از نوشتن این گزارش، آن را مثل یک گزارشگر هوا بخوانید، صدای‌تان را ضبط کنید و برای استادتان بفرستید.

Write a short weather report for next week and use the future tense. Your report should include several different weather words and be at least 80 words. Refer to the weather report in تمرین ۳۹ as a model. Once you have written your report, record it in the style of a weather report and send it to your instructor. The reason that we use the future tense for a weather report is that it is a more formal text.

دو تصویر از مرکز ایران

کویر مرنجاب، اصفهان

خانه بروجردی‌ها در کاشان

عکس‌ها از حامد صابر

خواندن ۳: چکمه، بخش سوّم

تمرین ۴۱: در خانه

در خانه: به فایل صوتی گوش کنید و با کمک آن متن را بخوانید. معنی واژه‌هایی را که نمی‌دانید می‌توانید از فهرست کنار متن پیدا کنید.

صاحب: owner	بگومگو: quarrel	یادت نیست؟: Don't you remember?
زمین: ground	یادش رفت: he forgot	حیف است که: it's a shame that
نفت: oil	رفتگر: sweeper	نمک‌فروش / نمکی: salt-seller
		پِسَرَک: small boy

4_12_Reading1

مادر مریم که دید لیلا و مریم توی خانه نیستند، دلواپس شد. چادرش را انداخت سرش و آمد توی کوچه. به هر کس می‌رسید می‌گفت که «دو دخترکوچولو را ندیده‌ای که توی این کوچه بروند؟»

بعضی‌ها می‌گفتند که آنها را ندیده‌اند، و چند نفری هم گفتند که: «از این طرف رفتند.»

لیلا و مریم رفتند و رفتند و پیاده‌رو را نگاه کردند. از خانه و کوچه‌شان خیلی دور شده بودند. پیچیدند توی خیابان باریکی.

هر چه لیلا گفت: »مریم، بیا برگردیم. «مریم گوش نکرد.

عاقبت، رسیدند سر چهارراهی. نمی‌دانستند دیگر کجا بروند. می‌خواستند به خانه برگردند. ولی راه را گم کرده بودند. لیلا زد زیر گریه. مریم هم نزدیک بود گریه‌اش بگیرد.

پیرزنی که ازپیاده‌رو رد می‌شد، مریم و لیلا را دید. فهمید که گم شده‌اند. ازشان پرسید:

ـ بچه‌ها، خانه‌تان کجاست؟

بچه‌ها نمی‌دانستند خانه‌شان کجاست. پیرزن گفت:

ـ اسم کوچه‌تان را می‌دانید؟

مریم فکر کرد و گفت:

ـ اسم... اسم کوچه‌مان »سروش« است. اما نمی‌دانیم که ازکدام طرف برویم پیرزن دست بچه‌ها را گرفت و از این و آن نشانی کوچه «سروش» را پرسید و آنها را به طرف کوچه برد.

مادر مریم، هراسان و ناراحت توی پیاده‌رو می‌دوید و همه جا را نگاه می‌کرد چشمش افتاد به بچه‌ها، که همراه پیرزنی داشتند از روبرو می‌آمدند. مادر خوشحال شد و از پیرزن تشکر کرد. با لیلا و مریم دعوا کرد که چرا بی‌اجازه از خانه بیرون رفته‌اند.

بلیت فروش که دید چند روز گذشته است و کسی سراغ چکمه نیامده، چکمه را برداشت و گذاشت بیرون دکه. تکیه‌اش داد به دیوار روبرو، که بیشتر جلوی چشم باشد.

آدمها می‌آمدند و می‌رفتند. لنگه چکمه را نگاه می‌کردند، با خود می‌گفتند «آیا این لنگه چکمه مال کدام بچه است، که گمش کرده و حالا دنبالش می‌گردد.»

لیلا، روزها، یک لنگه چکمه را می‌پوشید و یک لنگه دمپایی. گاهی هم مریم لنگه چکمه را می‌پوشید، که بگومگویشان می‌شد و با هم قهر می‌کردند.

هر وقت که مادر لیلا به خانه می‌آمد، لیلا می‌دوید جلویش و می‌گفت:

ـ مادر، لنگه چکمه را پیدا نکردی؟

ـ نه، مادر. برایت یک جفت چکمه دیگر می‌خرم.

کِی می‌خری؟

ـ یک روز که بیکار باشم و پول داشته باشم.

- وقتی که چکمه را خریدی، من همانجا نمی‌پوشمشان. خواب هم نمی‌روم که لنگه‌اش را گم کنم.

لیلا آن قدر لنگه چکمه‌اش را به این طرف و آن طرف برده بود. سر آن با مریم و بچه‌های همسایه بگومگو کرده بود که مادرها ـ مادر لیلا و مادر مریم ـ از دست آن به تنگ آمدند. می‌خواستند بیندازنش بیرون. اما، حیفشان می‌آمد. چکمه نوی نو بود.

بلیت فروش، هر وقت تنها می‌شد، لنگه چکمه را نگاه می‌کرد. خدا خدا می‌کرد که یک روز صاحبش پیدا شود. و هر شب، که می‌خواست دکه‌اش را ببندد و برود خانه‌اش، لنگه چکمه را برمی‌داشت و می‌گذاشت توی دکه.

یک شب، یادش رفت که لنگه چکمه را بگذارد توی دکه. لنگه چکمه، شب، کنار دیوار ماند.

صبح زود، رفتگر محله داشت پیاده‌رو را جارو می‌کرد. لنگه چکمه را دید. نگاهش کرد. برش داشت و زیرش را جارو کرد. باز گذاشتش سر جایش. فهمید که لنگه چکمه مال بچه‌ای است که آن را گم کرده. آرزو کرد که صاحب چکمه پیدا شود.

پسرکی شیطان و بازیگوش از پیاده‌رو رد می‌شد، از مدرسه می‌آمد، دلش می‌خواست توپ داشته باشد. همه چیز را به جای توپ می‌گرفت. هر چه را سر راهش می‌دید با لگد می‌زد و چند قدم می‌برد؛ قوطی مقوایی، سنگ، پوست میوه، تا رسید به لنگه چکمه. نگاهش کرد، و محکم لگد زد زیرش. با آن بازی کرد و بُرد و برد. در یکی از این پا زدنها، لنگه چکمه رفت و افتاد توی جوی آبی که پر از آشغال بود. پسرک سرش را پایین انداخت و رفت.

آب چکمه را بُرد. چکمه به آشغالها گیر کرد. جلوی آب را گرفت. آب بالا آمد. آمد توی خیابان و پیاده‌رو را گرفت، مردم وقتی از پیاده‌رو رد می‌شدند. کفشهایشان خیس می‌شد و زیرلب قـُر می‌زدند و بد می‌گفتند.

رفتگر محله داشت آشغالها را از توی جو درمی‌آورد، که راه آب بازشود. لنگه چکمه را دید. فکر کرد که آن را دیده. کم کم یادش آمد که چکمه، صبح، کنار دیوار، بالای خیابان بوده.

رفتگر چکمه را زیر شیر آب گرفت. پاکش کرد. بُرد، به دیوارمسجد تکیه‌اش داد تا صاحبش پیدا شود.

لنگه چکمه به دیوار مسجد تکیه داشت. هر که رد می‌شد آن را می‌دید. دعا می‌کرد که صاحبش پیدا شود.

لنگه چکمه به دیوار مسجد تکیه داشت، همان جور بی‌صاحب مانده بود. باد و باران تندی آمد و انداختش روی زمین.

چکمه گِلی و کثیف شده بود. بچه‌ها زیرش لگد می‌زدند و با آن بازی می‌کردند. یکی از بچه‌ها، که دید لنگه چکمه صاحبی ندارد، برش داشت. بردش خانه، و داد به برادرش. برادرش توی کارخانه «دمپایی‌سازی» کار می‌کرد. توی کارخانه، دمپایی‌های پاره و چکمه‌های لاستیکی کهنه را می‌ریختند توی آسیا. خردشان می‌کردند. آبشان می‌کردند و می‌ریختند توی قالب، و دمپایی و چکمه نو می‌ساختند.

هر روز که مادر لیلا از کوچه‌شان می‌گذشت، پسرکی را می‌دید، که یک پا بیشتر نداشت. همیشه جلوی خانه‌شان می‌نشست. فرفره می‌فروخت و بازی کردن بچه را تماشا می‌کرد. مادر فکر کرد که لنگه چکمه را بدهد به او. شاید به درد او بخورد.

مادر به خانه که آمد، با لیلا حرف زد، و گفت:

لیلا، این چکمه به درد تو نمی‌خورد. بیا با هم برویم سر کوچه و آن را بدهیم به پسرکی که یک پا دارد، و خانه‌شان روبروی خانه ماست.

لیلا گفت:

ـ اگر لنگه چکمه را بدهم به او، تو برایم یک جفت چکمه دیگر می‌خری؟
ـ بله که می‌خرم. حتماً می‌خرم. اگر تا حالا نخریدم، فرصت نکردم.
ـ کِی می‌خری؟ کی فرصت داری؟
تا آخر همین هفته می‌خرم. آن قدر چکمه‌های خوشگل تو دکان‌ها آورده‌اند که نگو!
ـ خودم می‌خواهم چکمه را به آن پسر بدهم.
باشد، فقط باید جوری چکمه را به او بدهی که ناراحت نشود.
ـ چشم.
لیلا و مادرش لنگه چکمه را برداشتند و رفتند پیش پسرک. مادر دم خانه ایستاد و لیلا چکمه را برد. روبروی پسرک ایستاد و گفت: «سلام.»
پسرک لبخندی زد و گفت : «سلام، فرفره می‌خواهی؟»
لیلا گفت :
ـ نه، این چکمه مال تو. نو و نو است. من یک جفت چکمه داشتم که لنگه‌اش گم شد. هر چه گشتیم پیدایش نکردیم. حیف است که این را بیندازیم دور.
پسرک ناراحت شد، و گفت:
ـ من چکمه تو را نمی‌خواهم.
مادر رفت جلو و گفت :
ـ قابل ندارد. ما همسایه‌ایم. غریبه که نیستیم. خانه ما اینجاست. پارسال، زمستان، که نفت نداشتیم، آمدیم از مادرت نفت گرفتیم. یادت نیست؟ فکر می‌کنم که این لنگه چکمه به درد تو بخورد. حیف است که بیندازیمش دور.
پسرک کمی راضی شد. لنگه چکمه را گرفت، داشت نگاهش می‌کرد، که لیلا گفت: «خداحافظ» و دوید طرف مادرش. رفتند خانه. مادر زیر لب گفت: »خدا کند ناراحت نشده باشد«.
پسرک لنگه چکمه را خوب نگاه کرد. خواست ببیند به پایش می‌خورد یا نه. چکمه مال پای راست بود و او پای راست نداشت! به دردش نمی‌خورد. خنده‌اش گرفت.
پسرک لنگه چکمه را گذاشته بود کنارش. فکر می‌کرد چه کارش کند. نمک‌فروش دوره‌گردی، با چهارچرخه‌اش از کوچه می‌گذشت.
نمک‌فروش دمپایی و چکمه لاستیکی پاره پوره می‌گرفت و به جایش نمک می‌داد.
پسرک لنگه چکمه را داد به او: »نمکی «چکمه را نگاه کرد و گفت: «این که خیلی نو است. لنگه دیگرش کجاست؟»
ـ لنگه دیگرش گم شده. مال دختر همسایه روبرویی است. هر چه گشته پیدایش نکرده.
نمکی لنگه چکمه را گرفت و گذاشت توی چهار چرخه‌اش؛ روی چکمه‌ها و دمپایی پاره‌هایی که از خانه‌ها گرفته بود.
کارخانه »دمپایی‌سازی «توی همان محله بود. نمکی گویی دمپایی پاره و چکمه‌های کهنه را برد توی کارخانه بفروشد. لنگه چکمه لیلا هم قاتی آنها بود. وقتی خواست گونی را کنار کارگاه خالی کند نگاهش به سبدی افتاد که بغل آسیا بود. لنگه دیگر چکمه را آنجا دید. آماده بود که بیندازنش توی آسیا؛ خردش کنند.
نمکی لنگه چکمه را که توی گونی بود، برداشت و رفت سراغ آن یکی لنگه. خوب لنگه‌های چکمه را نگاه کرد. کنار هم گذاشت. لبخندی زد و پیش خود گفت: پیدا شد! حالا شدند جفت.
کارگر کارخانه، نمکی را نگاه کرد و گفت:

ـ چی را نگاه می‌کنی؟

ـ چکمه را. لنگه‌اش پیدا شد.

کارگر گفت:

ـ صاحبش را می‌شناسی؟

بله، مال بچه‌ای است که خانه‌شان توی یکی از کوچه‌های بالایی است.

نمکی چکمه‌ها را آورد پیش پسرک.

پسرک جفت چکمه را برد درِ خانه لیلا. در زد. لیلا آمد دَم در. پسرک چکمه‌ها را داد به او، وگفت:

ـ دیدی لنگه چکمه‌ات پیدا شد!

لیلا خوشحال شد. از بس خوشحال بود نپرسید که لنگه‌اش کجا بوده و چه جوری پیدا شده. دوید توی خانه، صدایش را بلند کرد: «مریم، مریم، چکمه‌هایم پیدا شد. چکمه‌هایم پیدا شد.»

و برگشت درِ خانه را نگاه کرد. پسرک رفته بود.

تمرین ۴۲: در خانه

دوباره بخش سوم داستان چکمه را بخوانید و در کاغذی جداگانه به پرسش‌های زیر جواب دهید. به خاطر داشته باشید که از شما انتظار نمی‌رود که همه داستان را متوجه شوید. فقط کافی است آنچه را برای جواب دادن به سوال‌های زیر لازم دارید بدانید.

Re-read Part III of "Chakmeh" and answer the following questions on a separate piece of paper. Remember, we don't expect you to understand everything in the story. You just need to be able to understand enough to answer the questions below.

۱. آیا لیلا و مریم گم می‌شوند؟ چه کسی آنها را پیدا می‌کند؟

۲. اسم کوچه‌ی مریم و لیلا چیست؟

۳. آیا بلیت‌فروش می‌بیند که کسی سراغ چکمه آمده است یا نه؟ آدم‌هایی که می‌آیند و می‌روند و به چکمه نگاه می‌کنند چه می‌گویند؟

۴. چرا لیلا و مریم با هم بگومگو می‌کنند؟

۵.. مادر لیلا چه وقت چکمه‌ی جدید برای لیلا می‌خرد؟

۶. در این بخش، لنگه‌ی گم شده‌ی لیلا سفر بزرگی داشت. کجا رفت و چطور؟ یک لیست بنویسید.

۷. هر روز مادر لیلا چه کسی را می‌بیند؟

۸. مادر لیلا می‌خواهد لیلا چکار کند؟ لیلا قبول می‌کند یا نه؟ چرا؟

۹. لیلا می‌خواهد لنگه را به پسرک بدهد یا نه؟

۱۰. پسرک چکمه‌ی لیلا را می‌خواهد یا نه؟ چرا؟

۱۱. چه می‌شود که پسرک لنگه را قبول می‌کند؟

۱۲. لنگه را می‌پوشد؟ چرا یا چرا نه؟

۱۳. پسرک لنگه را به چه کسی می‌دهد؟ چرا؟

۱۴. نمکی لنگه‌ی دیگر را چطور و کجا پیدا می‌کند؟

۱۵. نمکی بعد از این که لنگه‌ی دیگر را پیدا می‌کند چکمه را به کی می‌دهد؟

۱۶. چکمه چه‌طور به دست لیلا می‌رسد؟

تمرین ۴۳: در کلاس

با یکی از هم‌کلاسی‌های‌تان درباره‌ی بخش سوم چکمه حرف بزنید. چه چیزهایی برای شما جالب بود؟ چه سؤالی درباره‌ی داستان دارید؟ بعد از چند دقیقه استادتان از شما می‌خواهد هر نفر سوالی یا چیز جالبی بگوید که همه بتوانند با هم حرف بزنند.

The following sentences describe the journey that Leila's boot took. Work with a partner and put the events in the correct order.

بلیت‌فروش یادش می‌رود که لنگه‌ی چکمه را بگذارد توی دکه

یکی از بچه‌ها که می‌بیند لنگه صاحبی ندارد آن را به خانه می‌برد و به برادرش می‌دهد.

بچه‌ها بعد از این که لنگه کثیف شده با آن بازی می‌کنند.

لنگه‌ی چکمه شب، کنار دیوار می‌ماند.

رفتگر زیر لنگه را جارو می‌کند و بعد کنار دیوار آن را می‌گذارد.

پسرکی شیطان با چکمه بازی می‌کند

لنگه توی جوی آبی می‌افتد.

رفتگر چکمه را توی جوی آبی پیدا می‌کند و بعد پاکش می‌کند.

رفتگر چکمه را به دیوار مسجد می‌برد تا صاحبش پیدا شود.

تمرین ۴۴: در کلاس

با یکی از هم‌کلاسی‌های‌تان به سوالات زیر جواب دهید. لازم نیست جواب‌های‌تان را بنویسید.

- نظر شما درباره‌ی لیلا در آخر داستان چیست؟
- شخصیت مورد علاقه‌تان چه کسی است؟ چرا؟
- فکر می‌کنید این داستان می‌خواهد به کودکان چه درسی را بدهد؟ شما با این درس موافق هستید؟
- به نظر شما این داستان بیشتر درباره‌ی جفت چکمه است یا لیلا؟ چرا؟
- الان فکر می‌کنید که مادر لیلا مادر خوبی است یا نه؟ چرا؟

تمرین ۴۵: در کلاس

متن زیر بخشی از داستان چکمه است. این بخش را با هم‌کلاسی‌تان بلند بخوانید. سعی کنید متن را مثل داستان بچه‌ها با صدای زیر و بم و مختلف بخوانید. پس از تمرین، استاد از شما می‌خواهد که یک یا دو جمله از متن را با صدای بلند برای کلاس بخوانید.

Read the following excerpt from Part Two of "Chakmeh" aloud with a classmate. Try to read it like a children's story with different voices and with exaggerated intonation. After you have practiced, your instructor may call on you to read a sentence or two aloud.

بلیت فروش، هر وقت تنها می‌شد، لنگه چکمه را نگاه می‌کرد. خدا خدا می‌کرد که یک روز صاحبش پیدا شود. و هر شب، که می‌خواست دکه‌اش را ببندد و برود خانه‌اش، لنگه چکمه را برمی‌داشت و می‌گذاشت توی دکه.

یک شب، یادش رفت که لنگه چکمه را بگذارد توی دکه. لنگه چکمه، شب، کنار دیوار ماند.

صبح زود، رفتگر محله داشت پیاده‌رو را جارو می‌کرد. لنگه چکمه را دید. نگاهش کرد. برش داشت و زیرش را جارو کرد. باز گذاشتش سر جایش. فهمید که لنگه چکمه مال بچه‌ای است که آن را گم کرده. آرزو کرد که صاحب چکمه پیدا شود.

پسرکی شیطان و بازیگوش از پیاده‌رو رد می‌شد، از مدرسه می‌آمد، دلش می‌خواست توپ داشته باشد. همه چیز را به جای توپ می‌گرفت. هر چه را سر راهش می‌دید با لگد می‌زد و چند قدم می‌برد؛ قوطی مقوایی، سنگ، پوست میوه، تا رسید به لنگه چکمه. نگاهش کرد، و محکم لگد زد زیرش. با آن بازی کرد و بُرد و برد. در یکی از این پا زدنها، لنگه چکمه رفت و افتاد توی جوی آبی که پر از آشغال بود. پسرک سرش را پایین انداخت و رفت.

تمرین ۴۶: در کلاس

با یکی از دانشجویان دیگر کار کنید و آخر داستان چکمه را دوباره بنویسید. به نظر شما این داستان چطور باید به پایان برسد؟ بعد از این که داستان خودتان را نوشتید آن را برای همه‌ی کلاس بازگو کنید.

دستور ۶: مجهول passive

تمرین ۴۷: مجهول - در خانه

1. Read the following two sentences from the story "Chakmeh" and pay attention to the final verb in each.

4_13_Grammar1

۱. آخر شب، وقتی شاگرد راننده داشت اتوبوس را تمیز می‌کرد و زیر صندلی‌ها را جارو می‌کشید، لنگه چکمه را پیدا کرد.

۲. بلیت فروش لنگه چکمه را گذاشت پشت شیشه دکه‌اش، که وقتی مسافرها می‌آیند بلیت بخرند آن را ببینند. شاید صاحبش پیدا شود.

2. How do the final verbs in these two sentences compare? In what ways are they the same? In what ways are they different?

3. Find a definition of the "passive voice" and be prepared to share it with your instructor and classmates.

4. In Persian, we usually use the verb شدن to form the passive voice. In this lesson, we will be looking at two different cases for forming the passive voice. The first involves the verb کردن and the second relates to most other verbs.

5. Look at the two following sentences. In the second one, the last verb is in the passive voice. How do we form the passive voice for کردن verbs?

شاگرد راننده لنگه چکمه را پیدا کرد

لنگه چکمه پیدا شد.

6. Read the following three sets of sentences. The first is in the active voice. You should complete the second sentence so that it is in the passive voice.

۱. مادرم دیروز ساعت ۹ من را بیدار کرد.

۲. من دیروز ساعت ۹ بیدار ....

۱. همه اتاق‌ها را تمیز کردیم.

۲. همه اتاق‌ها ....

۱. دیروز رییس دانشگاه به علت طوفان و هوای بد دانشگاه را تعطیل کرد.

۲. دیروز دانشگاه به علت طوفان و هوای بد ....

7. Forming the passive voice for all other verbs also depends on the شدن . Look at the examples below and try to determine the rule for forming the passive voice for verbs other than شدن.

4_13_Grammar3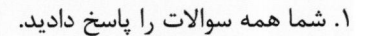

۱. فردا، ما تا هشت شب تمام غذاها را می‌خوریم.

۲. فردا، تا هشت شب تمام غذاها خورده می‌شوند.

۱. شما همه سوالات را پاسخ دادید.

۲. همه سوالات پاسخ داده شدند.

۱. این کتاب‌ها را خوانده‌ام.

۲. این کتاب‌ها خوانده شده‌اند.

8. In the following examples underline the passive verbs and determine what tense each one is.

۱. در این کتاب نوشته شده است که تهران یکی از پر جمعیت‌ترین شهرهایی است که در خاور میانه قرار دارد.

۲. صفحه تلویزیون خوب تمیز نشد.

۳. برای جشن تولد دوستم همه‌ی چراغ‌ها را خاموش کردیم که مهمان‌ها دیده نشوند.

۴. پارسال این کتاب برای سه ماه در دبیرستان خوانده می‌شد.

9. How do we form the passive tense for verbs other than شدن? Is this similar to any of the verb tenses we have learned so far? How do we negate the passive voice? Where does the negation go?

10. What effect do you think the passive voice has on را? Do we use را when the passive voice is formed with شدن ? Why or why not?

تمرین ۴۸: درخانه

دوباره بخش سوم داستان چکمه را بخوانید و ۳ جمله پیدا کنید که در آنها از **مجهول** استفاده شده است. جمله‌ها را در زیر بنویسید و بعد آنها را به جمله‌ی معلوم تبدیل کنید.

مثال: .

شاید صاحبش پیدا شود.

شاید بلیت‌فروش صاحب چکمه را پیدا کند.

تمرین ۴۹:درخانه و کلاس

در خانه: از دید پسرکی که فقط یک پا دارد داستان را دوباره بنویسید. داستان شما باید حداقل ۱۵۰ کلمه داشته باشد و در آن از حداقل ۵ فعل مجهول استفاده شود. زیر همه‌ی فعل‌های مجهول خط بکشید.

دستور ۷: گذشته دور distant past

تمرین ۵۰: در خانه

1. In Persian, we can use the distant past to create richer paragraphs because this tense allows us to foreground and background certain information. We use this tense when the main narrative is in the past tense and we want to reference something that happened even further in the past. It is similar to the past perfect in English. Read the example sentences below and try to translate them into English.

4_13_Grammar4

۱. دیروز فیلم جدایی نادر از سیمین را دیدم. قبلاً فیلم ایرانی ندیده بودم.

۲. کار می‌کردم و به خانه برگشتم که کتابم را بگیرم. اما وقتی رسیدم فهمیدم که کتاب را در ماشینم گذاشته بودم و در خانه نبود.

2. We form this tense in a manner similar to گذشــته نقلـی, except instead of adding the personal verb endings, we conjugate بــودن in the past tense. Look at the charts below.

4_13_Grammar5

شده بودم	شده بودیم
شده بودی	شده بودید
شده بود	شده بودند

شده بودم	شده بودیم
شده بودی	شده بودید
شده بود	شده بودند

3. Based on the conjugations above, how do we go about negating the گذشته بعید tense?

تمرین ۵۱: درخانه

The verb in the parentheses needs to be in either the simple or distant past. Use context clues to decide which tense is necessary and the conjugate the verb.

۱. دیروز دیر به کلاس .... (رسیدن). قبل از رسیدن ما کلاس .... (شروع شدن).

۲. امسال برای دیدن پدربزرگم به مشهد .... (رفتن). سه سال بود که پدربزرگم را .... (دیدن- منفی).

۳. تا پارسال هرگز نامه .... (نوشتن - منفی).

۴. تا امروز با کسی .... (اشنا شدن- منفی) که ده زبان بداند.

۵. دو سال پیش که من تازه به این شهر .... (آمدن) .... (متوجه شدن) که رانندگی در این شهر آسانتر از رانندگی در تهران است.

تمرین ۵۲: در کلاس

استاد به شما پیش پرده «بچه‌های آسمان» را نشان خواهد داد. پس از آن شما ۱۵ دقیقه وقت خواهید داشت که هر چه می‌خواهید درباره این فیلم و داستان کوتاه «چکمه» بنویسید. سعی کنید در این زمانی که به شما داده می‌شود، حداقل ۱۰۰ کلمه بنویسید. بعد از ۱۵ دقیقه، استاد بحثی را درباره‌ی این فیلم و این داستان هدایت خواهند کرد.

Your instructor will show you the trailer for the 1998 film Children of Heaven (بچه های آسمان). Then you will have 15 minutes of free-writing to write about the film and the short story "Chakmeh." You should try to write at least 100 words in the allotted time. After the free- writing, your instructor will lead a discussion about the short story and trailer.

بچه‌های آسمان، در سال ۱۹۹۸ به‌عنوان یکی از ۵ نامزد نهایی جایزه بهترین فیلم خارجی اسکار برگزیده شد.

تمرین ۵۳: در کلاس

تصور کنید که شما یک فیلم‌ساز هستید و از شما خواسته شده است که فیلمی برای داستان چکمه بسازید. با کمک هم‌کلاسی‌تان یک داستان برای فیلم آماده کنید.
در واقع هدف این تمرین صحبت کردن با هم‌کلاسی‌تان درباره این است‌که فیلم چگونه از داستان پیروی می‌کند، یا نمی‌کند. در بحث و گفتگوی خود از زمان گذشته دور برای اشاره به داستان چکمه استفاده کنید.

Imagine that you are a filmmaker and you have been asked to make a film version of a sequel of "Chakmeh." Work with a partner and come up with a story for the film. Use the distant past to refer to the events of "Chakmeh."

دخترک با مادرش به خرید رفته بود، اما در فیلم ....

تلفظ: شعر و موسیقی: گنجشک‌های خونه

تمرین ۵۴: درخانه و کلاس

در خانه ، نماآهنگ «گنجشک‌های خونه» را پیدا کنید و به آن گوش کنید. واژه‌هایی را که می‌شناسید چه هستند؟ توجه داشته باشید که این آهنگ به زبان گفتاری است.

Listen to the song online and try to follow the lines. There are a few words you know. What are they? Be aware that this song is sung in "گفتاری." Read the English summary of the lyrics and guess what the underlined words mean. You can probably find a performance by Googoosh by looking for گوگوش - گنجشکای خونه. You can also find an audio file by looking for دانلود آهنگ گنجشک های خونه گوگوش.

ای چراغ هر بهانه
از تو روشن از تو روشن
ای که حرفای قشنگت منو آشتی داده با من
من و گنجشکای خونه دیدنت عادتمونه
به هوای دیدن تو پر می‌گیریم از تو لونه
باز میایم که مثل هر روز
برامون دونه بپاشی
من و گنجشکا می‌میریم تو اگه خونه نباشی
همیشه اسم تو بوده اول و آخر حرفام
بس که اسم تو رو خوندم بوی تو داره نفس‌هام
عطر حرفای قشنگت عطر یک صحرا شقایق
تو همون شرمی که از اون
سرخه گونه‌های عاشق
شعر من رنگ چشاته
رنگ پاک بی‌ریایی
بهترین رنگی که دیدم
رنگ زرد کهربایی
من و گنجشکای خونه
دیدنت عادتمونه
به هوای دیدن تو پر می‌گیریم از تو لونه

Oh, the light behind every reason
is illuminating because of you, is illuminating because of you
Oh, your beautiful words befriend me with my own self
The sparrows of this house and I are used to seeing you
For the sake of seeing you, we will fly from the nest
Once again we will come, like everyday.
(Because) you throw seed for us.
The sparrows and I will die if you are not home.
Your name has always been the first thing and last thing that I say
I have called your name so many times that my breath smells like you
The scent of your beautiful words, (is like) the scent of a dessert full of copses
You are the same color
As the red cheeks of a lover
My poem is the same color as your eyes, the color of pure chastity
the most beautiful color I have ever seen
the color of amber
The sparrows of this house and I
are used to seeing you
For the sake of seeing you, we will fly from the nest

Work with your classmates and use 3 new phrases you have learned in this song to write a very short dramatic play. Act it out in class!.

درک شنیدار: ده دقیقه در کافه دنج

تمرین ۵۵: در خانه و کلاس

در خانه

4_14_Video1

۱. بخش چهارم کافه دنج را ببینید و یک بند (۱۰۰ کلمه) درباره‌ی بخش بنویسید.

۲. این بخش را دوباره ببینید و به سولات زیر جواب دهید.

۱. امیر درباره ایرانی‌ها چه می‌گوید؟
۲. ایده در اینترنت دنبال چه می‌گردد؟
۳. درباره گلناز و فرهاد، دوستان ایده و امیر، چه می‌دانید؟ دو جمله درباره آنها بنویسید.
۴. آرین در یک ماه اخیر کجا بوده؟ (اخیر: **recent**)
۵. امیر چه پیشنهادی برای شب یلدا دارد؟

۳. بخشی از کافه دنج را که متن آن در زیر آمده چند بار ببینید و جاهای خالی را با توجه به آن پر کنید.

ایده: نمیدونم .... اینترنته یا .... فرودگاه، ولی حتی .... اول رو هم باز نمیکنه.
کسی راه حلی نداره چک کنم ببینم کی پرواز گلناز .... ؟
ستاره: شرمنده! من فقط فیس بوک میرم و چت میکنم.
شیرین: .... تهران فلایتس دات کام یا یه همچین چیزایی رو میتونی .... چند ماه پیش که درنا داشت از ترکیه .... و من باید میرفتم ....، این وبسایت رو از گوگل پیدا کردم.

در کلاس

۱. با هم‌کلاسی‌تان درباره این قسمت کافه دنج صحبت کنید. چه اتفاق‌های مهمی افتاد؟ چه مطالب جدیدی درباره شخصیت‌های داستان متوجه شدید؟
۲. برای بهبود و پیشرفت مهارت شنیدن‌تان، چندین بار به بخش زیر گوش دهید و جاهای خالی را پر کنید. بعد از این که سه بار گوش دادید، جواب‌های‌تان را با هم‌گروهی‌تان مرور کنید.
۳. در آخر این قسمت، ....

1. With a partner discuss this episode of Café Denj. What import things happened? What new things did you learn about the characters?

2. In order to fine tune your listening skills, you will listen to one section of the episode several times and you must fill in the blanks below. After listening three times, review your answers with a partner and then the class.

3. At the end of this episode, ...

دوره واژگان درس ۱۴

واژه‌های اول درس

۱. مربی
۲. کمک کردن - کمک می‌کنم [به کسی کمک کردن] - کمکم می‌کنی؟
۳. تا
۴. جدّی - جدّی؟
۵. شعر/ شاعر
۶. موسیقی
۷. حداقل / دست کم
۸. مختلف
۹. برگشت - برگشتن - برمی‌گَردَد
۱۰. تصمیم / تصمیم گرفت / تصمیم می‌گیرد (تصمیم می‌گیره)
۱۱. فقط
۱۲. چند ماه
۱۳. تقریباً
۱۴. بعضی - بعضی از
۱۵. کسی / کسانی (کسایی)
۱۶. کوچولو
۱۷. شاهکار
۱۸. تبدیل شدن
۱۹. بعضی از کسانی که (. . .کسایی. . .)
۲۰. می‌نشینند (می‌شینن) - نشستن
۲۱. می‌مانم / می‌ماندم (می‌مونم/ می‌موندم)
۲۲. بستگی دارد (بستگی داره)
۲۳. مشتری
۲۴. داشته باشیم
۲۵. حدود
۲۶. چراغ
۲۷. خاموش می‌کنم
۲۸. تنها، خودم تنها
۲۹. حالا، حال
۳۰. تا به حال (تا حالا)
۳۱. آینده
۳۲. تاریک
۳۳. یلدا
۳۴. طولانی/ طولانی‌ترین
۳۵. خواهرزاده
۳۵. درست می‌کنم/ درست کردن
۳۶. دسر
۳۷. خوش‌مزه
۳۸. همه چیز
۳۹. هیچ چیز (هیچی)
۴۰. لازم دارم
۴۱. صبر کردن - صبر می‌کنم - منتظر هستم
۴۲. واقعاً
۴۳. باران (بارون) / بارانی (بارونی)
۴۴. آن طور که می‌گویند (اون‌طوری که می‌گن)
۴۵. [سازمان] هواشناسی
۴۶. اعلام کرده است (اعلام کرده)
۴۷. برف می‌بارد (برف می‌باره)- برف باریدن
۴۸. تکه
۴۹. ابر/ ابری
۵۰. آسمان (آسمون)
۵۱. آفتابی
۵۲. صاف
۵۳. مرطوب
۵۴. [کسی را] خوشحال کردن
۵۵. آلودگی
۵۶. تازه
۵۷. می‌شوید (می‌شوره)/ شستن
۵۸. تمیز کردن
۵۹. بُردن - می‌بَرَم
۶۰. راستش
۶۱. بیرون
۶۲. عوض کردن، عوض می‌کنم
۶۳. میوه
۶۴. رسیدن- می‌رسم
۶۵. اگر
۶۶. معرکه

۶۷. خودم / خودت / خودش / خودمان / خودتان / خودشان
۶۸. دغدغه
۶۹. جایزه
۷۰. عنوان

واژه‌های پراکنده در درس

۷۱. بدن
۷۲. دست
۷۳. پا
۷۴. سر
۷۵. صورت
۷۶. شکم
۷۷. چشم
۷۸. بینی
۷۹. لب
۸۰. گوش
۸۱. دهان
۸۲. زبان
۸۳. دندان
۸۴. اعضای بدن

واژه‌های اختیاری

۱. صاحب
۲. زمین
۳. نفت
۴. بگومگو
۵. یادش رفت
۶. رفتگر
۷. یادت نیست؟
۸. حیف است که
۹. نمک‌فروش / نمکی
۱۰. پِسَرَک
۱۱. ایستگاه
۱۲. راننده
۱۳. عجله
۱۴. به چیزی خوردن
۱۵. لنگه
۱۶. گم کردن / شدن
۱۷. دنبالِ چیزی گشتن
۱۸. کوچه
۱۹. به جای
۲۰. گریه
۲۱. راه رفتن
۲۲. پیدا کردن
۲۳. جعبه
۲۴. راضی شدن
۲۵. بغل کردن، بغل گرفتن
۲۶. دکان، مغازه
۲۷. فایده
۲۸. چلوکباب
۲۹. مرغ
۳۰. چلو
۳۱. زعفران
۳۲. چلو جوجه
۳۳. جوجه کباب
۳۴. گوجه فرنگی
۳۵. اضافه
۳۶. دوغ
۳۷. چلوکباب سلطانی
۳۸. رژیمی
۳۹. سالاد
۴۰. ماست و خیار
۴۱. گوشت
۴۲. پیاز
۴۳. بادمجان
۴۴. برنج
۴۵. روغن
۴۶. خرما
۴۷. شکر
۴۸. نمک
۴۹. ادویه
۵۰. گردو
۵۱. خورش
۵۲. دسر
۵۳. آجیل
۵۴. پیش غذا
۵۵. سبزی خوردن
۵۶. قورمه سبزی
۵۷. رنگینگ
۵۸. هندوانه
۵۹. سیب
۶۰. پرتقال
۶۱. لیموشیرین
۶۲. انار
۶۳. نارنگی
۶۴. کیوی
۶۵. درد می‌کند (درد می‌کنه)
۶۶. بگذار ببینم (بذار ببینم)
۶۷. تب
۶۸. کم - کم شدن
۶۹. پس

تمرین‌ها و دوره

تمرین ۱: من اهل شکایت کردن نیستم (در خانه)

به فایل صوتی گوش کنید و جمله‌هایی را که می‌شنوید بنویسید.

5_I_Vocabulary1

نوشتار (گفتار)	معادل انگلیسی
راضی	content, satisfied, convinced
از ...... شکایت کردن	to complain about
کلافه	frustrated, tired
ماشین	car
پیاده رفتن	to take a walk
تاکسی گرفتن	to take a cab
مترو	metro
اتوبوس	bus
سوار، سوار شدن	to ride, to get in
پیاده‌روی	walking
سریع	fast
راه	way, path
خانوادگی	family
دل	heart, stomach
ریختن، می‌ریزم	to pour, I pour
یادم است، یادم می‌آید	I remember
عاشق، عاشق بودن	lover, to be in love
خلاصه	summery, in short
پریدن، می‌پرم	to jump, I jump
ای کاش (کاش، کاشکی)	I wish
البته	but, of course
سنگین، سبک	heavy, light

نوشتار (گفتار)	معادل انگلیسی
مجبور شدن، مجبورم، مجبور می‌شوم	to have to, I have to, I'll have to
پارک کردن	to park
بقیه	rest, the others
سمت، طرف	side
راست	right
چپ	left
پیچیدن، بپیچ، می‌پیچم	to turn– turn– I turn
مستقیم	straight
روبرو	across
کوچه	alley
نبش	corner
میدان	square
چهارراه	intersection
آرزو	dream, wish

تمرین۲ : باید برم (در خانه و کلاس)

در خانه: ویدیوی ۱ را نگاه کنید و عبارت‌های زیر را با اطلاعاتی که به دست می‌آورید کامل کنید.

5_2_Video1

بعضی کلماتی که در ویدیو می‌شنوید
سالاد یونانی
معرکه
کتلت/ دلمه/ کلم پلو شیرازی/ خورش بامیه/ چلو خورش بادمجان/ قورمه
سبزی/ فسنجان
دست پخت مادرم

رها و دوستانش امشب ....

غذای پیتزا هات..............................

مادر و پدر رها ....

رها غذاهایی را که پدر و مادرش درست می‌کنند..............................

در کلاس: با همکلاسی‌تان درباره این که در خانه‌تان چه غذاهایی درست می‌شود صحبت کنید.

تمرین ۳: پس فعلاً!

۲. ویدیوی ۲ را نگاه کنید عبارت‌های زیر را با اطلاعاتی که به دست می‌آورید کامل کنید.

5_2_Video2

بعضی کلماتی که در ویدیو می‌شنوید	
هیچی	سبزی / سبزی فروشی
خبری نیست	خودم
لوبیا	فعلاً
آره	می‌بینمت

فردا رها و لیلی ....

لیلی برای درست کردن غذا ....ندارد.

رها با خودش .... می‌برد.

How Raha and Leili end their conversation?

در کلاس: در گروه‌های دو نفره به کمک کلمه‌های جدبد یک گفتگو بنویسید و آن را در کلاس اجرا کنید.

تمرین۳: رها و شیرین (درخانه و کلاس)

در خانه: ویدیوی ۱ را نگاه کنید و عبارت‌های زیر را با اطلاعاتی که به دست می‌آورید کامل کنید.

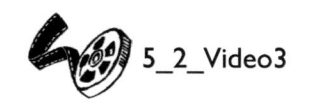

5_2_Video3

بعضی کلماتی که در ویدیو می‌شنوید
نخی **cotton**
بیشتر اوقات **most of the time**
این طرف و آن‌طرف رفتن (این طرف و اون‌طرف) **to get around**

رها با تاکسی ....

او برای .... اتوبوس سوار می‌شود.

رها و لیلا می‌خواهند ....

در کلاس: یک بار دیگر ویدیو را نگاه کنید و در گروه‌های دو نفره آنچه را که شنیده‌اید برای هم‌صحبت‌تان تعریف کنید.

تمرین۴: کدوم دختر ایتالیایی‌ها؟ (درخانه)

در خانه : به فایل صوتی گوش کنید و جاهای خالی را پر کنید.

5_3_Listening1

علی: سلام هومن, چطوری؟ ....؟

هومن: سلام علی. ....، ....چند دقیقه پیش......... .... امروز ....
بریم چلو کبابی سر خیابون. تو هم ....؟

علی: .... ، ولی امروز نمی‌تونم. .... و حالشو بپرسم.

هومن: خوب مگه ....طول می‌کشه ؟ بعدش بیا یه ناهاری با هم ....

علی: آخه باید برای مادرم هم .... لوبیا نداره. می‌خواد براش .... داره لوبیا پلو می‌پزه. شماها تو ....؟

هومن: .... ! لوبیا کجا بود؟ ببین, ... با اون .... قراره بریم کافی شاپ. ....!

علی: کدوم دختر ایتالیایی‌ها؟ .... جمشید، فردا مادرم .... داره. .... قورمه سبزی .... و گفت که ....

هومن: ای بابا ! خوب بذار یه .... دیگه پس.

تمرین ۵: آشنایی در اتوبوس (در خانه)

5_3_Listening2

به فایل صوتی گوش کنید و جاهای خالی را بر اساس آنچه که می‌شنوید پر کنید.

۱. پارسال برای .... پدربزرگم به شهر یزد .... می‌خواستم .... برویم اما
.... ارزان نبود، پس .... رفتم. در اتوبوس با یک خانم هندی .... که ....
.... از هندوستان آمده بود که .... را در یزد ببیند. .... بود و خیلی باهم ...
.... وقتی به یزد ....، او را به .... پدربزرگم دعوت کردم تا ..
.... آشنا بشود. .... و خانم هندی .... بعضی ....
.. زنگ ....

تمرین ۶: پسرم، بهراد (در خانه)

5_3_Listening3

به فایل صوتی گوش کنید و جاهای خالی را بر اساس آنچه که می‌شنوید پر کنید.

پسرم بهراد .... با ما زندگی می‌کنند. او خیلی انرژی .... هر روز ....
..... ساعت .... از .... بیدار .... و ....
بعد .... می‌خورد و ساعت ۷ و نیم به سر کار می‌رود. نه .... بعد ....
...... خانه .... و چیزی .... معمولاً .... یک ....
.... با .... روی زمین .... و کتاب .... بعضی وقت‌ها ...
.... بچه‌هایش قصه‌های .... و آنها با دقت .... پسر کوچکش ....
.... او .... سه سال .... من هر روز پسرم را ....
...... به سر کار .... چون او ....است و ....

تمرین ۷: می‌شه آدرسش رو بهم بدین؟ (در خانه و کلاس)

در خانه ۱: به فایل صوتی اول گوش کنید. گفتگوی زن و مردی را می‌شنوید. با توجه به آن‌چه می‌شنوید به سوالاتی که درفایل صوتی دوم می‌شنوید جواب دهید.

5_3_Listening4

5_3_Listening5

۱. ....

۲. ....

۳. ....

۴. ....

در خانه ۲: یک بار دیگر به فایل صوتی ۲ گوش کنید. با توجه به آنچه در فایل صوتی می‌شنوید میدان‌هایی را که در کروکی (**sketch**) زیر می‌بینید نام گذاری کنید.

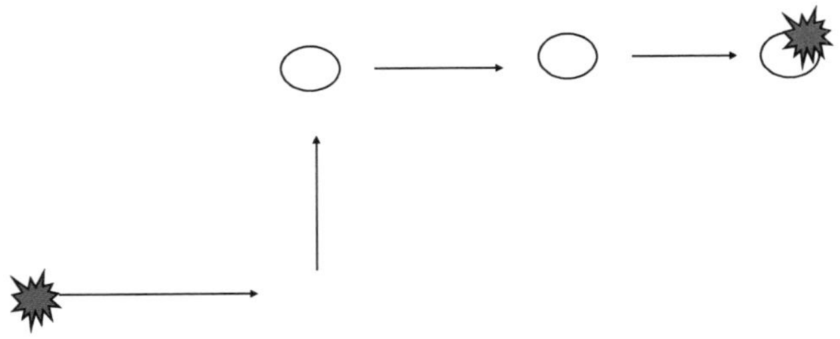

در کلاس ۱ : در گروه‌های دو نفره از دوست‌تان بپرسید که چه طور می‌توان پیاده از دانشگاه به محل زندگی‌اش رفت. کروکی آن را بکشید. برای آدرس دادن از واژه‌های زیر کمک بگیرید:

دور، نزدیک، مستقیم، راست، چپ، مستقیم برید، بپیچید به راست، بپیچید به چپ، خیابان، کوچه، میدان، چهار راه، روبروی ِ . . .، اولین خیابان، نبش خیابان، این طرف، اون طرف

در کلاس ۲: به کمک هم‌گروهی‌تان گفتگوی زیر را مرتب کنید.

——— خواهش می‌کنم.

——— بله، برید سمت چپ. به مسجد که رسیدید بپیچید سمت راست و نه، ببخشید، با بانک مرکزی قاطی کردم. راستش نمی‌دونم اداره پست کجاست.

——— ببخشید، می‌دونید اداره‌ی پست کجاست؟

——— سمت چپ خیابونه یا سمت راست؟

——— من می‌خوام برم اداره‌ی پست. ممکنه بگید چه طوری باید برم؟

——— از اینجا مستقیم برید. خیابون اول، سمت راست، توی خیابون. کمی که جلو برید تابلوی اداره پست رو می‌بینید.

——— ببخشید.

——— سمت چپ.

——— متشکرم.

——— بله؟

تمرین ۸: اهل کجا هستم؟ (در خانه)

۱. به فایل صوتی گوش کنید. سعید دربارهٔ‌ی خودش حرف می‌زند. بخشی از حرف‌هایش در زیر نوشته شده است. به فایل صوتی گوش کنید و جاهای خالی را پر کنید.

5_3_Listening6

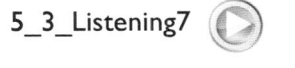

وقتی از من می‌پرسند اهل کجایی، می‌گویم .... به دنیا آمدم و ۱۵ سال در آن‌جا زندگی می‌کردم، .... می‌رفتم، و حتی کار می‌کردم. کارم .... نبود. تابستان‌ها .... به کتاب فروشی عمویم می‌رفتم. کتاب‌فروشی .... بود و مشتری‌ها معمولاً بعد از ظهر .... می‌آمدند. .... می‌نشستم و کتاب می‌خواندم. سال‌های خوبی بود .... فوت کرد و مادرم تصمیم گرفت .... برگردد تا .... باشد. من و برادرم هم با او به مشهد آمدیم. الان .... دارم و .... در مشهد زندگی می‌کنم، اما دست کم .... به تهران می‌روم. تصمیم گرفته‌ام .... به تهران بروم.

۲. در متن بالا زیر افعال خط بکشید و هر کدام از آنها را در جدول زیر در جای مناسب جا دهید.

حال ساده	گذشته ساده	گذشته استمراری	ماضی نقلی (حال کامل)	حال التزامی

۳. در زبان فارسی، به ویژه برای اول شخص مفرد، معمولاً ضمیر فاعلی را حذف می‌کنیم، مگر اینکه بخواهیم بر روی آن تأکید کنیم یا آن را در تقابل با فاعل دیگری قرار دهیم. یک‌بار دیگر آنچه را که سعید می‌گوید بخوانید و «من» های گفته نشده را پیدا کنید

3. We know that in Persian we usually drop subject pronouns, and this is especially true of the first-person singular unless we want to emphasize or add contrast. Read what Saeed said once again and try to find the unstated من s in the text.

تمرین ۹: خوش باشی! (در خانه)

5_3_Listening7

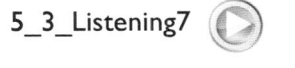

به فایل صوتی گوش کنید و به سؤالات جواب دهید.

الف. با توجه به متن معنی «کیف می‌کنه» را حدس بزنید.

ب. امیر می‌خواهد چه هدیه‌ای به سمانه بدهد.

پ. به فارسی چه طور می‌گوییم: hope to see you

تمرین ۱۰: افعال (در خانه)

5_3_Listening8

به فایل صوتی گوش کنید و جاهای خالی را پر کنید.

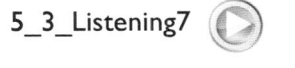

۱. تا حالا .... ؟

۲. از دیروز ....

۳. در .... و ....

۴. .... تمام کتاب‌ها را ....

۵. دوست مادرم ....

۶. کتاب‌داستان ....

۷. برای دیدن او ....

۸. .... تا فردا ....

۲. یک بار دیگر به فایل صوتی گوش کنید و افعال هر جمله را بنویسید و زمان و نوع تمام افعال را مشخص کنید.

Listen to the audio file one more time. Write the verbs from each sentence and identify the tense and conjugation of each verb.

	۵		۱
	۶		۲
	۷		۳
	۸		۴

تمرین ۱۱: پرسش و پاسخ (در خانه)

۱. به فایل صوتی گوش کنید و جواب درست را برای هر سوالی که می‌شنوید از بین جواب‌ها انتخاب کنید.و آن سوال را به شکل نوشتاری قبل از جوابش بنویسید.

۱. .... ؟ – آره، البته! همیشه تصمیم‌هات خوبن!

۲. .... ؟ – بله، البته!

۳. .... ؟ – فکر نمی‌کنم.

۴. .... ؟ – به نظرم تصمیمش رو گرفته.

5_3_Listening9

۵. .... ؟ – خسته‌ام.

۶. .... ؟ – حدود ۱۲.

۷. .... ؟ – بستگی داره که کی کلاس ایروبیک شروع شه. باید چک کنم ببینم کی شروع می‌شه.

۸. .... ؟ – فقط ۱۰ ساعت.

۹. .... ؟ – نمی‌دوم، بعضی از اونا رو نمی‌شناسم.

۱۰. .... ؟ – دارم موسیقی گوش می‌کنم.

۲. یک بار دیگر به فایل صوتی گوش کنید. توجه کنید که همان طور که گفتیم اغلب اوقات فاعل جمله‌ها گفته نمی‌شوند. گوش کنید و فاعل هر جمله را مشخص کنید.

What is the subject of each sentence?

تمرین ۱۲: پانتومیم (در کلاس)

Charades: In groups of three write five sentences. Try to use different tenses in your sentences. Write each sentence on a separate sheet of paper. You will give one sheet of paper to one of the student from another group, s/he will act the sentence out for his/her own group, after first drawing as many lines as there are words in the sentence. Your competition has to figure out the tenses of the verbs too.

پانتومیم یا نمایش بی‌کلام: در گروه‌های سه نفره، پنج جمله بنویسید و سعی کنید درآنها از زمان‌های مختلف فعل استفاده کنید. هر کدام از جمله‌ها را روی یک برگ جداگانه بنویسید. یکی از برگه‌ها را به یکی از اعضای گروه مقابل بدهید. او ابتدا باید برای هم‌گروهی‌های خود به اندازه تعداد واژه‌های آن جمله بر روی تخته خط بکشد، سپس سعی کند با نمایش بی‌کلام کمک کند واژه‌ها و در نهایت جمله را حدس بزنند. زمان جمله‌ها هم باید درست حدس زده شوند.

تمرین ۱۳: نوشتاری، گفتاری (در خانه)

۱. برای هر کدام از جملات زیر یک سوال بنویسید (گفتاری یا نوشتاری).

۱. .... ؟ — دارم درس می‌خونم.

۲. .... ؟ — نه، تب داره. (تب: **fever**)

۳. .... ؟ — داریم می‌ریم کتابخونه.

۴. .... ؟ — بیست و پنج تومانه.

۵. .... ؟ — بله، خیلی راحته.

۲. جمله‌های زیر را به شکل نوشتاری بنویسید.

۱. شروع کنید به خوندن. ....

۲. یه کم اونجا بشین. ....

۳. زود بیدار شین. ....

۴. سوالا رو جواب بدین. ....

۵. بهم بگین. ....

تمرین ۱۴: برنامه هدیه (در کلاس)

۹. برنامه روزانه هدیه را بخوانید و درباره آن با هم‌کلاسی‌تان گفتگو کنید.

Today: Music class at 2:00. After music class: go to the library and study.
Tomorrow: Meeting with my professor at 3:00.
Thursday: English class at 9. Read my friends' blogs.
Friday: Exercise at 11:00. Work at 2:00.
Saturday: Play tennis with my brother.

تمرین ۱۶: من اهل شکایت کردن نیستم (در خانه و کلاس)

5_2_Video3

در خانه

الف: فیلم را ببینید و به سوالات زیر جواب دهید.

۱. مشکل ایده چیست؟

۲. به نظر او چرا باید گاهی اتوبوس سوار شد؟

۳. او معمولاً چه‌طور به مَنزِل (خانه) خاله مهتاب می‌رود؟ چرا؟

۴. روزی که به خانه‌ی خاله مهتاب می‌رفت در راه چه کسی را دید؟ درباره‌ی او چه می‌دانید؟ آیا ایده توانست با او حرف بزند؟ چرا؟

۵. آرزوی (**wish**) ایده چیست؟

۶. آیا آن روز ایده به خانه‌ی خاله مهتاب رفت و خاله مهتاب را دید؟

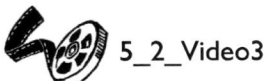

ب: چند بار دیگر فیلم را نگاه کنید تا آماده شوید به هم‌کلاسی‌تان درباره‌ی آن‌چه ایده می‌گوید و داستان روزی که ایده پیام را دید بگویید.

پ: دوباره فیلم را ببینید و جاهای خالی را پر کنید.

من معمولاً همیشه از .... و اهل .... کردن نیستم اما یه مشکل دارم که گاهی من رو .... می‌کنه.
ماشین ندارم و هر جا که بخوام برم باید یا .... ، یا تاکسی بگیرم، یا مترو و اتوبوس .... شم.
معمولاً پیاده می‌رم کافی شاپ چون تا .... با مترو می‌رم دانشگاه چون هم .... ،
بعضی از مسیرها رو هم .... چون خیلی ارزونه و جاهای نزدیک‌تر رو با تاکسی می‌رم، .... مثلاً خونه‌ی خاله مهتاب.
اون روز که داشتم .... می‌رفتم خونه‌ی خاله مهتاب .... توی راه پیام پسر ....
.... رو دیدم. دلم ریخت پایین! یادمه بچه که بودم عاشقش بودم. .... ولی تا بهش برسم، سوار تاکسی شد و رفت. فکر کردم .... ماشین داشتم و خودم می‌تونستم .... البته ترافیک تهران خیلی ....
.... و شاید اگر ماشین داشته باشم .... بشم همیشه ماشینم رو توی خونه پارک کنم!!!
خلاصه اون روز بقیه‌ی راه رو تا خونه‌ی خاله که توی یه کوچه‌ی بلنده پیاده رفتم و به .... فکر کردم، اما وقتی به خونه‌ی خاله مهتاب رسیدم، خاله .... !

در کلاس ۱: به هم‌کلاسی‌تان بگویید:

۱. ایده در فیلم درباره‌ی چه حرف می‌زند.

۲. روزی که به منزل خاله مهتاب می‌رفت چه شد؟

در کلاس ۲: از هم کلاسی‌تان بپرسید که:

۱. معمولاً کجا درس می‌خواند؟

۲. روزهای جمعه ساعت چند به خانه‌اش می‌رود؟

۳. فردا با کی قرار دارد؟

۴. کدام کافی شاپ را بیشتر دوست دارد؟

تمرین ۱۷: در خانه

با اطلاعات مربوط به خودتان جمله‌های زیر را کامل کنید.

۱. ای کاش .... داشتم.

۲. لپ تاپم .... است.

۳. اگر یک میلیون دلار داشتم، .... می‌خریدم.

۴. من همیشه از .... شکایت می‌کنم.

۵. برای رفتن به دانشگاه ....

۶. کتاب‌خانه سمت .... کلاس فارسی است.

تمرین ۱۸: در خانه

جمله‌های زیر را با استفاده از واژگان فیلم ایده کامل کنید.

۱. این صندلی .... است، اما خیلی گران است.

۲. خانواده‌ام در تهران زندگی نمی‌کنند، اما دوستان .... زیادی در این‌جا داریم.

۳. پدربزرگم .... در پارک نزدیک خانه را دوست دارد و همیشه با دوستانش برای .... به آن‌جا می‌روند.

۴. (هر چی سعی می‌کنم کیک درست کنم نمی‌تونم. دیگه .... شده‌ام.)

۵. مجبورم همین جا .... اصلاً نزدیک سینما جای پارک نبود!

۶. اگر .... آماده شوی، سروقت می‌رسیم.

۷. وقتی در آن کوچه‌ی .... بازی می‌کردند یک موتورسوار به آنها نزدیک شد.

۸. برایم کمی آب .... ؟

۹. (................................ اون چیه؟ چرا نمی‌تونه بخوابه؟)

۱۰. ای‌کاش یک کفش .... داشتم.

۱۱. اگر واقعاً .... او بود، این همه شکایت نمی‌کرد.

۱۲. وقتی به خانه رسیدم، ....

تمرین ۱۹: در خانه

جاهای خالی را با واژه‌های مناسب کامل کنید.

۱. درباره این موضوع که به نظر شما جالب است .... نمی‌دانم.

۲. .... این‌جا زندگی نمی‌کند، خالی است.

۳. ما .... را لازم نداریم، خودمان می‌توانیم درستش کنیم.

۴. تمام روز را کنار مادربزرگم نشستم. .... نه .... زنگ زد، نه آمد.

۵. .... برای پارک کردن ماشین نیست. باید جلوی خانه‌ی همسایه پارک کنم.

۶. ممکنه برای دسر .... داشته باشیم؟

۷. او باید .... را در زندگی‌اش داشته باشد. خیلی تنهاست.

۸. .... در می‌زند. ببین کیه.

۹. وقتی بیرون بودیم .... زنگ زده، اما پیغام (message) نگذاشته.

۱۰. فکر می‌کنم .... در خانه نداریم. باید به سوپرمارکت برویم.

۱۱. (سلام، .... خونه هست؟)

۱۲. هم درس .... کار می‌کنم. سرم خیلی .... است.

۱۳. مریم کتاب می‌نویسد. او .... خوبی است.

۱۴. خانه مادر و پدر لیلی .... خیلی دوست دارم چون .... بزرگی دارد.

۱۵. حرف او را .... ندارم. با او .... هستم.

تمرین ۲۰: خدا رحم کرد که سرعتم کم بود. (در خانه و کلاس)

در خانه: فیلم را ببینید و جاهای خالی را پر کنید.

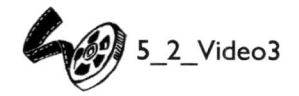

5_2_Video3

واژگان جدید:

جریان، تعریف کردن، تصادف، وسایل نقلیه، عادی، رانندگی کردن، دست، لحظه، حواس پرت شدن، عابر پیاده، سبز شدن، کنترل کردن، رحم کردن، سرعت، صدا، زمین، به موقع، ایستادن، در واقع، طرف، صحیح، سالم، ظرف، ترسیدن، بیمارستان، مقصد، فهمیدن، وسیله

من آرین هستم. من رو توی کافی شاپ زیاد .... می‌خوام براتون جریان دیروز رو .... دیروز صبح .... فکر می‌کنم تصادف وسایل نقلیه در تهران برای مردم .... شده، اما نه تصادف با عابر پیاده. دیروز داشتم با موبایل حرف می‌زدم و .... و مستقیم می‌رفتم که ناگهان موبایل .... یه لحظه حواسم پرت شد و همون وقت یه عابر پیاده جلوی ماشین سبز شد. سعی کردم ماشین رو کنترل کنم و خدا رحم کرد که سرعتم کم بود. صدای بلندی شنیدم و .... روی زمین افتاد، اما فکر می‌کنم ماشین ....ایستاد. از ماشین پیاده شدم، در واقع پریدم بیرون و رفتم بالای سر طرف. یه جوون ۱۸،۱۷ ساله بود. خدا رو شکر چیزی نشده بود. صحیح و .... بود. صدا به خاطر ظرفی بود که توی دستش بود. البته اون جوون خیلی ترسیده بود. بهش گفتم که اونو به بیمارستان می‌برم. اما گفت حالش خوبه و .... بریم بیمارستان. در هر حال سوارش کردم و اون رو به .... رسوندم. توی ماشین خیلی با هم حرف زدیم. فهمیدم که موسیقی کار می‌کنه و چیزی که توی دستش بود، ظرف نبود، در واقع یه وسیله‌ی موسیقی بود. به .... رسیدیم و خداحافظی کردیم، اما .... که اون یه روز به کافی شاپ بیاد و بیشتر با هم آشنا بشیم.

در کلاس- از همکلاسی خود بپرسید.

1. If they have ever had an accident.
2. What would they do if they fall on the steet
3. If they talk on the phone when they drive.
4. If they have been to a hospital for an accident.
5. If they have ever been in an ambulance (آمبولانس).

تمرین ۲۱: واژگان مناسب (در خانه)

جاهای خالی را با واژگان مناسب پر کنید.

اوّل، دوّم، بیست و چهارم، دوّمین، سوّمین خواننده، صدمین بار، اولین بار، چارلز پنجم

دو درس .... کتاب درباره‌ی تاریخ معاصر ایران است.

خانه‌ی .... از سمت چپ خانه‌ی استاد فیزیک‌مان است.

تعطیلاتم از .... دسامبر شروع می‌شود.

می‌دانی ....شهر آلوده‌ی دنیا کدام شهر است؟

او .... مورد علاقه‌ام است.

برای .... به شما می‌گویم که دوست دارم تنها باشم!

ابراهیم لینکلن .... رییس جمهور آمریکا بود.

.... که او را دیدیم داشت کتاب می‌خواند.

این مراسم برای یادآوری ورود .... به شهر برگزار می‌شود.

تمرین ۱: بستگی دارد به این که - در کلاس

برنامه فردات چیه؟

۱. در گروه‌های سه نفره درباره آینده دانشگاه‌تان در سال آینده صحبت کنید.

فردا:

باید ....

ممکنه ....بستگی دارد به این که ....

شاید ....بستگی دارد به این که ....

می‌خواهند ....

می‌توانیم ....

تمرین ۲: قبل از این که، بعد از این که - در کلاس

در گروه‌های دو نفره با توجه به جمله‌ها یا عبارت‌های نمونه با هم گروهی خود صحبت کنید. جمله‌ها را به گفتاری بگویید.

مثال برای «قبل از این که»

مثال۱: قبل از این که تنیس بازی کنم.................... . — قبل از این که تنیس بازی کنم غذا نمی‌خورم.

مثال ۲: قبل از این که از سفر برگردی.................... . — قبل از این که از سفر برگردی ایمیل‌هایت را چک نکن.

۱. قبل از این که ببینمش ....

۲. قبل از این که ماشین را روشن کند ....

۳. قبل از این که موبایلت را شارژ کنی ....

۴. قبل از این که خانه را بفروشیم ....

۵. قبل از این که بخوابم ....

مثال برای «پس از این که»یا « بعد از این که»

مثال۱: بعد از این که تنیس بازی کردم، .... — بعد از این که تنیس بازی کردم، غذا می‌خورم.

مثال ۲: بعد از این که از سفر برگردم/برگشتم .... — بعد از این که از سفر برگردم/برگشتم ایمیل‌هایم را چک می‌کنم.

۱. بعد از این که خوابش برد ....

۲. بعد از این که خستگی‌ات در رفت ....

۳. بعد از این که ایمیل‌هایت را چک کردی ....

۴. بعد از این که تلفنش را جواب دادم....................................

۵. بعد از این که فوتبال امشب را تماشا کردم ....

نکته ۱: در زبان گفتاری بیشتر از«بعد از این که » استفاده می‌شود.

نکته ۲: بعد از «بعد از این که» اغلب فعل گذشته به کار برده می‌شود.

تمرین۳: قبل از، بعد از - درکلاس

در گروه‌های دو نفره با توجه به جمله‌ها یا عبارت‌های نمونه با هم گروهی خود صحبت کنید. جمله‌ها را به گفتاری بگویید.

مثال برای «قبل از»

مثال۱: قبل از تنیس بازی کردن................... . (من) ── قبل از تنیس بازی کردن غذا نمی‌خورم.

مثال ۲: قبل از برگشتن از سفر................... . (شما) ── قبل از برگشتن از سفر ایمیل‌هایتان را چک نکنید.

۱. قبل از دیدنش .... (شما)

۲. قبل از روشن کردن ماشین .... (آنها)

۳. قبل از شارژ کردن موبایلت .... (تو)

۴. قبل از فروختن/ فروش خانه .... (ما)

۵. قبل از خوابیدن/ خواب .... (من)

مثال برای «پس از» یا «بعد از»

نفر اول: تنیس بازی می‌کنم.

نفر دوم: قبل از تنیس بازی کردن غذا نمی‌خورم. ──·── از سفر برمی‌گردم.

نفر سوم: قبل از برگشتن از سفر ایمیل‌هایم را چک نمی‌کنم.

نکته: همان طور که در مثال می‌بینید در جمله «از سفر برگشتن »ترتیب واژه‌ها تغییر پیدا می‌کند و دو حرف اضافه کنار هم قرار نمی‌گیرند.

مثال برای « بعد از »

مثال۱: بعد از تنیس بازی کردن................... . (من) ── بعد از تنیس بازی کردن غذا نمی‌خورم.

مثال ۲: بعد از برگشتن از سفر................... . (شما) ── بعد از برگشتن از سفر ایمیل‌هایتان را چک نکنید.

۱. بعد از دوش گرفتن .... (شما)

۲. بعد از یک خواب طولانی .... (آنها)

۳. بعد از تمام کردن درسم .... (من)

۴. بعد از بررسی مدارک .... (پلیس) - بررسی مدارک: checking the documents

۵. بعد از یک صحبت طولانی .... (او)

تمرین ۴: برای این که - در کلاس

در گروه‌های دو نفره با توجه به جمله‌های زیر با هم گروهی خود صحبت کنید و درباره او بیشتر بدانید.

مثال: شنا کردن

- شنا میکنی؟ -بله، هر روز!

- چرا هر روز شنا میکنی؟ - برای این که شنا کردن را دوست دارم./ چون شنا کردن را دوست دارم.

۱. در این شهر زندگی کردن
۲. این رشته تحصیلی را خواندن
۳. کنار پدر و مادر زندگی کردن
۴. ورزش کردن
۵. غذای آماده خوردن

تمرین ۵: نه تنها .... بلکه .... - در کلاس

در گروه‌های دو نفره با توجه به جمله‌های زیر با هم گروهی خود صحبت کنید.

مثال: دوست داشتن جایی/ زندگی کردن در آنجا

خواهرم نه تنها تهران را دوست دارد، بلکه در آنجا زندگی هم می‌کند.

این ساختار پیشتر در زبان فارسی بدون «بلکه» رایج بوده است.

۱. دوست نداشتن حیوانات/ اذیت کردن آنها
۲. غذا درست کردن/ خانه را تمیز کردن و خرید کردن
۳. درس خواندن/ روزی ۸ ساعت کار کردن
۴. باران نیامدن / گرم بودن هوا
۵. چراغها را خاموش نکردن / چراغ اتاق نشیمن را روشن کردن

تمرین ۶: ابتدا ....، سپس .... اول ....، بعد ....

در گروه‌های دو نفره با توجه به جمله‌های زیر با هم گروهی خود صحبت کنید.

مثال: کفش خریدن / پیاده روی

اول برای خواهرم کفش خریدیم، بعد همه با هم رفتیم پیاده‌روی.

۱. تلفن کردن / از خانه بیرون رفتن
۲. شغل عوض کردن / شروع به درس خواندن کردن
۳. خبری نبودن/ هوا طوفانی شدن
۴. امتحان دادن / حسابی استراحت کردم
۵. گواهینامه گرفتن / رانندگی کردن

تمرین ۷: به قدری . . . ، که . . . / آنقدر . . . ، که . . . / به اندازه‌ای . . .، که . . . .

در گروه‌های دو نفره با توجه به عبارت‌های زیر با هم گروهی خود صحبت کنید.

مثال: عصبانی شدن / فراموش کردن

به قدری عصبانی شدم که فراموش کردم موبایلم را بردارم.

۱. گران بود. / هیچ چیزی نخریدیم.

۲. هوا سرد بود./ کلاس‌ها را تعطیل کردند.

۳. مصاحبه سختی بود. / بیشتر سؤالات را جواب ندادم.

۴. باران آمد./ تمام خیابان‌ها را آب گرفت.

۵. هوا تاریک شد. / هیچ چیز نمی‌دیدیم.

تمرین ۸: به جای

در گروه‌های دو نفره با توجه به عبارت‌های زیر با هم گروهی خود صحبت کنید.

مثال: رفتن به کتابخانه/ . . . . .

به جای رفتن به کتابخانه، در خانه درس بخوان.

۱. ناراحت شدن . . .

۲. خوردن غذاهای آماده . . .

۳. ماندن در خانه . . .

۴. نگاه کردن به من . . .

۵. زندگی کردن در این خانه خیلی بزرگ و دور . . .

در گروه‌های دو نفره با توجه به عبارت‌های زیر با هم گروهی خود صحبت کنید.

مثال: رفتن به کتابخانه

به جای این که به کتاب‌خانه بروی در خانه درس بخوان.

۱. ده سال در دانشگاه درس خواندن . . .

۲. ماشین فروختن . . . .

۳. روزی دوازده ساعت کار کردن. . .

۴. نشستن و فکر کردن . . . . .

۵. دو ساعت منتظر او نشستن . . . . (منتظر: waiting)

تمرین ۱۰: بدونِ، بدونِ این که - در کلاس

در گروههای دو نفره با توجه به جملههای زیر با هم گروهی خود صحبت کنید.
مثال برای « بدون »
- ورزش نمی‌کنم و زندگی‌ام خسته کننده است: زندگی بدون ورزش خسته کننده است. / زندگی بدون ورزش کردن خسته کننده است.
- زندگی‌ام امنیت ندارد و سخت است: زندگی بدون امنیت بسیار سخت است. / زندگی بدون داشتن امنیت بسیار سخت است.

۱. غذایی که نمک ندارد خوشمزه نیست.
۲. شهری که سالن سینما و تئاتر ندارد زنده نیست.
۳. برادرم به پدر و مادرم چیزی نگفت و ازدواج کرد.
۴. خواهرم خداحافظی نکرد و از خانه بیرون رفتن.
۵. در منطقه‌ای که آب ندارد نمی‌توان کشاورزی کرد. (کشاورزی: **farming**)

مثال برای « بدون این که »
- من / رژیم گرفتن / لاغر شدن: بدون این که رژیم بگیرم لاغر شدم.
- شما / از خانه بیرون رفتن/ کار بانکی انجام دادن: بدون این که از خانه بیرون بروید می‌توانید کارهای بانکی‌تان را انجام دهید.

۱. من / دانستن / تا نصف شب بیدار بودن
۲. من / همه کتاب را خواندن / آخر داستان را دانستن
۳. آنها / به او گفتن / تمیز کردن اتاق‌ها
۴. آنها / معنی لغت‌ها را پیدا کردن / سوالات را جواب دادن
۵. او / به کسی گفتن/ به سفر رفتن

تمرین ۱۱: با این که . . . ، اما . . . - در کلاس

در گروه‌های دو نفره با توجه به عبارت‌های زیر با هم گروهی خود صحبت کنید.
مثال: همه مهمان‌ها / نیامدن / برگزار شدن
- با این که همه مهمان‌ها نیامده بودند اما مهمانی خوب و باشکوه برگزار شد.

۱. من / درس نخواندن / امتحان
۲. من/ از مارمولک می‌ترسم/ یک مارمولک در دستم گرفتم
۳. ما/ پول نداشت/ در یک رستوران گران شام خوریم.
۴. او/ میوه و سبزی زیاد می‌خورد / زیاد مریض می‌شود
۵. آنها/ ماهیگیران خوبی هستند./ یک ماهی هم نگرفتند. (ماهی: **fish**)

نکته: ساختارهای زیر که شبیه ساختار « با این که . . . ، اما . . . » هستند، تقریباً معنی یکسانی نیز دارند.
با این که شهر جمعیت زیادی ندارد، اما آلوده است.
با وجود این که شهر جمعیت زیادی ندارد، اما آلوده است.
اگر چه شهر جمعیت زیادی ندارد، اما آلوده است.
هر چند که شهر جمعیت زیادی ندارد، اما آلوده است.
برخلاف این که شهر جمعیت زیادی ندارد، اما آلوده است. / علی رغم این که شهر جمعیت زیادی ندارد، اما آلوده است.

تمرین ۱۲: با وجود . . . / برخلاف . . . / علی‌رغم . . .

در گروههای دو نفره با توجه به عبارت‌های زیر با هم گروهی خود صحبت کنید.

مثال: نگران هستم. / تا صبح راحت خوابیدم.

با وجود/ برخلاف/ علی‌رغم نگرانی، تا صبح راحت خوابیدم.

در این تمرین قصد داریم بعد از واژه‌های با وجود، برخلاف، و علی‌رغم از «اینکه» استفاده نکنیم. پس حتماً بعد از این واژه‌ها اسم یا عبارت اسمی، یا مصدر می‌آید.

۱. سخت بیمار است / روحیه خوبی دارد. (روحیه: spirit)

۲. تلاش فراوانی کردند / جام قهرمانی را از دست دادند. (جام قهرمانی: champion cup)

۳. دولت تلاش فراوانی می‌کند./ بیکاری بزرگ‌ترین مشکل امسال است.

۴. خاطرات بدی از این شهر دارد. / ترجیح می‌دهد در همین شهر زندگی کند.

۵. برای مسابقات تمرینات سختی را انجام داد. / نتوانست به دور بعد راه پیدا کند. (مسابقات: competitions، به دور بعد راه پیدا کردن:
to advance to the next round)

تمرین ۱۳: در حالی که

در گروه‌های دو نفره با توجه به عبارت‌های زیر با هم گروهی خود صحبت کنید.

مثال: با تلفن حرف زدن/ دنبال آدرس کتابخانه گشتن.

در حالی که با تلفن حرف می‌زدم، دنبال آدرس کتابخانه می‌گشتم/ گشتم.

۱. دویدن / به موسیقی گوش کردن

۲. درس خواندن / تلویزیون نگاه کردن

۳. رانندگی کردن/ با موبایل حرف زدن

۴. تظاهرات کردن/ هلیکوپترها بالای سر تظاهرکنندگان پرواز کردن

۵. وارد کلاس شدن/ صدای بلندی از دور شنیدن

تمرین ۱۴: همین که، به محض این که

در گروه‌های دو نفره با توجه به عبارت‌های زیر با هم گروهی خود صحبت کنید.

مثال:

- همین که مهمان‌ها رسیدند. . . . : همین که مهمان‌ها رسیدند، خواهرم آنجا را ترک کرد.

- به محض این که مهمان‌ها برسند. . . : به محض این که مهمان‌ها برسند، چراغ‌ها را روشن کنید.

۱. همین که تلویزیون را روشن کردیم . . .

۲. همین که برای بیرون رفتن آماده شدیم . . .

۳. به محض این که پدربزرگم بیمار شد . . .

۴. به محض این که مسابقه شروع شود . . .

۵. همین که اطلاعات کافی به دست بیاورم . . .

تمرین ۱: ضمیر مشترک Reflective Pronouns : در خانه و کلاس

در خانه ۱: در ویدیوی رها و لیلی، آنها واژه‌ی « خودم» را دو بار به کار می‌برند. ویدیو را نگاه کنید و به کاربرد آن دقت کنید.

هیچی، می‌خرم خودم.

من می‌خرم، با خودم می‌آرم.

ضمایر مشترک	
خودمان	خودم
خودتان	خودت
خودشان	خودش

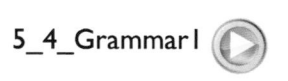 5_4_Grammar1

در خانه ۲: جمله‌های زیر را بخوانید و به کاربرد ضمایرمشترک در این جمله ها توجه کنید:.

What is each pronoun that the reflective pronoun refers to? Underline it in the sentences.

۱. همه‌ی ساندویچ را خودت خوردی؟

5_4_Grammar2 ۲. دانشجویان خودشان تصمیم گرفتند زودتر امتحان بدهند.

۳. خودش برمی‌گردد، فقط لازم است چند دقیقه صبر کنی.

۴. ما خودمان همه‌ی ظرف‌ها را شستیم و آشپزخانه را تمیز کردیم. آنها به ما کمک نکردند. (ظرف‌ها: dishes)

۵. بچه‌های سه ساله معمولاً می‌خواهند همه‌ی کارها را خودشان انجام دهند.

در کلاس ۱: ضمایری را که در جملات بالا پیدا کرده‌اید در گروه‌های دو نفره و با کمک استادتان بررسی کنید.

در کلاس ۲: جمله‌های زیر را کامل کنید. فقط یک بار از هر یک از واژه‌های خودم، خودت، خودش، خودمان، خودتان، و خودشان استفاده کنید. بقیه جمله را با استفاده از واژه‌ها و افعالی که مناسب هستند کامل کنید. سپس در گروه‌های دو نفره جواب‌های‌تان را با هم در میان بگذارید.

کتابت را لازم ندارم چون خود.. .

شما خود............این غذاهای خوشمزه را .... !؟

ما این خانه را خود .... ساختیم (we made) و سال‌ها در آن ....

باید اتاق را تمیز کنی چون خود.. .

تو لباس بچه را عوض نکن، خود.. .

شما نگران بستن درها نباشید، آنها خود.......... همه‌ی درها را ....

تمرین ۲: آرزو wish- در خانه و کلاس

در خانه ۱: جمله‌های نمونه برای آرزوی ممکن و غیرممکن را بخوانید و تمرین‌ها را انجام دهید.

آرزوی ممکن: possible wish	آرزوی غیر ممکن: wish impossible
کاش فردا به سینما میرفتیم.	کاش دیروز به سینما رفته بودیم.
کاش فردا به سینما برویم.	

نکته: گاهی در زبان گفتار به جای کاش از کاشکی استفاده میکنیم. از « دلم می‌خواهد » و « دلم می‌خواست » نیز استفاده می‌شود:

کاشکی فردا بریم سینما.

دلم می‌خواد بریم سینما.

دلم می‌خواست بریم/ می‌رفتیم/ رفته بودیم سینما.

کاشکی من هم شنا بلد بودم.

در خانه ۲: جمله‌های زیر را با شکل درست فعل کامل کنید.
۱. کاش دیروز ماشین را .... (شستن)
۲. کاش فردا بیشتر با پدرت وقت .... (گذراندن)
۳. کاش دیشب او را .... (رساندن)
۴. کاش پنجشنبه پیش همکارانم را .... (دعوت کردن)

در خانه ۳: با توجه به هر یک از جمله‌های زیر آرزویی بنویسید.
مثال: او خیلی خوب شنا می‌کند.   آرزو: کاش من هم شنا بلد بودم.

۱. امروز هوا سرد شده.
۲. وزنم کمی زیاد شده.
۳. این چند روز در کیش به ما خوش گذشت.
۴. خسته شده‌ام.
۵. در را باز کرده‌اند.
۶. دو هفته دیگر امتحانات شروع می‌شوند.
۷.خانه‌امان را ارزان فروختیم.
۸. زود از سفر برگشتیم.

در کلاس : در گروه‌های دو نفره به ترتیب، بر اساس عبارت‌های زیر آرزویتان را با همکلاسی‌هایتان در میان بگذارید.

۱- ...... را بخشیدن	۱- سال پیش، عوض کردن رشته‌ام
۲- خانه کوچکتر یا بزرگتری داشتن	۲- فردا، راستش را گفتن
۳- زبان ..... بلد بودن	۳- پارسال، به آفریقا سفر کردن
۴- هیچوقت با .... آشنا نشدن	۴- گذشته را فراموش کردن
۵- فردا شب، به رستوران .... رفتن	۵- بیشتر درس خواندن

تمرین ۳: همه، هرکس، هیچ‌کس everybody, anybody, nobody

۱. مثال‌های زیر را بخوانید:

کسی او را دیده است؟

کسی او را ندیده است. / هیچ کس او را ندیده است.

چیزی زیر میز هست؟

چیزی زیر میز نیست./ هیچ‌چیز زیر میز نیست.

او را جایی دیده‌ای؟

او را جایی ندیده‌ام. / هیچ جا او را ندیده‌ام.

5_4_Grammar3

کسی	همه]کس]	هر کس	هیچ‌کس
چیزی	همه‌چیز	هر چیز	هیچ‌چیز
جایی	همه‌جا	هر جا	هیچ‌جا

5_4_Grammar4

واژه	فعلی که با آن استفاده می‌شود.
کسی	می‌داند.- نمی‌داند؟
همه	می‌دانند.
هرکس	می‌داند.
هیچ‌کس	نمی‌داند.

	Sometimes in spoken
هیچ‌کس	هیشکی
هیچ‌چیز	هیچّی
هیچ‌جا	هیچّا

۲. جمله‌های زیر را با ایده‌های خود کامل کنید.

همه می‌دانند که..

چیزی نمی‌خرم که ....

استاد کسی است که ....

این روزها هیچ‌کس ....

چند مثال دیگر:

مردم زیادی به خیابان آمده بودند و پلیس به طرف آنها گاز اشک آور پرتاب کرد.

بعد از یک روز تظاهرات، همه خسته و گرسنه بودند اما میدان را ترک نکردند

هر کس به سمتی می‌دوید تا از باتوم پلیس در امان بماند.

۳. واژه‌ی درست را انتخاب کنید.

پلیس با عرفان درباره‌ی آن روز صحبت کرد، اما هرکس/ همه/ هیچ‌کس با امیر حرف نزد.

سبزی فروش کسی/ چیزی است که سبری می‌فروشد.

وقتی به خانه آمدی هیچ/ چیزی صدایی نشنیدی؟

نه، چیزی/ هیچی نشنیدم.

تو آن اتاق را کثیف نکرده‌ای. همه/ کسی/ هر کس این را می‌دانند.

همه می‌دانست/ می‌دانستند کلاس ساعت چند شروع می‌شود، اما هیچ‌کس جیزی به من نگفت/ نگفتند.

۴. جاهای خالی را با کلمات مناسب پر کنید.

۱. درباره این موضوع که به نظر شما جالب است .... نمی‌دانم.

۲. .... این‌جا زندگی نمی‌کند، خالی است.

۳. ما .... را لازم نداریم، خودمان می‌توانیم درستش کنیم.

۴. تمام روز را کنار مادربزرگم نشستم. .... نه .... زنگ زد، نه آمد.

۵. .... برای پارک کردن ماشین نیست. باید جلوی خانه‌ی همسایه پارک کنم.

۶. ممکنه برای دسر .... داشته باشیم؟

۷. او باید .... را در زندگی‌اش داشته باشد. خیلی تنهاست.

۸. .... در می‌زند. ببین کیه.

۹. وقتی بیرون بودیم .... زنگ زده، اما پیغام (message) نگذاشته.

۱۰. فکر می‌کنم .... در خانه نداریم. باید به سوپرمارکت برویم.

۱۱. (سلام، .... خونه هست؟)

۵. جاهای خالی را پر کنید.

۱. صدای زنگ در را می‌شنویم. .... دم دره. (یکی، هر کس، کسی، هیچکس) ۲ گزینه درست وجود دارد.

۲. .... جواب سوال رو می‌دونه؟ (کسی، هر کس، هیچ کس)

۳. دیروز درباره‌ی این موضوع با .... صحبت کردم. (هر کس، یکی، هیچکس، همه) ۲ گزینه درست وجود دارد.

۴. .... در آن خانه خوشحال نبود. (هر کس، کسی، هیچ کس، همه) ۲ گزینه درست وجود دارد.

۵. فکر می‌کنی .... اونجا باشه؟ (هر کس، کسی، همه)

۶. .... بیشتر غذا می‌خوره؟ هنوز آبگوشت داریم. (هر کس، کسی، همه)

۷. .... یه چتر جا نگذاشته؟ زیر میز افتاده. (هر کس، کسی، همه)

۸. به نظر شما نباید از .... کمک بخواهیم. (کسی، همه، هیچ کس) ۳ گزینه درست وجود دارد.

۹. خیلی غمگین شد، چون .... برای تولدش به او زنگ نزد. (هر کس، کسی، همه، هیچ کس) ۲ گزینه درست وجود دارد.

۱۰. باید حتماً به .... می‌گفتی. (یکی، هر کس، همه، هیچ کس) ۲ گزینه درست وجود دارد.

تمرین ۴: انواع جمع Different kinds of plural- در خانه و کلاس

۱. به فایل صوتی گوش دهید. مثال‌ها را بخوانید و به فایل مربوط به آن گوش کنید. سپس جمله‌های زیر را با واژه‌های مناسب کامل کنید.

5_4_Grammar5

کتاب‌ها	مادران
کفش‌ها	دوستان
دفترها	درختان
خانه‌ها	دختران
کشورها	پسران
دریاها	آقایان
تاکسی‌ها	دانشجویان
اتاق‌ها	بازرسان
داستان‌ها	پدران
کامپیوترها	
خانم‌ها	

جمع فارسی	جمع عربی
کلمه‌ها	کلمات
جمله‌ها	جملات
موضوع‌ها	موضوعات
امتحان‌ها	امتحانات
ساعت‌ها	ساعات
مشکل‌ها	مشکلات
واقعیت‌ها	واقعیات
تصادف	تصادفات

جمع فارسی	جمع عربی
کتاب‌ها	کتب
شاعران	شعرا
مدرسه‌ها	مدارس
گونه‌ها	انواع
استادان	اساتید
منطقه‌ها	مناطق
هدف‌ها	اهداف
فرد	افراد

5_4_Grammar6

افراد زیادی دستگیر شدند.
بعد از یک روز تظاهرات، همه خسته و گرسنه بودند اما میدان را ترک نکردند
هر کس به سمتی می‌دوید تا از باتوم پلیس در امان بماند.
برای پنجمین روز متوالی مدارس بعضی استان‌ها تعطیل است/ هستند.
همه مدارس تعطیل است/ هستند. (هستند بیشتر به کار برده می‌شود.)
شنبه ۲۶ تیرماه ادارات دولتی قم به دلیل آلودگی بی‌سابقه هوا تعطیل هستند.

جمله‌ها:

۱. .... همه جمع هستند. (دوست/ دوستان)
۲. چهار .... روی میزم بود. آنها را ندیدی؟ (دفتر/ دفترها)
۳. ....ـم یکی دوتا نیست. (مشکل/ مشکلات)
۴. .... ، لطفاً هر جا مایلید بنشینید. (آقا / آقایان)
۵. پلیس با نیروهای شورشی درگیر شد و .... در این درگیری به شدت زخمی شدند. (فردی/ افرادی)
۶. این آپارتمان چند تا .... داره؟ (اتاق خواب/ اتاق خواب‌ها)
۷. .... این است که دولت با مساله جدیدی روبرو شده است. (واقعیت/ واقعیات)
۸. آماری از .... هفته گذشته نشان می‌دهد که صحبت با تلفن همراه در هنگام رانندگی دلیل اول این .... بوده است. (تصادف/ تصادفات)
۹. دیروز چند .... در عراق هدف موشک‌های ارتش آمریکا قرار گرفت. (منطقه/ مناطق)
۱۰. صبح امروز نیروهای شورشی همزمان به .... مختلفی در غرب کشور حمله کردند. (منطقه/ مناطق)

در کلاس: در گروه‌های دو نفره با هم کلاسی خود جواب‌های تمرین قبل را بررسی کنید.

تمرین ۵: جمله‌های شرطی- آینده ممکن

در خانه: مثال‌های مربوط به انواع جمله‌های شرطی آینده ممکن را بخوانید و تمرین‌های مربوط را انجام دهید.

وجه فعل‌ها	مثال‌های شرطی آینده ممکن Possible
التزامی - حال	اگر زودتر برویم، به موقع می‌رسیم. We will arrive on time if we go earlier.
گذشته - امری	اگر رفتی خرید، شامپو بخر. (وقتی رفتی خرید، شامپو بخر) If/when you go, buy a shampoo.
گذشته نقلی - حال	اگر خواندن مقاله را تمام کرده‌اید، می‌توانیم با هم ناهار بخوریم. If you have finished reading the article, we can eat together.

بدون این که به هم‌گروهی خود بگویید، یکی از جمله‌های زیر را انتخاب کنید و طوری آن را کامل کنید که درباره خودتان واقعیت داشته باشد. فقط بخشی را که کامل کرده‌اید به هم‌گروهی خود بگویید. ایشان به شما خواهند گفت که کدام جمله ناتمام را کامل کرده‌اید. درست حدس زده‌اند؟

۱. تا (به محض این که، بلافاصله بعد از این که) کلاس تمام شد/ شود، .... (notice that the verb can be in past)

۲. تا وقتی که پول کافی دارم، ....

۳. ....، مگر این که باران ببارد.

۴. پیش از این که بازنشسته شوم، ....

۵. تا (به محض این که) این تمرین را تمام کردیم، ....

۶. تا تعطیلات آخر هفته شروع شد، ....

۷. اگر این تابستان به ایران بروم، ....

۸. دفعه دیگر که مادرم/پدرم را ببینم، ....

جمله‌های زیر را با اطلاعات واقعی خود کامل کنید، سپس بخشی را که کامل کرده‌اید برای هم‌گروهی جدیدتان بخوانید. ایشان حدس می‌زنند که کدام جمله ناتمام را کامل کرده‌اید.

۱. اگر بعد از تمام شدن درسم مجبور شوم تمام وقت در خانه بمانم و خانه‌دار شوم، ....

۲. تا وقتی فارسی‌ام عالی شود، ....

۳. اگر روزی از درس خواندن خسته شدم/شوم، ....

۴. اگر در شغلی که خواهم داشت احساس امنیت نکنم، ....

۵. اگر فردا تعطیل بودم، ....

۶. اگر کاری که دوست دارم در جایی دور پیدا کنم، ....

تمرین ۶: جمله‌های شرطی: غیرمحتمل (در خانه و کلاس)

در خانه: مثال‌های مربوط به جمله‌های شرطی غیر ممکن را بخوانید و تمرین‌های مربوط را انجام دهید.

مثال‌های شرطی غیرمحتمل improbable	وجه فعل‌ها
اگر دو تا ماشین می‌خریدم یکی از آنها را به دخترم می‌دادم. If I bought two cars, I would give one of them to my daughter.	گذشته استمراری - گذشته استمراری

در خانه: به سوالات زیر جواب دهید.

۱. اگر می‌توانستید به گذشته بازگردید چه چیزی را عوض می‌کردید؟
۲. اگر در ایران زندگی می‌کردید زندگی‌تان چه تفاوتی با زندگی الان‌تان داشت؟
۳. اگر یک میلیون دلار در قرعه‌کشی می‌بردید با آن چه می‌کردید؟
۴. اگر به شما می‌گفتند که دو روز دیگر باید به سیاره مریخ بروید چه می‌کردید؟
۵. اگر مجبور می‌شدید در کشور دیگری زندگی کنید چه کشوری را برای زندگی انتخاب می‌کردید؟ (عوض کردن **to change**)
۶. اگر این روزها بیشتر وقت داشتید چه می‌کردید؟
۷. اگر قرار بود کسی از گذشته را ببینید ترجیح می‌دادید چه کسی را ببینید و درباره چه با او صحبت می‌کردید؟ (ترجیح دادن **to prefer**)
۸. اگر می‌توانستید به یک دوره تاریخی برگردید، به چه دوره‌ای می‌رفتید؟
۹. اگر می‌توانستید بخشی از کتاب تاریخ دوره دبیرستان‌تان را عوض کنید، چه بخشی را عوض می‌کردید؟ (عوض کردن **to change**)

در کلاس، در گروه‌های دو یا سه نفره سوالات بالا را از هم بپرسید و بدون نگاه کردن به جواب‌های‌تان گفتگو کنید.

تمرین ۷: جمله‌های شرطی– غیرممکن (در خانه و کلاس)

در خانه: مثال‌های مربوط به جمله‌های شرطی غیر ممکن را بخوانید و تمرین‌های مربوط را انجام دهید.

مثال شرطی غیر ممکن impossible	وجه فعل‌ها
اگر زودتر رفته بودیم به موقع می‌رسیدیم. If I bought two cars, I would give one of them to my daughter.	گذشته دور- گذشته استمراری
اگر زودتر رفته بودیم به موقع رسیده بودیم. If we had left earlier, we would have arrived on time. It means: We did not go early, and we did not arrive on time.	گذشته دور- گذشته دور

در خانه، جمله‌های زیر را کامل کنید و برای فعالیت کلاس آماده باشید.

۱. اگر چند دقیقه قبل از خواب بیدار شده بودم، ....
۲. اگر در کشور دیگری به دنیا آمده بودم، ....
۳. اگر آنچه را الان می‌دانستم در ۱۶ سالگی می‌دانستم، ....
۴. اگر به کلاس فارسی نیامده بودم، ....
۵. اگر به دنیا نیامده بودم، ....

۶. اگر سال پیش بیشتر درس خوانده بودم، ....

۷. اگر سال پیش به ایران رفته بودم، ....

۸. اگر صد سال پیش به دنیا آمده بودم، ....

۹. اگر امروز از خواب بیدار نشده بودم، ....

۱۰. اگر در یک خانواده خیلی فقیر به دنیا آمده بودم، ....

۱۱. اگر صد سال پیش به دنیا آمده بودم، ....

در کلاس،

۱. در گروه‌های دو نفره، به نوبت هر کدام از جمله‌های بالا را سوالی کنید و از هم‌کلاسی‌تان بپرسید.
مثال:

۱. اگر چند دقیقه قبل از خواب بیدار شده بودید چه کار می‌کردید؟

۲. اگر در کشور دیگری به دنیا آمده بودید چه می‌کردید؟

۲. با هم کلاسی‌تان بخش خالی جمله‌های زیر را پر کنید.

۱. اگر .... ، خیلی خوشحال‌تر بودم.

۲. اگر .... ، خیلی ثروتمندتر بودم.

۳. اگر .... ، نمره‌های بهتری می‌گرفتم.

۴. اگر .... ، عصبانی می‌شدم.

۳. در یک گروه جدید، فقط بخشی را که نوشته‌اید برای هم‌گروهی جدید خود بخوانید. هم‌گروهی شما باید بخش دوم جمله شما را حدس بزنند.

تمرین ۸: شکل مناسب فعل— در خانه

۱: جمله‌های زیر را با شکل صحیح فعل کامل کنید.

۱. روزهای پنج‌شنبه برای مادربزرگم گل .... (to bring/he).

۲. سال پیش یک کتاب درباره‌ی تاریخ ایران .... (to read/we).

۳. پدر و عمویم یک شرکت مهندسی .... (to have). آنها با هم .... (to work).

۴. این کلاس، کلاس فیزیک دانشگاه آستین .... (to be). کلاس بیست دانشجو .... (to have). سال قبل فقط ده دانشجو .... (to have). رییس دانشگاه می‌گوید این کلاس باید حداقل بیست و پنج دانشجو .... (to have).

۵. دیروز من و دوستانم برای .... (to eat) غذای چینی به یک رستوران چینی در خیابان سمیه .... (to go).

۶. تا حالا کتاب‌هایش را .... (to read)، معمولاً درباره‌ی چه می‌نویسد؟

۷. ببخشید، .... (to understand) چه گفتید؟ ممکنه .... ؟ (to repeat)

۸. امشب می‌خواهم همه‌ی دوستانم را در یک رستوران .... (to see).

۹. فردا کتابت را .... (to bring/I).

۱۰. هنوز به ما .... (to say/he) تابستان کجا می‌رود.

۱۱. به امارات می‌روم تا با پدر و مادرم .... (to live).

۱۲. استاد چند سوال سخت از ما .... (to ask) و ما نتوانستیم .... (to answer).

۱۳. باید برای دیدن ما به تهران .... (to come/you).

۱۴. وقتی در تهران .... (to live/I) همیشه وقتی به خانه‌اشان .... (to) .... (to go
help her/I).

۱۵. روی این صندلی .... (to sit/I)؛ کثیف است.

۱۶. خواهرم معمولاً با دختر همسایه .... (to play).

۱۷. من .... (to think) شما نباید این میوه‌ها را .... (to eat).

۱۸. از دیروز .... (to decide) فقط روزی ۶ ساعت .... (to sleep).

۱۹. نمی‌توانم جواب این سوال را .... (to give)، جوابش باید پیشم .... (to stay).

۲۰. خواهش می‌کنم این لباس را .... (to wear)؛ برای این مهمانی مناسب نیست.

۲۱. باید رعنا را .... (to see)؛ دختر بسیار نازنینی است.

۲۲. دیشب تا صبح .... (to sleep)؛ با دوستم حرف می‌زدم.

۲۳. او دوست دارد لباس‌های رنگی .... (to wear).

۲۴. .... (to guess) دیشب کجا بودم!

۲۵. چه کسی این کتاب‌ها را روی این میز .... (to put)؟ این میز خیس است.

۲۶. هنوز خانه‌ای را که درباره‌اش حرف زدم .... (to buy/ we).

۲۷. وقتی مدرسه می‌رفتم، هر روز ساعت پنج صبح .... (to wake up).

۲۸. می‌توانم در را .... (to open)؟ این اتاق گرم است.

۲۹. هنوز .... (to get ready/you)؟ دارد دیر می‌شود. باید زود .... (to return) و .... (to rest).

۳۰. امروز نمی‌توانم به باشگاه .... (to come) و .... (to exercise).

۳۱. پارسال هفته‌ای ۵ ساعت .... (to run). امسال فقط .... (to study).

۳۲. رقص بلد نیستم. البته تا حالا .... (to try) برقصم.

۳۳. هنوز مشتری این‌جاست! چرا در را .... (to close) و به مشتری‌ها .... (to say) تعطیل است؟

۳۴. وقتی می‌آمدی چراغ‌ها را .... (to turn off)؟

۳۵. از موسیقی کلاسیک چیزی .... (to understand)، باید بیشتر .... (to listen).

۳۶. برای .... (to help) به شما آمده‌ام. چرا این‌جا .... (افتادن)؟

۳۷. وقتی به مدرسه می‌رفتم، هر شب دست‌کم سه ساعت تکلیف‌هایم را .... (to write).

۳۸. باید قبل از این که این جمله‌ها را .... (to complete)، معنی واژه‌های زیادی را .... (to know).

۳۹. روسیه در شمال ایران .... (to be located).

۴۰. بعد از این که .... (to fall)، متوجه شدم که دیگر نمی‌توانم .... (to speak).

۴۱. برای تولدت چه هدیه‌هایی .... (to get)؟

۴۲. مشهد در شمال شرقی ایران .... (to locate).

۴۳. من دوست دارم رفت و آمد مردم را در خیابان .... (to see).

۴۴. دیروز مادرم گل‌ها را روی میز .... (to put).

۴۵. می‌توانیم پشت میز .... (to sit) و غذا .... (to eat).

۴۶. اگر بخواهی من امروز غذا .... (to make).

۴۷. شما باید کمی .... (to rest) تا خسته .... (to becomeمنفی).

۴۸. می‌خواهم فردا با تو .... (to talk)، می‌توانی ساعت هشت شب به خانه‌ام .... (to come)؟

۴۹. سال پیش مردم زیادی برای او گل .... (to bring).

۵۰. (ببخشید، می‌تونم از تلفن‌تون .... (to use)؟
۵۱. هفته‌ای چند بار به مادرت .... (to call)؟
۵۲. دیشب ساعت چند .... (to sleep)؟
۵۳. شما باید برای دیدن ما به شیراز .... (to come).
۵۴. می‌توانید پنجره را .... (to close).
۵۵. قیمتش خوب است. من فکر می‌کنم تو باید اون رو .... (to buy).
۵۶. - معمولاً کجا .... (to shop)؟
- در مرکز شهر.
۵۷. من .... (to think) او نباید هر روز .... (to work).
۵۸. هر روز تا ساعت یک بعد از ظهر در دانشگاه .... (to stay).
۵۹. می‌خواهم آخر هفته را با خانواده‌ام .... (to spend).
۶۰. دیروز چهار ساعت با دختر و پسر خاله‌هایم .... (to play).
۶۱. اگر فردا صبح زود از خواب .... (to wake up) با آنها برای پیاده‌روی می‌روم.
۶۲. کجا می‌روی؟ ساعت چند .... (to return)؟ باید برای دیدن مادربزرگ برویم.
۶۳. نتوانستم سنش را .... (to guess).
۶۴. نتوانستم در آن استخر .... (to swim) چون آبش تمیز نبود.
۶۵. مادرم برای مهمانی فردا چند نوع غذا .... (to cook).
۶۶. لیلا همیشه لباس‌های تیره .... (to wear).
۶۷. اصلاً حرف شما را .... (to understand منفی).
۶۸. ما باید حداقل هشت ساعت برای امتحان .... (to study).
۶۹. شما باید به من .... (to help) تا این در را .... (to open).
۷۰. من دیشب یک داستان کوتاه .... (to write). می‌خواهی آن را .... (to read)؟

۲: جمله‌های زیر را با شکل صحیح فعل کامل کنید.

۱. می‌خواستم شما به آن عکس‌ها .... (نگاه کردن) و درباره‌ی آنها با آقای مدیر .... (صحبت کردن).
۲. نمی‌توانستی غذای بهتری .... (درست کردن).
۳. معمولاً روزهای تعطیل پدرم غذا .... (درست کردن).
۴. کتابی را که پارسال از من .... (گرفتن) به من .... (دادن)؟
۵. درس می‌خوانم تا نمره‌ی خوبی ....(گرفتن).
۶. باید تمرین‌های این صفحه را در یک صفحه‌ی جدا .... (نوشتن).
۷. سارا دانشجوی فیزیک ....(بودن). او در دانشگاه آستین در تگزاس .... (درس خواندن). پدر و مادر سارا ایرانی .... (بودن) اما بیست و یک سال است که در آمریکا .... (زندگی کردن). سارا دوستان زیادی در دانشگاه .... (داشتن). سارا چهار روز در هفته به کلاس فارسی .... (رفتن). او زیاد .... (درس خواندن). او و دوستانش معمولاً با هم در دانشگاه .... (غذا خوردن). آنها یا غذای مکزیکی .... (خوردن) یا غذای چینی. سارا غذای ایرانی هم .... (دوست داشتن)

۳: جمله‌های زیر را با شکل صحیح یک فعل مناسب کامل کنید.

۱. ما تابستان را در لندن .... چون امارات در تابستان بسیار گرم است.

۲. می‌توانی کمی به من .... ؟

۳. بچه‌ها نباید در این اتاق ....

۴. ما فردا امتحان داریم، باید ....

۵. مردم زیادی برای تعطیلات به جزایر هاوایی ....

۶. تهران پایتخت ایران است و در دامنه‌ی جنوبی رشته کوه البرز ....

تمرین ۹: ترجمه — در خانه

۱. به فارسی ترجمه کنید.

1. She understood the question but she doesn't know the answer.
2. I have ten close friends in Austin.
3. I don't see well at night.
4. Peyman eats meat but he doesn't eat chicken.
5. I can't live in New York because it's very crowded and expensive.
6. This Qormeh sabzi is very good but it doesn't have meat!
7. I prepared "cooked rice/kabob" for dinner.
8. Can you eat lunch with me tomorrow?
9. What's up? I just wanted to see if you have beans.
        — No, dude. Go to the Supermarket at the end of the street.
10. I bought three pairs of socks for Christmas.
11. I don't like your green scarf.
12. My brother and I won't go to Dallas tomorrow.
13. He has four pairs of shoes, but he always wears this black pair (of shoes).
14. Austin has beautiful weather is beautiful but I do not like this city.
15. I want to go to Mecca on camel.
16. The people of Shiraz are very nice and hospitable.
17. I became acquainted with a few of the children on the airplane.
18. My daughter lives in Tajikistan but she still calls me every day.
19. Last year I went to my sister's house in San Francisco.
20. A few of the airplane tickets were more than 400 dollars!
21. The kids went to Disney land and they said it was fun.
22. The people in Los Angeles were not very friendly.
23. Could you give me the salt please?

۲. به انگلیسی ترجمه کنید.

۱. کیفم را گذاشتم روی صندلی و فوراً کسی آن را برد (بردش).

۲. وقتی غذا میخورید لطفاً صحبت نکنید.

۳. دیشب من و آوا دوازده تا دونات خریدیم ولی فقط توانستیم هشت تا بخوریم.

۴. ببخشید آقا, متوجه شدید چه گفت؟

۵. در ایران گاهی وقتی ناهار میخورند روی زمین مینشینند.

۶. باید امشب به مادربزرگم زنگ بزنم.

۷. بعدازظهر برویم قهوهخانه.

۸. لوبیا توی فریزر نداریم؟

۹. بگویید برای نهار چه میخواهید بخورید.

۱۰. فعلاً چیزی از سوپرمارکت لازم ندارم.

۱۱. نمیدانم شما در کدام خیابان زندگی میکنید.

۱۲. کفشَت را پوشیدی؟   – نه نپوشیدم.

۱۳. دیروز و پریروز آستین خیلی شلوغ بود.

۱۴. روزهای جمعه با برادرم به کلاس موسیقی میروم.

۱۵. لطفاً این کتاب را از من بگیرید.

۱۶. معمولاً بعد از ناهار نمیخوابم.

۱۷. همیشه ساعت هفت بیدار میشوم و نان و پنیر میخورم.

۱۸. مادرم امروز با دوستانش به یک رستوران بزرگ میروند.

۱۹. معمولاً شنبهها درس نمیخوانم.

۲۰. هوای آستین دیروز چند درجه بود؟

۲۱. میدانید آنها در کدام خیابان زندگی میکنند؟

۲۲. دیشب فیلم دیدیم و بازی کردیم. من نخوابیدم.

تمرین ۱۰: حرف اضافه یا حرف ربط و را (در خانه)

۱. جاهای خالی را با کلمات یا حروف اضافه یا ربط مناسب پر کنید.

۱. این دختر بسیار .... ؛ فقط ۴۵ کیلوگرم است.

۲. استاد .... سوال دانشجویان جواب می‌دهد.

۳. من انشای دیروز .... نخواندم.

۴. .... می‌کنم پنجره را ببندید.

۲. با حروف اضافه و ربط مناسب کامل کنید. از- به- نزدیک- تا- در- با- و - برای- روی- بعد - چون

من امروز .... مدرسه نرفتم .... مریض بودم. چهارده ساعت خوابیدم؛ .... شب .... ظهر. .... از ظهر .... دیدن مادربزرگم به خانه‌اش رفتم. خانه‌ی مادربزرگ از خانه‌ام دور است امّا .... دانشگاه است. من معمولاً............ ماشین به آن‌جا می‌روم. .... خانه‌ی مادربزرگ چند ساعت .... یک صندلی قهوه‌ای نشستم .... کتاب خواندم.

۳. جاهایی که لازم است اضافه بیفزایید.

۱. آقای برومند روزجمعه دانشگاه ما می‌آید.

۲. دریک رستوران مکزیکی خیابان کارگر غذای خوشمزه‌ای خوردیم.

۳. برای دیدن دوست مادرم دالاس می‌روم.

۴. جاهایی که لازم است «را» اضافه کنید.

او معمولاً ورزش نمی کند اما تنیس بازی کردن خیلی دوست دارد.

برادر مریم می‌شناسید؟ فردا شب به خانه‌امان می‌آید.

کتابی که دیشب به شما دادم کجاست؟

تمرین ۱۱: غلط (در خانه)

در هریک از جملات زیر یک غلط وجود دارد. آن را پیدا کنید و زیر آن خط بکشید. سپس جمله را بازنویسی کنید.

۱. خواهش می‌کنم بلند تکرار می‌کنید. ....

۲. این بچه‌ان ساعت هشت شب می‌خوابند. ....

۳. استاد کدام درس شروع کرد؟ ....

۴. نظر شما درباره‌ی این کتاب چه هستید؟ ....

تمرین ۱۲: افعال (در خانه)

حال التزامی	گذشته نقلی	گذشته استمراری	حال ساده- مصدر
بروم – بروی – برود برویم – بروید – بروند	رفته‌ام – رفته‌ای – رفته‌است رفته‌ایم – رفته‌اید – رفته‌اند	می‌رفتم – می‌رفتی- می‌رفت می‌رفتیم – می‌رفتید- می‌رفتند	می‌روم- رفتن می‌خورم- خوردن
			می‌خرم- خریدن
			کار می‌کنم- کار کردن
			زندگی می‌کنم- زندگی کردن
			می‌نویسم- نوشتن
			می‌خوانم- خواندن
			می‌بینم- دیدن
			می‌گویم- گفتن
			می‌پرسم- پرسیدن
			می‌نشینم- نشستن
			جواب می‌دهم- جواب دادن
			گوش می‌کنم- گوش کردن
			صحبت می‌کنم- صحبت کردن
			دارم- داشتن
			می‌خواهم- خواستن
			می‌توانم - توانستن
			باز می‌کنم - باز کردن
			می‌بندم - بستن
			می‌آیم - آمدن
			کمک می‌کنم - کمک کردن
			برمی‌گردم- برگشتن
			تصمیم می‌گیرم- تصمیم گرفتن
			می‌گویم- گفتن
			می‌گذارم- گذاشتن
			می‌آورم- آوردن

حال التزامی	گذشته نقلی	گذشته استمراری	حال ساده- مصدر
			می‌دهم - دادن (به)
			حدس می‌زنم- حدس زدن
			می‌دوم - دویدن
			ورزش می‌کنم - ورزش کردم
			می‌دانم - دانستن
			بیدار می‌شوم- بیدار شدن
			جواب می‌دهم- جواب دادن
			قبول می‌شوم- قبول شدن
			سعی‌می‌کنم- سعی کردن
			می‌پوشم - پوشیدن
			استراحت می‌کنم- استراحت کردن
			متوجه می‌شوم - متوجه شدن
			می‌فهمم - فهمیدن
			کامل می‌کنم- کامل کردن
			فکر می‌کنم- فکر کردن
			آماده می‌شوم - آماده شدن
			قرار دارد - قرار داشتن
			می‌مانم- ماندن
			می‌افتم - افتادن
			خاموش می‌کنم - خاموش کردن
			زنگ می‌زنم - زنگ زدن
			بازی کردن
			تکرار کردن
			حدس زدن
			خوابیدن

Pronunciation تلفظ

5_7_Pronunciation1

تمرین ۱: در کلاس

در کلاس- در این تمرین روی صداهایی کار خواهیم کرد که در فارسی و انگلیسی کمی تفاوت دارند:

5_7_Pronunciation1

۱. گوش کنید و تکرار کنید. به صدای ل توجه کنید.

سال پیش- الان- خاله - علاقه - حداقل - معمولاً - مختلف- شلوغ - لیسانس

۲. گوش کنید و تکرار کنید. به صدای ق توجه کنید.

(try to say geese in English. How do you pronounce the beginning?)

5_7_Pronunciation2

فقط - فوق لیسانس- حداقل - قهوه - علاقه - موسیقی - تقریباً - مقنعه

۳. در بیشتر شهرهای ایران، که مردم با لهجه‌ی مخصوص به همان منطقه حرف می‌زنند، صدای ق و غ متفاوت تلفظ می‌شود. به فایل صوتی زیر گوش کنید:

5_7_Pronunciation3

چراغ - شلوغ - غمگین (در لهجه بوشهری)

چراغ- شلوغ- غمگین (در لهجه تهرانی)

۴. گوش کنید و تکرار کنید. به صدای آ توجه کنید.

5_7_Pronunciation4

ساعت - این جا - الان - باز - ماه - نقاشی

۵.گوش کنید و تکرار کنید. به صدای خ توجه کنید.

5_7_Pronunciation5

خاله - خاموش - خانه - مختلف - می‌خوانم

تمرین ۲: در خانه

به فایل صوتی گوش کنید و جمله‌های زیر را با کمک واژه‌هأیی که می‌شنوید کامل کنید. معنی کلماتی را که نمی‌شناسید در یک فرهنگ لغت یا آنلاین پیدا کنید و سپس معنی جمله را به انگلیسی بنویسید. این تمرین به شما کمک می‌کند با متن‌های ناآشنا راحت‌تر برخورد کنید.

5_7_Pronunciation6

۱. .... را .... میکنم، اسم کتابی است که به تازگی خوانده‌ام.

۲. .... شاعر .... هفتم است و ....

۳. علی .... نبود و ما باید زودتر می‌رفتیم. فیلم .... می‌شد.

۴. وقتی دو ساله بود خودش از .... بالا می‌رفت . مادرش هم .... فکر نمی‌کرد این کار .... باشد.

تمرین ۳: در خانه

5_7_Pronunciation7

به فایل صوتی گوش کنید و ده سوالی را که می‌شنوید به شکل نوشتاری بنویسید.

تمرین ۴: نازنین منو می‌کشه! (در خانه)

۱. گوش کنید و کلمه‌ای را که روی آن بیشتر تاکید می‌شود پیدا کنید و زیر آن خط بکشید. سپس یک بار دیگر گوش کنید و تکرار کنید. سعی کنید آهنگ جمله را تقلید کنید. جمله‌ها به گفتاری نوشته شده‌اند. Mimic the rhythm

5_7_Pronunciation8

- امروز عصر که خونه‌ای؟
- نه، نیستم. دارم می‌رم بیرون؟
- بیرون؟! کجا؟
- ساعت ۷ قرار دارم.
- ساعت ۷؟ با کی قرار داری؟
- با نازنین، چطور مگه؟
- آخه ساعت ۷ دارن میان که چراغ دستشویی رو درست کنن. باید خونه باشی.هیچ‌کس خونه نیست.
- تو کجایی؟
- من کلاس دارم امشب. تا برسم خونه هشته.
- ای بابا، حالا چه کار کنم؟
- قرارت رو کنسل کن. بذارش برای فردا شب.
- وای! ... باشه ولی نازنین منو می‌کشه!

می‌کشد- کشتن:
he kills, to kill
This is widely used in Persian in different context for different meaning. Here, it means that Nazanin will be mad at me.

۲. گوش کنید و تکرار کنید. تمام جمله‌ها به گفتاری نوشته شده.

5_7_Pronunciation9

۱. (بارون هوای آلوده‌ی شهر رو تمیز می‌کنه.)
۲. (بارون خیابون‌های کثیف رو می‌شوره.)
۳. (بارون آلودگی رو با خودش می‌بره.)

۳. این سه جمله را با حرف ربط تبدیل به یک جمله کرده‌ایم. گوش کنید و تکرار کنید. دقت کنید چه‌طور افت و خیز در جمله تغییر می‌کند.

5_7_Pronunciation10

(بارون هم هوای آلوده‌ی شهر رو تمیز و تازه می کنه، هم خیابون‌های کثیف رو می‌شوره، و هم آلودگی رو با خودش می‌بره.)

۴. این جمله‌ها را که با حرف ربط به هم وصل شده‌اند گوش کنید و تکرار کنید. به افت و خیز در جمله‌ها دقت کنید. همه جمله‌ها به زبان گفتاری نوشته شدهاند.

5_7_Pronunciation11

۱. با این که هوای تهران آلوده‌ست، دوست ندارم جای دیگه‌ای زندگی کنم.
۲. هواشناسی اعلام کرده که امروز برف می‌آد، اما هنوز که خبری نیست.
۳. همه‌ی چراغ‌هایی را که روشن کردی خاموش کن. (روشن کردن: to turn on)

۵. جمله‌های تمرین شماره ۲، ۳ و ۴ را بخوانید و صدای خود را ضبط کنید و فایل صوتی را برای استادتان بفرستید.

تمرین ۵: شعر و موسیقی- خونه‌ی ما

مرجان فرساد خواننده ترانه «خونه‌ی ما» است. متن ترانه را به فارسی بخوانید و زیر واژه‌هایی که می‌شناسید خط بکشید. این ترانه را در یوتیوب پیدا کنید و چند بار به آن گوش کنید و سعی کنید آن را همراهی کنید. در نشانی زیر می‌توانید متن انگلیسی را ببینید. متن را بخوانید و اگر پیشنهاد بهتری برای ترجمه دارید بنویسید.

https://www.youtube.com/watch?t=50&v=o2qXgUq5ei8

«خونه‌ی ما» is a song by Marjan Farsad. Read the lyrics in Persian and underline the words you know. Find the song online, listen to it and follow the rhythm. The following link has the English translation. You can read the English and suggest a better translation.

https://www.youtube.com/watch?t=50&v=o2qXgUq5ei8

چند خط این ترانه را حفظ کنید و آماده باشید که هنگامی که در کلاس پخش می‌شود، زیر لب همراه آن بخوانید.

Memorize a few lines and be ready to follow the lines when it is played in class.

خونه‌ی ما دور دوره
پشت کوه‌های صبوره
پشت دشتای طلایی
پشت صحراهای خالی
خونه ماست
اونور آب
اونور موجای بی‌تاب
پشت جنگلای سروه
توی رویاست
توی خواب
پشت اقیانوس آبی
پشت باغای گلابی
اونور باغای انگور
پشت کندوهای زنبور
خونه‌ی ما
پشت ابراست
اونور دلتنگی ماست
ته جاده‌های خیسه
پشت بارون
پشت دریاست
خونه ی ما
قصه داره
آلبالو و پسته داره
پشت خنده‌های گرمش
آدمای خسته داره

خونه‌ی ما شادی داره
توی حوضاش ماهی داره
کوچه‌هاش توپ بازی داره
گربه‌های نازی داره
خونه‌ی ما گرم و صمیمی
رو دیواراش عکسای قدیمی
عکس بازی توی ایوون
لب دریا تو تابستون
عکس اون روز زیر بارون
با یه بغض و یه چمدون
رفتن از پیش آدمای
نازنین و مهربون

خونه‌ی ما دور دوره...
توی رویاست
توی خواب...

فرهنگ

تمرین ۱: نان و غذای ایرانی

۱. متن زیر را بخوانید و برای فعالیت کلاس آماده شوید.

جوجه کباب، غذای لذیذ رستوران‌ها در ایران

Food in Iran is a fundamental part of Iranian heritage. Their ingredients reflect the geography of Iran, while the savor and colors accent the aesthetic tastes of Iranians. The cuisines are associated with so many social events -births, weddings, funerals; and many other ceremonies and rituals- that culinary traditions are intertwined with a country's history and religion. Iranian food is a very important and integral part of Iranians' life and culture, so important that its ingredients are very frequently used as metaphors for describing beauty. For example: "Moon-faced beauties have almond-shaped eyes, peachy complexions, pistachio-like mouths,
pomegranate colored lips, hazelnut-like noses, red apple cheeks, and lemon-like breasts.
"Source: http://www.iranchamber.com/recipes/recipes.php

Read the history of most famous and most popular Iranian dish, Chelo-Kabab at:
http://www.iranchamber.com/recipes/articles/history_of_chelo_kabab.php

۲. ویدیوها را تماشا کنید و وبلاگ را بخوانید. http://www.anissas.com/blog1/?p=6048

تمرین ۲: در کلاس

متن زیر را بخوانید.

نان در وعده‌های غذایی ایران اَهَمّیَّت زیادی دارد. در ایران چند نوع نان مهم مصرف می‌شود: لَواش، سَنگَک، بَربَری و تافتون. در وبلاگ زیر می‌توانید فیلم‌های مربوط به نانوایی‌ها را ببینید و درباره‌ی انواع نان‌ها بخوانید.

وعده غذایی: meal
اهمیت: importance
نوع/ انواع: kind/kinds
مصرف می‌شود: is consumed
مربوط: related

تمرین ۳: در خانه

با واژگانی که تا به حال یاد گرفته‌اید یک بند کوتاه پنج جمله‌ای درباره‌ی فرهنگ غذا و در کشور خودتان بنویسید.

خواندن

تمرین ۱- دلم برای دوستانم تنگ شده! (در خانه)

متن زیر را بخوانید و به پرسش‌های آن پاسخ دهید.

اسم من نیما است. من در تابستان سال ۲۰۰۷ به دوحه آمدم. قبل از اینکه به دوحه بیایم، اول برای یک هفته به دبی رفتم و در دبی ماندم. دبی را خیلی دوست داشتم چون جاهایِ دیدنیِ زیادی داشت. از آنجا هر روز به خانواده‌ام زنگ زدم تا از دیدنی‌های دبی برای آنها بگویم. برای تلفن زدن از تلفن عمومی استفاده کردم چون استفاده از تلفن همراه خیلی گران بود. بعد از یک هفته به وسیله‌ی هواپیما به دوحه آمدم. سفر خیلی راحت بود و کمتر از یک ساعت طول کشید. وقتی به دوحه رسیدم عمویم که در دوحه زندگی می‌کند به فرودگاه آمد و من را به خانه‌اش برد. او خانه‌ی بسیار بزرگی دارد. من هنوز در دوحه زندگی می‌کنم و این شهر را بسیار دوست دارم. دوستان زیادی در دوحه دارم و هر روز با خانواده‌ام در ایران حرف می‌زنم. هر روز از ایمیل استفاده می‌کنم، به استادان و دوستانم ایمیل می‌زنم امّا معمولاً از طریق اسکایپ با خانواده‌ام صحبت می‌کنم. استفاده از اسکایپ را دوست دارم، چون هم می‌توانم خانواده‌ام را ببینم و هم با آنها صحبت کنم و هم اسکایپ بسیار ارزان است. تصمیم دارم هفته‌ی آینده به ایران بروم و با دوستانم اسکی کنیم . دلم برای دوستانم و اسکی کردن در شمشک تنگ شده.

سوالات

۱. نیما چقدر در دبی ماند؟

۲. او از دبی چگونه با خانواده‌اش صحبت کرد؟

۳. او چطور به دوحه سفر کرد؟

۴. چرا نیما دوست دارد با اسکایپ با خانواده‌اش در ایران تماس بگیرد؟

۵. سفر نیما از دبی به دوحه چطور بود؟

۶. امسال سال ۲۰۱۱ است. نیما چند سال پیش به دوحه آمد؟

تمرین ۲- جمعیت ایران (در خانه و کلاس)

۱. برای خواندن متن زیر باید کلمات زیر را بدانید. به فایل صوتی گوش کنید و واژه‌ها را تکرار کنید.

5_8_Reading1

Christian	مسیحی	literate	باسواد
Zoroastrian	زرتشتی	Official language	زبان رسمی
Jewish	یهودی	dialect	گویش
Baha'i	بهایی	Religion جمع: ادیان	دین
follower	پیرو	Muslim	مسلمان

۲. در کلاس بخوانید.

5_8_Reading2

ایران حدود ۷۶،۰۹۱،۰۰۰ نفر جمعیت دارد. بیش از ۱۳ میلیون نفر از این جمعیت در تهران زندگی می‌کنند. نزدیک به ۸۰ درصد جمعیت تهران باسواد هستند، یعنی می‌توانند بخوانند و بنویسند. در ایران، اگر چه زبان رسمی فارسی است، مردم با زبان‌ها و گویش‌های مختلفی حرف می‌زنند. حدود ۵۳ درصد مردم به زبان و گویش‌های فارسی، ۱۸ درصد مردم به تُرکی و گویش‌های آن، ۱۰ درصد به کُردی، ۷ درصد به گیلَکی و مازَندرانی، ۶ درصد به لُری، ۲ درصد به بَلوچی، ۲ درصد به عربی، و ۲ درصد به زبان‌های دیگر حرف می‌زنند. ۹۸ درصد مردم ایران مسلمان، و ۲ درصد مسیحی، زرتشتی، یهودی، بهایی و یا پیرو ادیان دیگر هستند.

تمرین ۳: در خانه و کلاس

5_8_Reading3

۱. در خانه، به کمک فایل صوتی متون زیر را بخوانید و برای صحبت کردن در کلاس آماده شوید.

۲. در کلاس، درباره تصاویر زیر و تفاوت‌ها و شباهت‌های زندگی در ایران و کشورتان با همکلاسی‌اتان صحبت کنید.

۱. بعضی از کسانی که در شهرهای بزرگ زندگی می‌کنند، روزهای تعطیل با خانواده و دوستان‌شان به باغ‌های اطراف شهرشان (gardens) می‌روند و وقت می‌گذرانند. برای بعضی خانواده‌های ایرانی زندگی در خانه و خارج خانه کاملاً متفاوت (different) است.

۲.وانیا که نه سال دارد، تنها فرزند خانواده‌اش است

۳. دو پسر جوان در حالی که دست همدیگر را گرفته‌اند، در خیابان راه می‌روند.

۴. اغلب خانواده‌های جوان بیش از دو فرزند (بچه) ندارند.

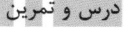

تمرین ۴: یک آگهی

۱. آگهی تبلیغاتی زیر را بخوانید و با هم‌گروهی‌تان یکی از تورها را برای تعطیلات بعدی خود انتخاب کنید. چرا این تور را انتخاب کردید؟

1. Read the following advertisements and decide with your classmate which tour you will reserve. Why? (source: http://www.silkfly.ir/Intours.asp)

۲. اعدادی را که در متن وجود دارد به ترتیب و با صدای بلند در کلاس بخوانید.

تور قشم هوایی، هتل خلیج فارس، ۴روزه هوایی

سه شب و۴ روز اقامت در هتل ۴ ستاره خلیج فارس قشم

۳روز گشت کامل جزیره عجایب هفتگانه قشم

پرداخت ورودیه‌ها + پذیرایی بین روز + بیمه

همراهی راهنمای تور حرفه ای از آغاز تا پایان تور

گشت های تور قشم :
دیدار از جنگل حراء، دلفین های جزیره هنگام، غارهای خوربس، چاه‌های طلا، بازارها و مراکز خرید، سواحل زیبا، جزایر ناز و....
۲۸ اسفند تا ۲ فروردین : ۱۱۱۹۰۰۰ تومان

تور تهران گردی / ۴ روزه / اقامت در هتل آزادی ۵ ستاره

سه شب وچهار روز اقامت در هتل ۵* ستاره آزادی یا اسپیناس

پرداخت ورودیه ها + پذیرایی بین روز + بیمه + یک وعده ناهار

۲ روز گشت کامل شهر تهران در روز دوم وسوم

همراهی راهنمای تور حرفه‌ای از آغاز تا پایان تور

دیدار از تله کابین توچال، کاخ سعدآباد، ایران باستان، جواهرات سلطنتی، برج میلاد، کاخ گلستان، شهرک سینمایی و....
قیمت : ۳۴۹۰۰۰ تومان

۲. متن زیر را بخوانید و در گروه‌های دو نفره درباره آنچه از متن زیر یاد گرفتید صحبت کنید

خانه بهنام در شهر تبریز- این بنا متعلق به ۱۰۰ سال پیش است. تبریز بزرگ‌ترین شهر شمال غربی ایران و مرکز استان آذربایجان شرقی است. این شهر مدتی در دو دوره‌ی ایلخانی و صفوی پایتخت این سلسله‌ها بود.

عکس از حامد صابر

تمرین ۵: دو متن (در کلاس)

برای استاد: این متن فقط برای تقویت مهارت‌های خواندن است. نباید ترجمه شود و دانشجویان مجبور به یادگیری واژه‌های جدید آن نیستند.

الف: متن زیر را بخوانید و:

۱. زیر واژه‌هایی که می‌شناسید خط بکشید.
۲. این متن درباره‌ی چیست؟
۳. به نظر شما نویسنده‌ی این متن کیست؟
۴. به نظر شما این متن کجا نوشته شده است؟ (has been written)

من تازه با سایت شما از طریق یکی از دوستانم آشنا شده‌ام. دوست دارم نظرم رو راجع به رستوران بوف که همین چند شب پیش اونجا بودم اینجا بنویسم.
راستش راجع به بوف نظر دادن یه خرده سخته، چون از نظر کیفیت غذایی کمتر رستورانی رو می‌شه پیدا کرد که کیفیت غذاهاش به پای بوف برسه. من فقط چند تا پیشنهاد داشتم که به نظر خودم می‌تونه باعث جلب مشتری بیشتر بشه:
۱. موسیقی کلاسیکی که در رستوران پخش می‌شد با دکوراسیون مدرن اون‌جا زیاد هماهنگی نداره.
۲. فضای بازی بچه ها ایده خیلی خوبیه ولی جاش خیلی کم و محدوده.
۳. استفاده از رنگ‌های نقره‌ای و خاکستری و دکوراسین فلزی رستوران یه جور احساس بی‌اشتهایی رو به آدم منتقل می‌کنه که به نظر من استفاده ا ز رنگ‌های گرمِ بیشتر می‌تونه این مشکل رو برطرف کنه.
۴. از نظر کیفیت غذایی واقعاً بی‌رقیبه و فکر نکنم هیچ فست فودی به پای اون برسه.
۵. طرف‌های عصر که من به چند تا شعبه رفتم سیب زمینی نداشتن! نمی دونم چرا.
۶. اگه به وضیعت دسرهاشون هم رسیدگی کنن خیلی خوبه.
۷. و نکته آخری که به نظرم می‌رسه اینه که سسی رو که برای سالاد استفاده می‌کنن خیلی خوش‌مزه‌ست و همین سس طعم سالاد بوف رو یه سر و گردن از فست فودهای دیگه بالاتر می‌بره.
به امید دیدن شعبه‌های بیشتر و خوردن غذاهای خوشمزه تر در بوف!

ب: متن زیر را بخوانید و به سوالات زیر جواب دهید.

۱. متن درباره‌ی چیست؟
۲. زیر واژگانی که می‌شناسید خط بکشید.
۳. چه اطلاعات خاصی می‌توانید از این متن به دست آورید؟

3. Is there any specific information you can get from the text? What are they?

اصفهان نگین درخشان مشرق زمین در آغوش خود صدف پرورانید. هتل صدف با محیطی آرام و دلپذیر، تلفیق معماری سنتی و مدرن، دکوراسیون زیبا، با به‌کارگیری سیستم های پیشرفته با کمترین فاصله زمانی با مهمترین ابنیه تاریخی (میدان نقش جهان، مسجد امام، امارت عالی قاپو، کاخ چهلستون و بازار امام) در سال ۱۳۷۸ با همکاری مسئولان وقت تاسیس شد. این هتل در شش طبقه با ظرفیت ۶۰ باب اتاق و هفت سوئیت که همگی مجهز به سیستم تهویه مطبوع، سیستم صوتی و ماهواره مرکزی میباشد. این هتل دارای دو سالن کافی شاپ و رستوران با ظرفیت ۴۰۰ نفر جهت برگزاری مراسمات و چایخانه سنتی فانوس در بام هتل با منظره ای زیبا و به یاد ماندنی و کافی نت ۲۴ ساعته، سالن بیلیارد، روم سرویس و تاکسی سرویس و پارکینگ اختصاصی به چشم می‌خورد. در مدت فعالیت این هتل از نظر جذب توریست و پرسنل نمونه بین هتل‌های سطح شهر مقام اول را کسب کرده و همیشه شاهد همایش‌ها سمینارها و مراسم مختلف بوده. منتظر دیدارتان هستیم.

تمرین ۶- داستان (در خانه و کلاس)- بخش اول

در چند صفحه بعد داستان **رفع ایرادات ظاهری از تصاویر مورد دار** را می‌خوانیم. **در خانه**، بخش اول داستان را بخوانید و برای جواب دادن به سوالات زیر **در کلاس** آماده باشید. برای آمادگی این صفحه‌ها را حداقل سه بار بخوانید.

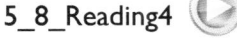

۱. در صفحه‌ی اول، راوی می‌گوید پیداکردن کار در ایران مثل چیست؟ به‌نظر شما چرا؟
۲. راوی چند سال دارد؟
۳. راوی برای پیدا کردن کار با چه شرکتی تماس می‌گیرد؟
۴. چرا از راوی می‌پرسند قد بلند است یا قدکوتاه؟
۵. راوی می‌خواهد کجا کار کند؟ چرا؟
۶. مدرک راوی چیست؟ آیا این مدرک برای پیدا کردن کار مهم است؟چرا مرد از راوی می‌پرسد شما تا حالا با کسی انگلیسی صحبت کرده‌اید؟
۷. به جز راوی، چند نفر دیگر برای مصاحبه آمده بودند؟ آیا راوی با آنها صحبت کرد؟ چرا؟
۸. مصاحبه‌ی راوی ساعت چند بود و کجا؟
۹. اولین حرفی که رییس به همه زد چه بود؟ چرا؟
۱۰. کارگران شرکت بعد از جلسه‌ی رییس چه‌کار می‌کنند؟
۱۱. رییس می‌گوید که چه کسی باید از اتاق برود؟
۱۲. تکلیف مصاحبه کننده چیست؟
۱۳. در صفحه‌ی دوم، نوشته شده است که «منم مدرکم مهندسی برقه ولی تا حالا لامپ عوض نکردم.» نظرتان درباره این جمله چیست؟ به نظر شما رشته مهم است؟
۱۴. به نظر شما چرا از راوی می‌پرسند نقاشی‌اش چطور است؟
۱۵. آیا این گفتگو با چنین گفتگویی در آمریکا فرق دارد؟ چه فرقی هست؟
۱۶. معنی کلمات زیر را حدس بزنید:
نقشه، متقاضی، منظورم اینه که، مصاحبه، نظافتچی
۱۷. شرایط زیر را در متن پیدا کنید:
یک مثال از گذشته نقلی، یک مثال از امر، سه مثال از وجه التزامی، یک مثال از گذشته دور، ۱ مثال از یِ نکره

5_8_Reading4

treasure	گنج
memory	خاطره
to forget	فراموش کردن
to mistake	اشتباه گرفتن
to get in touch	تماس گرفتن
adminestrative, clerical	اداری
to hire	استخدام کردن
لازم داشتن	نیاز داشتن
announcement/bulletin	اطلاعیه

5_8_Reading5

رفع ایرادات ظاهری از تصاویر مورد دار- بخش اول

مهدی باتقوا

پیدا کردن کار در ایران مثل پیدا کردن گنج، بدون نقشه است. من چند سال پیش این گنج را یافتم. البته خیلی زود شغلم را از دست دادم ولی خاطره‌ی روزهای خوشی که با این کار داشتم و حتی تاثیری که این شغل در پیدا کردن شغل ماندگارم داشت را هرگز فراموش نمی‌کنم.

- الو . . . شرکت چاپ و انتشار کتاب‌های آموزشیِ زبان انگلیسی؟

- بله

- ببخشید شما یک اطلاعیه در . . .

- اشتباه گرفتید . . . لطفا زنگ بزنید به روابط عمومی.

- الو روابط عمومیِ شرکتِ چاپ و نشرِ . . .

- بله

- ببخشید شما یک اطلاعیه در مورد استخدام . . .

- اشتباه گرفتید . . . لطفاً قسمت اداری، اتاق ۵۲ رو بگیرید . . .

- الو قسمت اداری شرکت چاپ و . . .

- بله

- شما یک اطلاعیه در مورد استخدام یک . . .

- شما چند سال دارین؟

- ۲۴ سال

- قد؟

- دقیقاً نمی‌دونم ولی . . .

- نه، منظورم اینه که قد بلندید یا قد کوتاه؟

- قد بلند

- کمی بلند یا خیلی بلند؟

- فکر می‌کنم کمی قد بلند

- متاسفانه چون سقف شرکت ما بلنده ما به یک نظافتچی خیلی قد بلند نیاز داریم.

- ولی من متقاضی کار در قسمت اداری هستم.

- آه ببخشید شما باید با روابط عمومی تماس بگیرید.

- ولی من با اونجا هم تماس گرفتم گفتند با شما تماس بگیرم.

- شما با روابط عمومی تماس بگیرید و بگید که متقاضی کار در قسمت اداری هستید.

- الو روابط عمومی؟

- بله

- من متقاضی کار در قسمت اداری هستم.

- مدرکتون چیه؟

- لیسانس زبان انگلیسی.

- می‌تونید به زبان انگلیسی صحبت کنید؟

- بله من مدرکشو دارم.

- منم مدرکم مهندسی برقه ولی تا حالا یه لامپ هم عوض نکردم . . . شما تا حالا با یه انگلیسی صحبت کردید؟

- من با توریست‌های غیر انگلیسی به راحتی حرف می‌زنم ولی تا حالا با یه انگلیسی هم کلام نشده‌ام.

- مشکلی نداره . . . شما نقاشی هم بلدید؟

- نقاشی؟

- بله . . . البته نه به صورت خیلی حرفه‌ای.

- بله من نمره‌های خوبی از نقاشی در دوران مدرسه می‌گرفتم.

- فردا صبح اینجا باشید.

- برای کار؟

- نه برای مصاحبه

فردا صبحش ساعت ده به جز خودم چهار دختر و دو پسر دیگر هم آمده بودند. از ترس اینکه مبادا شرایط آنها بهتر از من باشد با هیچ کدامشان حرفی نزدم.

ساعت یازده و سی دقیقه، جلسه‌ی رییس روابط عمومی تمام شد و ساعت دوازده، بعد از تمام شدن زمان استراحت‌شان، همگی وارد اتاق شدیم. اتاقی بزرگ با کتاب‌خانه‌ای کوچک و پر از کتاب‌های بزرگ و قطور. رییس پشت میزش گم شده بود. ما را که دید، پرانتزی از جا بلند شد و نشست.

- اگر کسی از شما مدرک زبان انگلیسی نداره همین الان اتاق رو ترک کنه.

همه محکم‌تر از قبل در صندلی‌هایمان فرو رفتیم.

- یک متنی به شما . شما این متن رو نگاهی می‌کنید. من از اتاق بیرون می‌رم تا راحت باشید. وقتی برگشتم امیدوارم که بتونم فرد لایقی رو از بین شما انتخاب کنم.

تمرین ۷- داستان (در خانه و کلاس)- بخش دوم

الف- در چند صفحه بعد بخش دوم داستان **رفع ایرادات ظاهری از تصاویر مورد دار** را می‌خوانیم. **در خانه**، بخش دوم داستان را بخوانید و برای جواب دادن به سوالات زیر **در کلاس** آماده باشید. این بخش داستان را حداقل سه بار بخوانید.

۱. رییس به روای چه می‌دهد؟ باید با آن چه‌کار کند؟
۲. روای در جمله‌ی اول معنی چند کلمه را نمی‌داند؟ چه‌کار می‌کند که بفهمد؟
۳. کسی که راوی از او می‌پرسد معنی کلمه چیست می‌خواهد به راوی کمک کند یا نه؟
۴. وقتی دیگران دارند کار می‌کنند، راوی چه‌کار می‌کند؟
۵. تصویر بالای متن چطور است؟
۶. وقتی راوی بچه بود چه عادت بدی داشت؟ وقتی آن کار را می‌کرد چه کسانی عصبانی می‌شدند؟
۷. با تصویر چه‌کار می‌کند؟
۸. راوی بعد از این که برگه‌اش را به رییس می‌دهد چرا می‌ترسد؟
۸. رییس بعد از این که همه‌ی برگه‌ها را می‌گیرد چه‌کار می‌کند؟
۹. اسم راوی چیست؟
۱۰. وقتی رییس اسم راوی را صدا می‌زند او چه فکر می‌کند؟
۱۱. هوشنگ از شغلش خوشش می‌آید یا نه؟
۱۲. سیستم کار شرکت چطور است؟ چه‌کار می‌کنند؟
۱۳. ابزار کار هوشنگ چه هستند؟
۱۴. هوشنگ با یقه‌ی هفت پیراهن زن‌ها چه می‌کند؟
۱۵. چه صحنه‌هایی برای هوشنگ سخت هستند؟
۱۶. آخر داستان چرا هوشنگ دوباره بیکار می‌شود؟

5_8_Reading6

any more (when used with a negative verb	دیگر
half-naked	نیمه برهنه
beach, coast	ساحل
habit	عادت
to scribble, doodle	خط خطی کردن
mustard	سبیل
beard	ریش
to make fun of	مسخره کردن
enemy	دشمن
eveluation, inspection	بررسی
tool	ابزار
collar	یقه
dance	رقص
kiss	بوسه
objectionable	مورد دار
weapons	اسلحه
hostage-taking	گروگانگیری
column	ستون
scene	صحنه

5_8_Reading7

On a separate piece of paper, draw the before and after pictures for the dancing scene and the kissing scene. You may use a dictionary (sparingly) if you need to look up a few words. You will receive extra credit if it is clear that you put a lot of work into your drawings

ب- بر روی یک برگ، تصویر قبل و بعد از صحنه رقص و بوسه را بکشید. می‌توانید برای پیدا کردن چند واژه از فرهنگ لغت استفاده کنید. اگر نشان دهید تلاش زیادی صرف کشیدن این تصاویر کرده‌اید نمره ارفاقی خواهید گرفت.

رییس تک برگه‌هایی را به دستمان داد. همه شبیه به هم. یک تصویر بالای برگه بود و زیرش نوشته‌هایی با سایز ۶ به زبان انگلیسی. شروع کردیم به خواندن متن. در همان جمله‌ی اول معنی سه لغت را نمی‌دانستم. استفاده از دانش بغل دستی‌ام بهترین گزینه بود. مهربانانه نگاهش کردم.

- ببخشید . . . یعنی چه؟

- نمی دونم . . .

و به نحوی اظهار بی‌اطلاعی کرد که یعنی دیگر از من هیچ کلمه‌ای نپرس.

گروه رقیبان شش نفره‌ی من با شتاب و مهارت تمام متن‌هایشان را می‌خواندند و من که در همان جمله‌ی اول با شکست روبرو شده بودم لیوان شربتی که روبرویم گذاشته بودند را برداشتم و سر کشیدم.

ده دقیقه‌ای می‌گذشت که رییس رفته بود و من با ناراحتی و نفرت به رقبای خود که در حال خواندن متن‌هایشان بودند نگاه می‌کردم. منتظر ماندم به این بهانه که بدانم کدام یک از این شش نفر پیروز خواهند شد. زمان به کندی می‌گذشت. برای وقت تلف کردن به تصویر بالای متن نگاهی کردم. زنی نیمه برهنه ، بلوند و زیبا، کنار مرد خوش قیافه‌ای در کافه‌ای نزدیک ساحل نشسته بودند و با هم گپ می‌زدند.

در دوران مدرسه عادت بدی داشتم که همیشه بهانه‌ای می‌شد برای تنبیه از طرف پدر و معلمانم. نمی‌دانم علتش چه بود و یا اینکه این عادت از کجا به سراغم آمده بود ولی دوست داشتم عکس‌های داخل کتاب یا مجلات را خط خطی کنم. برای زن‌ها سبیل بگذارم و برای مردها ریش و عینک. گوش بچه‌ها را دراز کنم و چشم دختر ها را لوچ.

آن روز هم بی‌هیچ هدفی خودکارم را روی تصویر بالای متن لغزاندم و وقتی آقای رییس وارد اتاق شد، زن نیمه برهنه را با پالتویی پوشانده بودم و مرد خوش قیافه با ریش و سبیل و عینک از ریخت افتاده بود.

- خوب . . . برگه ها رو مطالعه کردین؟

- بله

- لطف کنید اسمتون رو بالای برگه‌ها بنویسید تا من برگه‌ها رو ازتون تحویل بگیرم.

ترسیدم. چه فکری در مورد من می‌کرد؟ منتظر ماندم تا وقتی برگه‌ی من را می‌گیرد، مثل معلم علوم بی‌درنگ سیلی‌ای روی گونه‌هایم بکارد یا مثل معلم فارسی خودکارش را بین لاله‌ی گوشم و انگشتان زمخت و گچ آلودش له کند یا مثل پدرم زل بزند توی چشمهایم و بگوید: حیف کتاب که دست تو بیفته . . . کتاب که دفتر نقاشی نیست . . . بی‌لیاقت.

برگه‌ام را به سمت رییس دراز کردم و نگاهم را برای فرار از دیدن عکس العملش به ته مانده‌ی شربت داخل لیوان انداختم. در مسیر نگاهم اندام بی‌سرش قرار گرفته بود که با یک کت و شلوار طوسی رنگ پوشیده شده بود. حس کردم ده دقیقه‌ای روبرویم ایستاده.

رییس برگشت پشت میزش و ما نشستیم منتظر. همه منتظر بودیم تا رییس از عبارت‌های داخل متن سوالاتی بپرسد. انتظار چند دقیقه‌ای طول کشید. رییس هیچ سوالی نمی‌پرسید فقط برگه‌ها را نگاه می‌کرد.

- هوشنگ رحمتی کیه؟

من بودم. رییس به من خیره شد. لبخندی زیر حفره‌های بسیار تنگ بینی‌اش شکل گرفت. منتظر ماندم تا مسخره کردنم را شروع کند. برگه‌ام را به همه نشان دهد و بگوید این بی لیاقت می‌خواهد در شرکت چاپ و نشر کتاب‌های آموزشی زبان انگلیسی کار کند. کسی که دشمن تصاویر کتاب است می‌خواهد در کار چاپ کتاب‌هایی کمک کند که عمده‌ی بار آموزشی آنها روی تصاویرشان سنگینی می‌کند.

- تبریک می‌گم شما از فردا می‌تونید کارتون رو در این شرکت شروع کنید.

من با دهانی باز و چشمانی گشاد و قلبی تپنده به رییس خیره شدم و رقبایم با همان حالت به من.

شروع به کار کردم. شغل من بسیار مهیج بود. عالی بود. انگار زاییده شده بودم برای این کار. سیستم کار شرکت به این صورت بود که ابتدا کارشناس شرکت با بررسی کتاب‌های آموزشی زبان انگلیسی، کتابی را به رییس معرفی می‌کرد. رییس کتاب‌ها را نگاهی می‌کرد، صفحات آن را می‌شمرد ، عکس‌های داخل آن را می‌دید و بعد از بررسی دقیق وقتی به این نتیجه می‌رسید که چاپ این کتاب جوهر و کاغذ کمتری مصرف می‌کند و پول بیشتری عاید شرکت می‌کند ،اجازه‌ی چاپ آن را صادر می‌کرد .اما کتاب باید از فیلتر اتاق من رد می‌شد. اتاق من اسم نداشت اما برای دلخوشی خودم و پیدا کردن جوابی برای سوال (. . . چه کاره ای)ِ فامیل، برای کارم اسمی درست کردم.

من مسئول رفع ایرادات ظاهری از تصاویر مورد دار بودم.

یک ماژیک سیاه، یک خودکار سیاه و یک لاک غلط گیر سفید ابزار کارم بود. کتاب تایید شده را روبرویم می‌گذاشتم و به جان تصاویرش می‌افتادم. یقه‌ی هفت پیراهن زن‌ها را یقه اسکی می‌کردم. تاپ زنانه را به صورت پیراهن آستین دار در می‌آوردم. دامن کوتاه را به صورت شلوار و شورت را به صورت دامن بلند تغییر شکل می‌دادم. ماژیکم که به روی تصویر مورد داری می‌لغزید، ساحل دریا به یکباره به پیست اسکی تغییر کاربری می‌داد. اگر هم تعداد موارد زیاد می‌شد و اصلاح آنها از عهده‌ی ماژیکم خارج بود، به جای آن تصویر، عکس‌هایی از دنیای وحوش یا طبیعت بی‌جان می‌چسباندم. اگرچه در نگاه اول کارم آسان به نظر می‌رسید اما با برخورد کردن به تصاویری از صحنه‌های رقص و بوسه مشکلات خودنمایی می‌کردند.

در تصاویر رقص ابتدا لباس‌های مورد دار را به صورت بی‌مورد در می‌آوردم. اما باید راه حلی برای تغییر فرم صحنه پیدا می‌کردم. بدن‌های کج، دست‌های پخش شده در اطراف این بدن‌ها، پاهای موج‌دار و آلات موسیقی، صحنه‌ی رقص را تداعی می‌کرد. من مجبور بودم برای دور کردن اذهان خوانندگان از صحنه‌ی رقص، تغییر کلی به فضا بدهم. بسیار فکر کردم تا به راه حلی طلایی دست پیدا کردم. با ماژیکم گیتار برقی را تبدیل به اسلحه‌ای کردم. نتیجه رویایی بود. صحنه‌ی رقص به یکباره تبدیل به صحنه‌ی گروگانگیری می‌شد و حرکات بدن رقاص‌ها را می‌شد به ترس و لرز حاصل از حضور اسلحه در صحنه ربط داد.

برای حل مشکل بوسه نیز راه حلی اختراع کردم. بوسه وقتی معنا پیدا می‌کند که دو لب در صحنه‌ای روی هم قرار بگیرند. اگر یکی از لب‌ها از صحنه خارج می‌شد دیگر بوسه معنای مورددار خودش را از دست می‌داد. به همین خاطر با ماژیکم یکی از طرفین بوسه را به صورت ستونی در می‌آوردم. در یک تصویر پسری کت و شلوار پوش در حال بوسیدن ستونی سیاه رنگ بود و در تصویری دیگر دختری پیراهن و شلوارپوش.

آنقدر غرق کارم شده بودم که در بیرون از محل کارم، در صف اتوبوس، در پارک‌ها، در رستوران و در مهمانی‌های فامیلی، افراد و صحنه‌های مورددار را سیاه می‌کردم و صحنه‌هایی که به نظرم زننده می‌آمد را می‌چیدم. علاقه‌ام به کار باعث شد هرم مازلو را تا انتها بروم و اگر مازلو بالای (بروز خلاقیت) هم موردی گذاشته بود از آن هم بالا می‌رفتم. خلاقیتم در خلق صحنه‌های بی‌مورد باعث شد حضور صحنه‌های حیات وحش و طبیعت بی‌جان در صفحات کتاب‌های آموزشی به صفر برسد و به دنبال آن تشویقی‌هایی بود که دیوار اتاقم را پر می‌کرد و پول‌هایی که حساب بانکی‌ام را. عیب دوران مدرسه‌ام حالا شده بود تنها هنرم. احساس می‌کردم سرنوشت هم با ماژیکش به سراغ من آماده و تمام موردهایم را تبدیل به احسن کرده است. دو سال از کارم می‌گذشت که رییس شرکت به همراه پول‌هایی که از کارمندان بلند پایه گرفته بود تا آنها را در سهام شرکت سهیم کند، به انگلستان گریخت و من دوباره بی‌کار شدم اما این بار نقشه ی گنج در دستانم بود. با برگه‌های تشویقی‌ام به دنبال مکان‌هایی رفتم که ممکن بود به هنرم احتیاج داشته باشند و جستجویم خیلی زود جواب داد.

اگر شما فرم تقاضای مجلات رایگان خارجی را پرکرده باشید و مجلات به آدرس شما ارسال شده باشند حتما حضور من یعنی (مسئول رفع ایرادات ظاهری از تصاویر مورد دارِ اداره ی پست هوایی) را حس کرده اید . . .

حرف زدن

تمرین ۱: در کلاس

از هم کلاسی‌تان بپرسید و به گروه دیگری در کلاس گزارش دهید.
الف:

If they would help you clean the classroom.
If they like sunny, hot weather or a cold, rainy day.
If they have a niece or nephew.
If it snowed last winter.
What they have decided to do this summer.
If they have ever given fruit to someone as a gift.
What time they usually arrive home.

ب:

How many times they usually was their clothes each week.
If they eat salad after lunch or before lunch.
If they like cloudy skies.
If they have gotten any books from the library.
If they are willing to get you a book from the library.
If everything is okay and if they need anything.
If their street gets very dark at night.
If they know how to make an omelet.

تمرین ۲: در کلاس

۱. از هم کلاسی‌تان بپرسید که:

- رستوران مورد علاقه‌اش کجاست.
- غذای مورد علاقه‌اش چیست.
- چه غذاهایی را دوست دارد و چه غذاهایی را دوست ندارد. (از چه غذاهایی خوشش می‌آید و از چه غذاهایی بدش می‌آید.)
- چه غذاهایی را که معمولاً همه می‌خورند او نمی‌خورد.
- آیا در خانه غذا درست می‌کند.
- آیا می‌تواند غذای مورد علاقه‌اش را درست کند.
- برای درست کردن آن از چه موادی (چیزهایی) استفاده می‌کند.
- به نظر او چه چیزهایی غذا را خوشمزه می‌کند.
- معمولاً از کجا خرید می‌کنند.

دو دختر جوان در رستوران نخلستان شیراز

یک واژه‌ی جدید
to buy خریدن:
to shop خرید کردن:

۲. تصور کنید که میزبان چند دوست گیاه‌خوار هستید. با استفاده از واژه‌های که به تازگی یاد گرفته‌اید با هم‌گروهی‌تان درباره این موضوع صحبت کنید که چه غذا یا غذاهایی باید درست کنید و برای درست کردن آنها به چه چیزهایی نیاز دارید.

2. You are hosting a dinner for a few vegetarian (گیاه خوار) friends. Using the new vocabulary, discuss with your partner what you will need and what to prepare

تمرین ۳: در کلاس

۴. عکس‌های زیر را برای هم‌کلاسی‌تان توصیف کنید، یا برای هر کدام یک داستان بسازید.

:۱

:۲

:۳

تمرین ۴: من اهل شکایت کردن نیستم. (در کلاس)

از هم کلاسی‌تان بپرسید و به گروه دیگری در کلاس گزارش دهید.

الف:

If they think your bag is heavy.
Where they park their car.
How they come to campus every day.
If they have problems parking their car.
If they remember their very first day of school.

ب:

If they think your bag is light.
What the best way to get to the closest coffee shop is.
What car they would like to have.
Which singer they are in love with.
What complaint they have about school.
When they make tea, do they pour water first or put the teabag in the cup first.

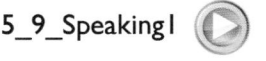

تمرین ۵ : امشب چه سرده! / عجله کن! / به به! چه هوایی! (در خانه و کلاس)

5_9_Speaking1

در خانه- گوش کنید و تمرین کنید.

- وای! - چی شده؟ - داره بارون میاد و خیلی سرده. - لباست گرم نیست؟ - چرا، ولی چتر نداریم. - پس بیا زود تاکسی بگیریم.		چتر: umbrella زود باش: hurry up! عجله، عجله کن!: hurry, hurry up تازه: هنوز میرم دنبالش: I"ll go get him. میام دنبالت: I"ll come get you. به همین دلیل: for this reason در آوردن: to take off [cloths or shoes]
- زودباش، دیر شد! - چرا این‌قدر عجله داری؟ تازه ساعت شیشه. فیلم ساعت ۷ شروع می‌شه. - آخه باید سر راه بریم دنبال مهران. - اوه! خونه‌ی مهران که خیلی دوره! باید الان بریم. - منم به همین دلیل می‌گم عجله کن.		
- به به! چه هوایی! - به نظرم یه کم گرمه. - گرمه؟! واقعاً فکر می‌کنی گرمه؟ به نظرت لباس زیاد نپوشیده‌ای؟ - چرا! فکر کنم باید این ژاکت رو در بیارم.		

در کلاس:

۱. اول چند بار با هم‌کلاسی‌تان گفتگوهای بالا را تمرین کنید. سپس، با کمک هم یک گفتگوی جدید بنویسید و آن را در کلاس بازی کنید.

۲. با استفاده از فعل‌هایی که در درس‌های اخیر یاد گرفته‌اید، درباره کارهایی که ممکن است در یک قرار ملاقات انجام داد حرف بزنید:
در مورد چه صحبت کرد، کجا رفت، و چه چیزی با خود برد.

۳. نمایش: یکی از شما معلمی است که دانش‌آموز تنبل و بی‌ادبش او را کلافه کرده است. دیگری دانش‌آموزی است که از امر و نهی شنیدن از معلم مزاحمش خسته شده:
از شکل درست امر برای مواجه شدن با یکدیگر استفاده کنید.

In Class:

1.With your partner, practice the conversations a few times. Then, write a new conversation and act it out in class.

2. Utilize the new verbs from the recent units to discuss with your partner what to do on a date.
What do you say/discuss?
Where do you go?
What do you bring?

3. Role Play: One of you is a teacher, frustrated with a lazy, disrespectful student. The other is a troublemaker who is sick of being told what to do by his/her annoying teacher.
Use the proper command forms to address your partner.

تمرین ۶: چند ضرب‌المثل و اصطلاح (در خانه و کلاس)

در خانه: سعی کنید معنی ضرب المثل‌های زیر را حدس بزنید! آیا معادلی در آن در زبان انگلیسی می‌دانید؟

5_9_Speaking2

- عجله کار شیطونه. (شیطان: evil)
- هندونه زیر بغلم می‌ذاری؟ (بغل: under arm)
- دنیا خیلی کوچیکه.
- مرغ همسایه غازه. (غاز: goose)
- خواستن توانستن است.
- تا نباشد چیزکی مردم نگویند چیزها.
- با یه گل بهار نمی‌شه. (گل: flower)
- دوری و دوستی!
- همه‌کاره و هیچ کاره!
- کم بخور، همیشه بخور!

- آب از سرش گذشته
- آبروی کسی را بردن - آبروش رو بردن
- با یه دست دو هندونه برداشتن (با یه دست دو تا هندونه برداشته) (دست: hand)
- دو پا رو در یه کفش کردن (پا: leg, foot)
- پدر کسی را در آوردن - پدرم رو در آورد
- تنها به قاضی رفتن (قاضی: judge)
- عیسی به دین خود، موسی به دین خود
- کار را که کرد؟ آنکه تمام کرد.
- یه دست صدا نداره. (صدا: sound)

در کلاس- با هم‌کلاسی‌تان یکی از ضرب‌المثل‌های بالا را انتخاب کنید و یک نمایش ساده چند جمله‌ای بر اساس آن بنویسید. آن را اجرا کنید، گروه‌های دیگر باید حدس بزنند که نمایش شما درباره‌ی کدام ضرب‌المثل است و آن ضرب‌المثل را روی کاغذ بنویسند. در نهایت همه‌ی کاغذها جمع می‌شود و گروه برنده گروهی است که بیشترین ضرب‌المثل درست را حدس زده باشد.

تمرین ۷: در خانه و کلاس

۱. به فایل صوتی گوش کنید و با کمک آن متن را بخوانید. صدای خود را ضبط کنید و فایل صوتی را به استادتان تحویل دهید.

5_9_Speaking3

شب یلدا یکی از مهم‌ترین جشن‌های ایرانیان است. ایرانیان این روز را که بلندترین شب سال است با بیدارماندن، مهمانی رفتن، خوردن هندوانه و انار، و شعر خواندن جشن می‌گیرند. در شیراز کتاب حافظ را می‌خوانند و در مشهد شاهنامه‌ی فردوسی را.

۲. به فایل صوتی گوش کنید و با کمک آن ضرب‌المثل‌های بالا را بخوانید. صدای خود را ضبط کنید و فایل صوتی را به استادتان تحویل دهید.

5_9_Speaking4

> آفرین به شما! راه درازی را آمده‌اید و امید است که همچنان آن را ادامه دهید و از به کار بردن زبان شیرین فارسی لذت ببرید!

CPSIA information can be obtained
at www.ICGtesting.com
Printed in the USA
LVIC04n1443140116
470660LV00031B/191